中国出版史研究

YI BIAN SHEN ZU YI
ZHOU ZHEN FU
BIAN JI CHU BAN WEN XUAN

范　军　编选

一编审足矣

周　　振　　甫

编辑出版文选

图书在版编目(CIP)数据

一编审足矣:周振甫编辑出版文选/范军编选. —北京:中华书局,2025.1. —ISBN 978-7-101-16748-1

Ⅰ. G23-53

中国国家版本馆 CIP 数据核字第 2024VG6472 号

书　　名	一编审足矣:周振甫编辑出版文选
编　　选	范　军
责任编辑	张玉亮　胡雪儿
封面设计	周　玉
责任印制	陈丽娜
出版发行	中华书局
	(北京市丰台区太平桥西里38号　100073)
	http://www.zhbc.com.cn
	E-mail:zhbc@zhbc.com.cn
印　　刷	三河市中晟雅豪印务有限公司
版　　次	2025 年 1 月第 1 版
	2025 年 1 月第 1 次印刷
规　　格	开本/787×1092 毫米　1/32
	印张 10⅜　插页 7　字数 250 千字
国际书号	ISBN 978-7-101-16748-1
定　　价	70.00 元

20世纪30年代周振甫、张韫玉夫妇和女儿合照

青年时代的周振甫

鲁迅（1881年8月初三日即9月25日生）生于绍兴
城内东昌坊口周家。

父凤仪，字伯宜。母鲁瑞。

祖福清，字介孚。

迅，祖父命名曰樟寿，更曰樟寿，字豫山，以声近而更
改为豫才。（参看《文学评论》4卷1期鲁迅的家世）

寄名长庆寺和尚，法名长庚。（即长亭）

衍太太，迅之祖母，即二太太，为凤仪之嫂，亦山之世（朝花
夕拾琐记引），子伯升。

（周逸斋迅的故家）

周氏三代聚族而居

周振甫关于鲁迅生平的笔记

三部"例话"书影

周振甫晚年工作照

"祝贺周振甫同志从事编辑工作五十年"茶话会（1983年2月）

中国文字史

周振甫手迹

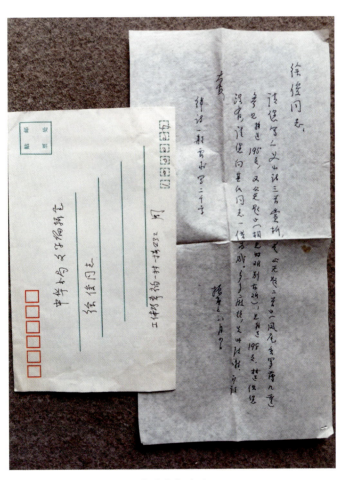

周振甫书札（一）

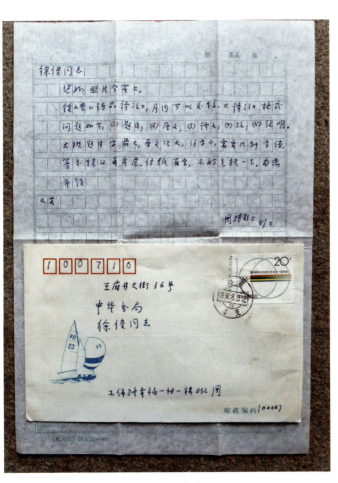

徐俊同志：

　　您的照片今寄上。

　　钱公要《诗品译注》，月19方拿来，故诗品格式
问题如下：(1)题目，(2)原文，(3)译文，(4)注，(5)说明。

　　大概题目字号大，原文稍大，注字小，字要几种字体，
等您想过后考虑。信纸寄上，不妨先试一下。敬礼

　　　　　　　　　　　　　　　　　　　周振甫上 8/12

大安

<!-- 信封 -->

1 0 0 7 1 0

王府井大街 36号

中华书局

徐俊同志

工作顺幸福一拖一模 232 周

邮政编码 100007

周振甫书札（二）

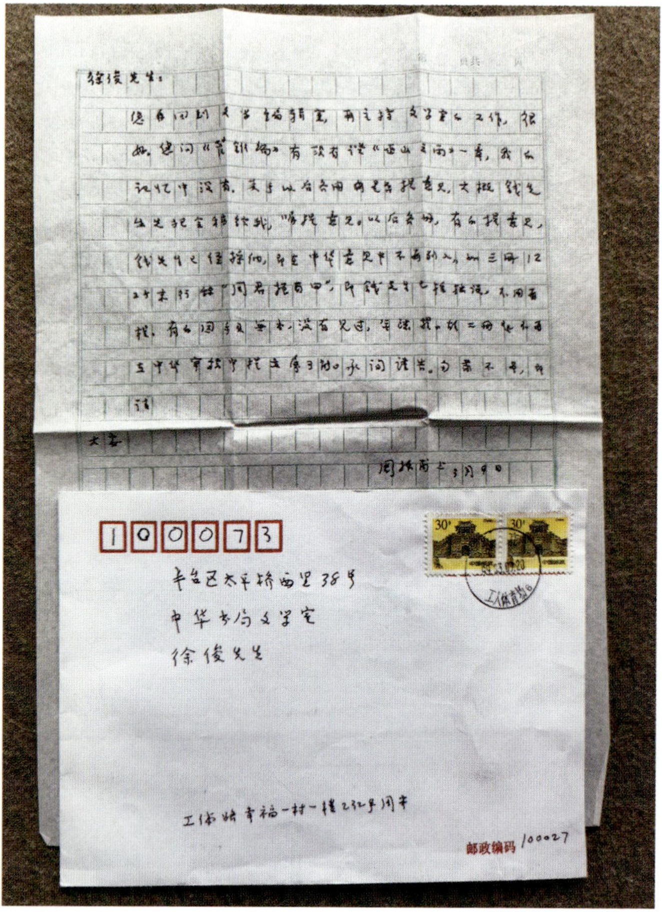
徐俊先生：
您去调到文学编辑室，再主持文学室的工作，很好。您问《管锥编》有没有讲"西山之雨"一条，我的记忆中没有。第一册以后各册由我先看提意见，大概钱先生先把全稿给我，嘱提意见。以后各册，有的提意见，钱先生已经採纳，只在中华书局版中不再列入，如三册122页末行称"周君振甫曰"，即钱先生已採纳，不用再提。有的因手边无书，没有见过，無法提。我二册也不再至中华审核中提出修订意见。承问谨答。匆肃不尽，即请
大安
周振甫上 3月9日

100073
丰台区太平桥西里38号
中华书局文学室
徐俊先生
工体北幸福一村一楼2门号周寄
邮政编码 100027

周振甫书札（三）

目　录

编辑忆旧

出版杂议

文心书简

我保存的周振甫先生三封信（代序）

　　范军教授在完成《中国出版家·周振甫》（人民出版社，2021年8月）之后，又编选了《周振甫编辑出版文选》，让周振甫先生的编辑出版生涯和编辑思想得以完整呈现。我非常赞同范军先生对周先生编辑生涯的定位：学者型编辑的典型代表，传统文史普及的一代大家，共和国编辑的"大国工匠"（《中国出版家·周振甫》前言，6页），《周振甫编辑出版文选》作为周先生的"夫子自道"，更值得我们学习体味。

　　我1983年8月入职中华书局，1985年5月从古籍办到文学编辑室工作，就与周振甫先生同事。至今定格在我脑海里的周振甫先生，就是伏案笔耕的样子，正如那张网络上常见的黑白照片。那时候，周先生每周来局，从我身后书柜中间抽屉（他的信箱）取走信件，有时候我也会事先收拾归拢好，交到他手中。周先生每周都会收到不少读者来信，他都认真作答。随着现代通讯技术的发达，依靠书信的读编往来，现在已然是一件稀罕事了。《周振甫编辑出版文选》第五部分"文心书简"，所收就是周先生的信札，遗憾存札甚少，如果能将周先生书信手札搜集汇编，应该是最能反映周先生编辑出版工作的珍贵文献。

读罢《周振甫编辑出版文选》，心有所感，于是发箧搜寻，找到几件周先生给我的书信，并一些留存的周先生编辑工作手记，本文即以此为据，对周先生的编辑出版工作谈谈我的理解。

周先生编辑生涯中最广为人知的事，是先后担任《谈艺录》《管锥编》责任编辑，以及与钱钟书先生之间学术交谊的佳话。当我第一次从编辑室档案里看到那份近 40 页密密麻麻的《管锥编》审读意见时，震撼的感觉，至今记忆犹新。后来我开始用电脑练习打字，1997 年用了一个暑假时间，将周先生意见和钱先生的逐条批复，一个字一个字录入电脑，并查核《管锥编》初版所在的位置。1998 年 12 月 19 日钱钟书先生逝世，我从书稿档案中选取周先生关于《管锥编》的选题及审读报告，整理发于《书品》1999 年第 1 期。2000 年 5 月 15 日周振甫先生逝世，《书品》自 2000 年第 4 期开始连载发表我整理的周先生《〈管锥编〉审读意见（附钱钟书先生批注）》（2000 年第 4、5、6 期，2001 年第 1、2、3 期）。其间一直感到困惑的是，除了档案所存《管锥编》第一册的审稿意见外，其他三册有没有同样的审稿意见和钱先生批复？如果有，原件在哪里？近日找到了周先生 1999 年 3 月 9 日回复我的信：

徐俊先生：

您再回到文学编辑室，再主持文学室的工作，很好。

您问《管锥编》有没有谈"巫山云雨"一章，我的记忆中没有。关于以后各册是否提意见，大概钱先生把全稿给我，嘱提意见。以后各册，有的提意见，钱先生已经采纳，即在中华意见中不再列入。如三册1225末行称"周君振甫曰"，即钱先生已采纳拙说，不用再提。有的因手头无书，没有见过，无法提。故二册起不再在中华审稿中提出属可能。承询谨告。匆肃不尽，即请

大安。

周振甫上　3月9日

周先生的回信有明确的日期，信封邮戳清晰可见99.03.09.20发自"工人体育场6"。我历年所写信件，除了公函，没有留底的习惯。与周先生3月9日信一起保存的，竟然有我给周先生信的副本，去信时间为1998年12月5日。在收到我的询问之后的三个月，九十高龄的周先生还是没有忘记回复我。为准确理解周先生的回信，摘抄我的去信如下：

今天我写这封信，主要有两件事情：

一，近日听到传言，谓钱钟书先生《管锥编》原稿有论"巫山云雨"一章，后因中华书局建议删去而未载在现已出版的《管锥编》中；更有甚者，谓删去的文章，现存中华书局文学编辑室。但我查过编辑室所存的《管锥编》档案，却没有相关的材料和记录。是否有过此事或类似的事情，请您回忆一下并告诉我。

二，在编辑室《管锥编》档案中，存有您审读《管锥编》的审稿意见数十页，并有钱钟书先生对您所提意见的亲笔批注。这份审稿意见，足见您当时审读之精细（我曾多次将此事作为中华书局编辑的传统介绍给书局

新来的编辑同志），而现在看来，这份审稿意见更是关于
《管锥编》的一份极有价值的研究资料。但我遍阅档案，
您的审读意见似仅存有《管锥编》第一册部分，我的问题
是：其后三册是否也有同样详细的审读意见？是否也经
过钱钟书先生批阅？我想，依照当时严格的审稿制度和
您的认真精神，应该是有的。那么，其余三册的审读意
见现在可能存于何处？这份材料能够完整地保留下来，
是我们的希望。

　　以上二事，烦请赐知。书局这边有何事情要我们办
理，也请一并见告。

前两年有人以"《管锥编》密码"为题撰文，指出《管锥编》初
版字数比原稿、誊清稿都已大为压缩，并杜撰出所谓"按官定
出版商所传的'建议决定'：由原稿誊清稿的字数'不得超过
80万'"的无稽之谈，周先生亲笔信是最好的文献证明。

　　周先生晚年花功夫做的另一部书是钱基博先生的《中国
文学史》（中华书局，1993年4月）。钱基博先生是周先生在
无锡国专的老师，《中国文学史》是作者在蓝田国立师范学院
的授课讲义，其中明代部分用商务旧刊本《明代文学》代替，
清代部分"文革"中被毁，故附录两篇论文《清代文学纲要》
和《读清人集别录》以弥补缺憾。此书由石声淮、钱钟霞夫妇
和彭祖年、吴忠匡先生搜集整理，周先生负责联系出版及编辑
工作。周先生对原稿进行了细密的文字加工，对原稿论述欠
周之处多有补苴罅漏。为此周先生曾亲携修改后的原稿，送
呈钱钟书先生，钱先生通看了全部修改稿，表示认可。此书由

周先生担任责任编辑，由我协助周先生发稿和读校，除了此前公布的为稿酬样书处置周先生给我的信，这次新发现的周先生信，内容关于《中国文学史》的分册、通行等细节安排，可见周先生对具体编辑工作的细密考量。现将周先生信全文引录如下：

中国文学史

《中国文学史》计 1147 页，倘先秦到唐为一册，计 452 页，宋元为一册，计 450 页，明清和附录为一册，计 395 页。倘分作两册，先秦到宋元为一册，计 902 页，明清为一册，计 395 页，不匀称，恐只能分三册。

本稿经过复制，有不少处字迹模糊，经校对同志细心揣摩，加以校出，极为可感。其中有些字，校对同志注上问号，当查对原书。手头无书，未查。请校对同志在二校时，把注上问号的页码标出，即在初校样上用红笔圈出，把圈出的初校样交振可去图书馆查对原文。

本校样有的地方改动，为了减少通行。如 654 页，题目占一行，改为两行，多出一行，要通行，因删去几个字，减少一行。如 661 页，漏排若干字，多出一行，因删去几个字，减少一行。又 679 页第四行"七言……"要另起，多出一行，要通行。因删去一联，这一联比较消极，可以不选，避免通行。又 562—3 页中的小字，原校一律改五号字，一改要改行，改到 565 页。避免改行，想不改。不过不改，下面相同的大字要改为小字，也麻烦，请校对同志考虑一下（已按照校对同志的意见，把小字一律改为大字，下面同样情况的大字一律不改）。倘小字改为大字，以下相类似的大字都可以不改小字，如更为方便，就请再改回来，即小字仍改为大字，以下批改为小字的一律不改。又822页删去八行，因这八行与下文重复，所以删去。同时在前后增加出八行来，以免多通行。

周振甫 2/10

信中"把圈出的初校样交振，振可去图书馆查对原文"，"振"是周先生惯用的自称。"通行"，通常写作"统行"，"统行""统版"是活板印刷时代的术语，指因为文字增减造成版面中行或页的改动。出版走出活板铅字时代，也才三十多年，现今我们已经很难理解那个时代编辑为了避免统行、统版所做的细微处理。周先生信中所列举的五六例，形象地展示了这项工作的琐碎和必要，也可见周先生编辑工作的斟酌入微。

第三封信是写给熊国祯先生的，所谈《诗经译注》（中华书局，2002年7月），因为收入由哲学编辑室主持的"中国古典名著译注丛书"，所以信回复当时主管哲学编辑室的副总编辑熊先生，我所留存的是复印件。原信全文如下：

国祯先生：

接读来信，您处置得很好。我完全同意你的意见。我现在在译注《诗经》。《诗经》一共305篇，我译到《小雅·北山》篇，已经译了205篇，超过了半数，大概还有一百篇未译注。《诗经》的注，在汉代列于博士的有齐鲁韩三家，后来才有毛传注。毛传注后出，他是看见齐鲁韩三家注的。他写毛注，一定有不同于三家注的。三家

注有王先谦的《诗三家义集疏》，把已亡失的三家义钩
稽出来。我的注以毛注为主，把毛注同三家义不同的，
引三家注在内，说明三家义与毛注不同处。毛注留传
后。朱熹的《诗经集传》看见毛注，有认为毛注不合的，
我也引了。再有清方玉润的《诗经原始》，也有不同于毛
注的，我也引了。再有今人余冠英的注译《诗经选译》，
有不同于旧注的，我也引了。这样，我的译注，包含最早
的三家注和毛注，及宋朱熹注和清方玉润的注在内，比
别人的注不同。当然，这个注本，注译的文字要经过审
核才能决定，目前还不能定。还有一百首诗未译注，等
全部完了，交给中华书局审核，您如有意见，盼望指示为
感。匆肃即请

大安（我的译注《诗经》，已和中华领导讲过。）

弟周振甫　12/31

《诗经译注》是周先生的最后一部著作，写这封信的时间在
1999 年 12 月 31 日，次年 5 月周先生逝世。周先生用生命的
最后时间完成了这部《诗经译注》，出版后几经改型重印，发
行量很大，是深受当代读者喜爱的《诗经》译注本之一。此书
周先生身前未及定稿，注译文字难免有欠斟酌之处，但我们从
这封信可以清楚看到周先生的学术追求，"包含最早的三家注
和毛注，及宋朱熹注和清方玉润的注在内，比别人的注不同"。
可见周先生对文史普及工作的学术追求，无愧于"传统文史
普及的一代大家"。

周振甫先生是一位资深的老编辑，又是一位著作等身的

大学者，但熟悉周先生的人都知道，他从来没有老编辑、大学者的架子，总是那样谦虚谨慎，和蔼可亲，编辑工作中大处着眼，小处着手。对典籍文化的热爱之情和对编辑工作的敬畏之心，融入到了先生的血液里生命中，所以周先生的编辑出版思想，融汇在他的全部著作，贯穿在他的一生。本书的编辑出版，是对周先生的最好纪念。

徐俊 2024 年 6 月 23 日匆草于岱北山居

经验胜谈

对编辑工作的老生常谈

一九三二年秋天，我到上海开明书店编辑所工作。我怎样到开明书店去的呢？原来海宁朱起凤先生著作了《辞通》，这部书是搜集了很多可以相通的或相同的不同写法的辞，把它们汇集起来，说明它们相通的原因。这些辞都是从古书中搜集来的。这部稿子原名《读书通》，投给商务。这是一部大书，当时的商务的总经理是王云五。大概他认为这部大书不能赚钱，拒不接受。这部书就投到开明书店。开明的经理章锡琛看到了这部大书，觉得这书名为《读书通》，销路不会广，怎样改一个能吸引读者的名字，就想到《辞通》。《辞通》的名字既符合书的内容，又好象同《辞源》是相类似的书，而《辞源》是非常畅销的。这样把名字一改，就可能打开销路。再说，这本是有分量的书，即使出这本书要亏本，但它可以提高开明的地位，亏本也是值得的。再说，这部书是商务怕亏本而不肯接受的，以当时国内最大的书店商务不肯接受的稿子，开明竟肯接受，这也是向商务显示力量，就决定接受了。这部书引的全是古书，因此把朱起凤先生的学生宋云彬先生也请进来，负责校对。后来宋先生要给开明函授学校编讲义，又要替开明中学生写历史小品象《玄武门之变》，《辞通》的校样就不免积压，因此想找一个人来帮他校对。当时，开明书店的徐调孚就写信给我，问愿不愿意进开明。我那时正在无锡国学专修学校念书，接信后就表示愿意。开明就让我给陆游的《老学庵笔记》断句。他们看了我的断句，认为可以，这样我就进了开明。

在开明，先帮宋先生校对《辞通》。不久，开明要出一套中学生知识读物，拟了一批选题。我担任写《班超》那本小册子。我把《后汉书》全读了，稿子写了，开明审了一下，认为可以，就出版了。后来这套书销路不好，没有出下去。现在看来，由年轻的编辑参加编书，是给予锻炼提高的一个好方法。假如编辑只顾审稿，不参加自己编书，对编书的甘苦缺少体会，审稿水平也不容易提高。经过自己编书，自己找资料，考虑对资料的选择剪材编排改写。在这方面取得经验，再来审稿时，就会注意到审稿中怎样核对资料，看稿件对资料的取舍组织有没有问题，会提高审稿的水平。现在回想起来，开明在这方面工作是做得不够的，一是指导不够，二是要求不严。让年轻的编辑编书，应该给予指导，指导他从多方面去找有关资料，这样来丰富他的知识，来帮助他学会做研究工作。开明在这方面根本不管。第二，对年轻人写的东西，应该提出严格要求，帮他提高。这方面开明也没有做。后来就连这样的机会也很少了。

《辞通》校对完了。我曾经在王伯祥先生领导下参加《二十五史补编》的校对工作。《补编》的书目是由王先生拟定的。拟定以后就去搜集书稿，多数是旧书，也有少数稿件，搜集后就批好格式付排，没有什么编辑工作可做。只是当时编印了一些补编所搜集的书的内容提要，寄到北京，引起了顾颉刚先生的赞赏，那可能符合他的爱好，并不说明这些提要写得好。在校到其中一部吕调阳的《汉书地理志》著作时，发现他对水道有不少胡说，请示王先生，由我写了一篇跋，指出他的胡说，这也许可算做了点编辑工作吧。在给童书业先生校对《春秋史》时，给他提了点意见，他接受了，写了复信。他要求把我的去信和他的回信作附录刊在书后，这也算做了点编辑工作吧。

当时对投稿或无名作家的稿件才审读，提意见。对有名的学者或作家的书是不需要审读就付排的。所以只能在看校样中发现问题向作者提意见。

当时的编辑有两种：一种是专职的，一种是以别的身份来做编辑的。后一种的编辑在社会上的地位比较高。地位高，不由于他是编辑，是由于他不光是编辑，还有另一种身份。比方叶圣陶先生，他是编辑，他在社会上的地位是高的，那是因为他是著名作家，又是著名教育家，又是著名的语文学家。要是光做编辑的，在社会上的地位就比较低。因此，傅彬然先生说：编辑好比裁缝，把各种材料搜集剪接编排。这是对编集各种资料说的。又说：编辑好比跑龙套。龙套围着主角转，这出戏里替这位主角跑龙套，那出戏里替那位主角跑龙套。编辑围着书稿转，看这本书稿时围着这本书稿转，可能要找和这本书稿有关的材料来核对参考；看那本书稿时又围着那本书稿转。因此，编辑好比清朝章学诚说的书贾的横通。

他对他所处理的各种书稿也知道一些，可是这些知识缺乏系统性，不可能对某一方面作专门研究。编辑在社会上的地位也不高。当时稿件的采用权不由编辑决定，由上面决定了交给编辑处理的，不发生编辑扼杀稿子的事。

当时，开明的经济收入主要靠教科书，教科书以外的书当然也要出，但不是主要的，所以出多出少关系不大。因此，不考虑拟定选题，向各方面约稿。

解放后，我转入中国青年出版社工作，那就要定选题、约稿、审稿。在这些工作中，要是对领导的意图体会得不明确，工作就不好做。记得通俗出版社有一位编辑来向我约稿，写一本小书。题目定了，他要我拟个提纲；提纲交上去，他也同意了；稿子写好后，他提了意见，作了修改。他准备发稿了，送交领导签字，领导一看说不对，就作废了。原来领导要求是从语文角度来谈，这位编辑没有搞清楚，让我从读文学作品的角度来谈，就不合要求了。还有，一部书稿，从拟定选题、约稿，到稿子写成，经过审稿，有时领导不放心，还要送外审，再退修，复审，批准，发稿，稿子发到出版部还要排队，到送交排字房，还要排队，等排出来又要校对，三校签字，这要经过相当长的时间。有时，等不到发排，一个运动来了，气候变了，稿子就搁起来了；有时，已经排出清样，运动来了，不能印了，只好拆版；有时，书印出来了，运动来了，成了批判的对象。稿子约来了不能出，出来了挨批，这给编辑工作造成困难。没有一个安定的环境，编辑工作也不好做，可见安定的重要。

后来，我到中华书局去参加《明史》点校工作。《明史》的点校工作，本来由南开大学郑天挺先生领导几位同志一起搞的。初步点校工作已经完成，只有一些志还没有校完。由于"文革"的关系，这工作中断了。到一九七一年再继续时，在校勘方面提出了新的要求，那时没有请郑天挺先生等参加。等到改写的校勘记排出来以后，再请郑先生和南开其他同志看，他们有意见，要修改。在校样上改，给工人造成很多困难。现在看来，当时在校勘工作上确实存在一些问题。就《明史》的志说，问题多的是《地理志》，《地理志》该用哪几种书来校，事前没有讨论，后来在引用什么书上发生问题。哪些该校，哪些不该校，事前也没有讨论。在这方面要是事前讨论明确了再动手，或者发稿前把稿子交给郑先生审定，也不会引起后来的麻烦。

这样看来，做编辑工作先要体会领导意图，体会得越明确越好，从选题到约稿到审读提纲，最好都能取得领导同意，免得组来的稿子不符合要求。拟定选题时，要了解一下读者对象的需要，不要闭门造车，要出门合辙。适合读者需要的书，才能起到为读者服务的作用。审稿子还是围绕着稿子转，看看同样性质的书，目前已经达到什么水平；手中的稿子，同目前已经出版的同类性质的书，比较起来怎样，有什么特色；在知识性方面有没有问题，在表达上有没有问题。在看稿前，对稿件内容的有关知识要做初步了解，要是自己对这方面知识掌握不够，要向人请教。在审稿中扩大自己的知识面，提高自己的水平，这样才能做好审稿工作。由于书稿的内容多种多样，对审稿的要求也不一样。但要注意，自己的知识有限，在审稿中要吸取有关知识，找同类性质的书来做比较，在审稿中提高自己的审稿水平，做好审稿工作，这大概是一致的。

审稿是重要的一步，但校对也很重要。有时稿子内容没问题，书印出来有错字，看了很不舒服。校对由校对同志负责，但编辑也有责任。中华书局最近出了一本书，作者姓"范"，在封面上印成"範"字，原来这本书用繁体字排，管封面的同志把"範"看作是"范"的简体，要改繁体，给改错了。有一本书，是山东大学教授高亨先生著作的，在版权页上排成高享，虽然版权页的字小，不显著，看了也很不舒服。因此，校对很重要，校对除了由校对同志校正外，编辑也要校；有时很普通的错字，校时会滑过去。所以除了校原稿外，还要通读，通读时会把普通的错字读出来。

对编辑工作，我实在谈不出什么来，只有老生常谈罢了。

（《编创之友》1981年第1期）

谈谈编辑工作

一

我在上海开明书店做编辑工作时，同傅彬然先生在一起。记得傅先生曾经讲过，做编辑的围绕着著者的书稿转，今天围绕着这部书稿转，明天围绕着那部书稿转；好比跑龙套，今天围绕着这位主角转，明天围绕着那位主角转。傅先生说这段话，他的含意是说，做编辑的，一般说来，知识比较杂，不像著者对他所著的书稿做过专门研究。编辑对他所审读的书稿，既不像著者那样有专门的研究，要做好编辑工作，就要认识自己的不足，要尊重著者，要向著者经过专门研究的书稿学习。还要提高自己审读书稿的水平，参考有关的书籍。但我国古代的著名编辑，却不是这样。《汉书·艺文志》说：

> 至成帝时，以书颇散亡，使谒者陈农求遗书于天下。诏光禄大夫刘向校经传、诸子、诗赋，步兵校尉任宏校兵书，太史令尹咸校数术，侍医李柱国校方技。每一书已，向辄条其篇目，撮其指意，录而奏之。会向卒，哀帝复使向子侍中奉车都尉歆卒父业。歆于是总群书而奏其《七略》，故有《辑略》，有《六艺略》，有《诸子略》，有《诗赋

略》，有《兵书略》，有《术数略》，有《方技略》。

刘向、刘歆父子做的就是编辑工作，他们应该是古代最大的编辑了。他们是当时第一流学者。当时还请"步兵校尉任宏校兵书，太史令尹咸校数术，侍医李柱国校方技"，是请当时各科专家来校读各科专门著作。清代章学诚著了《校雠通义》，实际上是讲编辑学的书。他在叙里说：

> 校雠之义，盖自刘向父子部次条别，将以辨章学术，考镜源流，非深明于道术精微、群言得失之故者，不足与此。后世部次甲乙、纪录经史者，代有其人，而求能推阐大义，条别学术异同，使人由委溯源，以想见于文集之初者，千百之中，不十一焉。

又在《原道第一》里说：

> 刘歆《七略》，班固删其《辑略》而存其六，颜师古曰："《辑略》谓诸书之总要。"盖刘氏讨论群书之旨也。此最为明道之要，惜乎其文不传。今可见者，唯总计部目之后，条辨流别数语耳。即此数语窥之，刘歆盖深明乎古人官师合一之道，而有以知乎私门初无著述之故也。何则？其叙六艺而后，次及诸子百家，必云某家者流，盖出古者某官之掌，其流而为某氏之学，失而为某氏之弊。其云某官之掌，即法具于官，官守其书之义也。其云流而为某家之学，即官师失职，而师弟传业之义也。其云失而为某氏之弊，即孟子所谓生心发政，作政害事，辨而别之，盖欲庶几于知言之学者也。

章学诚认为刘向、刘歆的校雠，即编辑，不仅要汇集各种版本，校正脱误，编成定本，写出对各本书的评价，还要研究各书在学术上所处的地位，研究先秦到汉代的学术流变，所谓"辨章学术，考镜源流"，即结合图书目录写出从先秦到汉的学术流变史来，不是深通先秦到汉的学术流变，是写不出这样的著作的。章学诚的《校雠通义》，即编辑学，认为编辑所要做的工作，从版本、校勘、审读加工、定本到学术评价、学术史的演变都包括在内，少了一项就无法完成编辑工作。因此，编辑工作相当于现在的编辑、学术研究工作，离开了学术研究工作，无法做好编辑工作。像刘向做的对每书的叙录，刘歆做的《七略》，都是经过研究所产生的著作，是极有学术价值的著作。这样看来，我在上海开明书店做的编辑工作，只是围绕着著者的书稿转，谈不上研究，谈不上评价，比之古代大编辑刘向、刘歆的编辑工作真是不可同年而语，所以傅先生把它说成跑龙套了。

当时的编辑工作也不光是跑龙套。1934 年，叶圣陶先生写了《十三经索引自序》，说："十二年（1923）春，余始业编辑。编辑者，采录注释耳。"叶先生到商务印书馆去做编辑，他做的是采录注释。大概在国文部编注了几种选本，像《苏辛词》《周姜词》《荀子选》等。这个工作，相当于文学研究所之选注《诗经选》《乐府诗选》《汉魏六朝诗选》。商务的编辑工作，还包括编《辞源》，相当于语言研究所之编《现代汉语辞典》。商务里把这种解放后研究所里做的工作都称为编辑是否合适？照刘向、刘歆的编辑工作看，完全合适。他们做的编辑工作，它的"辨章学术，考镜源流"，远远超过编选注本和辞书之上。不过刘向、刘歆的工作当时不称为编辑，就编辑这个词看，顾名思义，把研究所的工作称为编辑是否合适呢？是合适的，把现在编辑室里主要的审读加工工作称为编辑反而显得不够。颜真卿《干禄字书序》："若总据《说文》，使下笔多碍，当去泰去甚，使轻重合宜。不揆庸虚，久思编辑。"可见编著成书，相当于研究所里的采录注释工作，才是编辑；现在编辑室里的审读加工工作，只是编辑工作的一部分，即在编著成书或采录注释以后的一步工作，把这一步工作称为编辑，反而有以偏盖全的不足。

叶先生在商务里做的编辑工作，相当于文学研究所里的编注选本。叶先生在开明书店里做的编辑工作，还包括著作。像叶先生替开明书店编的一套小学教本，这套教本完全是叶先生写作的，即使其中有的课文是有所根据的，也都经叶先生改写过的。再像叶先生编《中学生》，《中学生》需要一部用故事体写的长篇连载的讲写作的书，当是找不到合适的作者，就由叶先生与夏丏尊先生合写，即刊在《中学生》上的《文心》，这也属于叶先生编《中学生》的编辑工作。把这种著作称为编辑是否合适呢？就刘向、刘歆的编辑说，刘歆的著作《七略》是专门著作，这部专门著作是为他的编辑先秦到汉的图书服务的，只有写定《七略》，才完成他的编辑工作，所以《七略》的著作也应该包括在他的编辑工作内。章学诚指出他的校雠，就包括《七略》在内可证。叶先生的著作《文心》，正是编辑《中学生》的需要，所以《文心》的著作也该包括在编辑《中学生》的工作内。抛开《文心》，专就《七略》来说，只有完成了《七略》的著作，才能完成刘歆的编辑工作，《七略》的著作，是包括在刘歆编辑工作之内的，也是他的编辑工作的一部分。

二

现在再来看看跑龙套的编辑工作，围着著者的书稿转，要做好这样的编辑工作，就要认识自己的知识不行，要找有关的参考书来看，来做好编辑工作。这里还有著者没有考虑到的问题，做编辑工作的要替读者着想，要做些补充工作。比方有一部《文史通义校注》，其中有一篇《浙东学术》，开头说：

> 浙东之学，虽出婺源（朱熹），然自三袁之流，多宗江西陆氏（陆九渊），而通经服古，绝不空言德性，故不悖于朱子之教。至阳明王子，揭孟子之良知，复与朱子牴牾。蕺山刘氏，本良知而发明慎独，与朱子不合，亦不相诋也。梨洲黄氏，出蕺山刘氏之门，而开万氏兄弟经史之学；以至全氏祖望辈尚存其意，宗陆而不悖于朱者也。

看了这段叙述，发生几个问题：一、一般认为浙东学术与朱熹、陆九渊不同，朱熹、陆九渊讲性理，浙东学术讲经世致用，这里对这个主要区别为什么不谈？二、浙东学术既与朱熹、陆九渊不同，这里为什么把浙东学术说成出于朱熹、陆九渊？这篇里的浙东学术究竟指什么？对这三个疑问，《校注》里都没有讲。围绕着书稿来做编辑工作，不能不对这三个疑问考虑一下。一般认为朱熹讲"遗学问"，陆九渊讲"尊德性"，都是讲性命性理的。金华吕祖谦有中原文献之传，讲明治体；永嘉陈傅良讲政制治法，叶适讲经世济用；永康陈亮研究立国的本末方略。他们同朱熹、陆九渊不同，称浙东学派。可是章学诚在《浙东学术》里，不提吕祖谦、陈傅良、叶适、陈亮，却说浙东之学，虽出婺源朱熹，但浙东的袁燮、袁肃、袁甫都推崇陆九渊，不违反朱熹的教导。又讲到王守仁提出"致良知"，刘宗周本致良知提出慎独；刘宗周的学生黄宗羲开创万斯大、斯同兄弟的经史学，发展到全祖望的经史学。本篇的注释，对以上的应该注的词语都作了注解，但对以上提出的三点疑问没有说明。《宋元学案·水心学案上》全祖望案语："乾淳（南宋孝宗乾道、淳熙年）诸老既殁，学术之会，总为朱、陆二派，而水心（叶适）断断其间，遂称鼎足。"可见浙东学派与朱、陆两派成三分鼎足之势，那末《浙东学术》里只讲浙东之学渊源朱熹，尊崇陆九渊，显不出浙东学派的特色，也不知他为什么这样讲。那样的注释没有注意到读者会产生的疑问。原来章学诚的《浙东学术》，称"浙东之学，言性命者必究于史，此其所以卓也"。他并不排斥朱、陆两派讲天人性命的道理，他主张天人性命不当空讲，一定要跟史学结合。因此他不赞成南宋叶适、陈亮的浙东学派，尤其是陈亮，称："举一世安于君父之雠，方抵头拱手以谈性命，不知何者谓之性命乎？"是排斥朱、陆讲性命的，所以他不讲南宋的浙东学派。他讲的是"言性命者必究于史"的浙东之学，即讲黄宗羲、万斯大、斯同到全祖望的浙东学派，他们的渊源可以上溯到陆九渊、王守仁。王守仁推崇陆九渊，讲性命还讲"六经皆史"，正符合"言性命必究于史"的主张。章学诚讲的浙东学术,从黄宗羲以下,他们讲史学不排斥性命,不同于叶适、陈亮的浙东学术。这样一讲,才把上面的疑问解答了,这篇的用意讲明白了,可见围绕着著者转的编辑工作,也离不开探索著者的学术思想。编辑跟学术思想的探索还是分不开的。

下面还举两个例,说明围绕着书稿转的编辑工作,还是离不开对学术的探讨。我在参加《汉文学史纲要》注的审读时,看到一段讲《诗经》的原文:

> 《诗》三百篇,皆出北方,而以黄河为中心。其十五国中,周南召南王桧陈郑在河南……疆域概不越今河南山西陕西山东四省之外。

围绕着这段话来注,使注释与正文相合是完全可以做到的。考虑到自己的水平不够,找出《毛诗注疏》看,《周南》下注:"南者,言周之德化,自岐阳而先被南方,故序云:'化自北而南也。'"《汉广序》又云:"文王之道,被于南国'是也。"再找《汉广》,序称"美化行乎江汉之域",提到长江,跟正文的"皆出北方,而以黄河为中心"不合了。再看《周南·汉广》:"汉之广矣,不可泳思。江之永矣,不可方思。"确实提到汉水长江,那末旧注是对的,这里的正文不合。再看《召南·江有汜》:"江有沱,之子归,不我过。"郑笺:"岷山道江,东别为沱。"总之,江指长江。因此在注释中补说一下:"但二南中所收录的诗,其范围除上述两个地区外,还包括南方江汉一带的诗。"说明注不能光围着正文转,还得查一下,补正文的不足处。

　　《汉文学史纲要》讲到屈原，说"顷襄王立，子兰为令尹，亦谗屈原，王怒而迁之。原在湘沅之间九年，行吟泽畔，颜色憔悴，作《离骚》……"围绕着正文作注没有问题。但《史记·屈原列传》："(怀)王怒而疏屈平。屈平疾王听之不聪也，谗谄之蔽明也，邪曲之害公也，方正之不容也，故忧愁幽思而作《离骚》。"这是认为《离骚》在怀王时作，不是在顷襄王把他放逐后作。刘向《新序·节士》、班固《离骚赞序》、王逸《离骚经章句》、朱熹《楚辞集注》、王夫之《楚辞通释》都认为《离骚》是在怀王时作，与上引正文的说法不同。因此在注里加了一句"此诗作于顷襄王时，一说作于怀王时。"就注的体例讲，只能这样作。但这样作不解决问题，要弄清这个问题，还需作些探讨，这也说明编辑工作不能限于围着书稿转，要作些必要的探讨了。再说，《纲要》里这个说法，很有影响，它的影响超过了司马迁、刘向、班固、王逸、朱熹、王夫之认为《离骚》是怀王时作的说法，这就更值得探索了。后来郭老在《屈原研究》里指出："《离骚》是屈原晚年六十二岁时的作品。"游国恩先生在《屈原》里说："《离骚》是屈原在顷襄王朝再放江南时候的作品。"这两说大概都受到《纲要》的影响。要探讨这个问题，主要听屈原自己的话。王夫之认为《离骚》是屈原在汉北时所作，这和屈原《抽思》中"有鸟自南兮，来集汉北"一致。屈原被怀王初放汉北的《抽思》里就有"指彭咸以为仪"，即《离骚》的"愿依彭咸之遗则"，已经有以身殉的话了。邹汉勋《屈子生卒年月考》称："《离骚》曰：'及荣华之未落兮，相下女之可诒。'又曰：'及年岁之未晏兮，时亦犹其未央。'又曰：'及余饰之方壮兮，周流观乎上下。'王叔师注，于前曰'及年德盛时'，中曰'冀及年来晏晚'，末曰'愿及年德方盛壮'。以是征之，则作《离骚》之时，屈子年方壮。惟'老冉冉其将至兮'似非壮年人所宜语。然叔师注引《论语》'君子疾没世而名不称焉'，下继之曰：'屈原达志清白，贪流名于后世。盖志士惜日，不觉其年之方富也。况'冉冉'训渐渐（见五臣《文选》汇），曰将，曰渐渐，皆望而未至之辞。则《离骚》为屈子壮时所作明甚。……记曰：'三十曰壮。'则'及余饰之方壮'者，正三十之谓也。"这里结合《离骚》来探讨屈原写作《离骚》的年龄，是充分有力的（详见拙文《〈离骚〉是什么时候作的》，1981年《学林漫录》四集）。这里说明要做好围绕着书稿转的编辑工作，倘需解决问题，也离不开作学术的探讨的。

以上只是说，我国古代最大的编辑工作，都是极为被人看重的，是用当时的第一流学者和专家来做的。当时的编辑工作是同学术研究、学术著作结合的，有关的学术著作成为编辑工作的一部分。编辑工作同研究和学术著作不是截然分开的。直到解放前，商务的编辑工作还是这样的。今天的商务，还编了新版四卷本《辞源》，继承了这样的传统。再就只限于拟定选题、组稿、审读加工、校对的编辑工作说，也离不开研究工作。这就使人想到，现在出版社领导有些伤脑筋的事，就是有的编辑不安心工作，想到大学或研究所去，尤其想去研究所，搞研究工作。要是像商务那样，把现在研究所里做的工作，像编选本、编辞典就作为编辑工作，再像开明书店，把适应出版要求的著作工作，像著作《文心》，也作为编辑工作，那末以上提出的问题是不是可以作部分的解决呢？再说倘现在的出版社也像解放前的商务，可以自己编教科书，自己编选本，编各种辞典，那不是可以同人教社、文学研究所、语言研究所来一个竞争，起一点促进作用吧。

（《出版工作》1984 年第 10 期）

审稿举例

　　出版研究室同志要我写点做编辑工作的经验,主要是谈谈怎样审稿。我虽然看过不少的稿子,也提过不少意见,但都没有留稿。不结合具体的稿子,只谈一些印象,太空,不好谈,只好就我最近看的稿子来谈谈。这些稿子的内容,可能与年轻的编辑同志看的稿子不一样,但其中谈到的应注意的地方,可能对别的稿子也适用。我的审稿意见,仅供著者参考,也不一定正确,倘有不妥当处,希望得到读者指正。

　　我正在读的是一部新编的《乐府诗选》,它的特点是重在赏析。我接到这部稿子时,首先感到我对乐府诗的知识不够,要找有关的乐府诗注本来看。我想年轻的编辑同志也会这样做的。第一,我们看稿子时,总觉得对书稿的内容所知有限,不像著者在著作时作过专门研究。正由于我们对审读书稿的知识不够,所以在审读时需找有关的书来做参考。第二,正由于我们的知识不够,要对书稿作出评价,也要找同类的书稿来作比较,看看这部书稿同已出版的同类书稿比,有什么特色。或者对象不同,讲法也不一样;或者侧重点不同,讲了已出的书没有讲的部分。只有通过比较,才好做出评价。我手头看的一部《乐府诗选》,它重在赏析,有它的特点,更适合于爱好古典文学的青年阅读。我找的参考书,一部是余冠英先生的《乐府诗选》,一部是黄节先生的《汉魏乐府风笺》。

我在读稿时,碰到一些问题,现就怎样提意见来谈谈。

一是考查书稿中所采用的新说。书稿中采用了新说,跟传统的说法不同,怎么办? 这些新说,有的还是出于著名的学者的手,是不是就不管了。比方稿子里选了一首《有所思》,诗里写了一个女子在想念她的恋人,说:"有所思,乃在大海南。"她要用"双珠玳瑁"的发簪,再系上一颗玉送给他。但听说他变了心,就把礼物摧毁烧了,要跟他决绝。但又想到以前两人相爱时"鸡鸣狗吠,兄嫂当知之"。有些恋恋不舍,"秋风肃肃晨风飑,东方须臾高(皓,天高)知之"。对"晨风"有新旧两说,余先生注用旧说:"晨风,鸟名,就是鹯,和鹞子是一类,飞起来很快。飑,疾速。"本书著者不取旧说,注:"晨风,鸟名。闻一多说是雉,即野鸡。古人认为雉晨鸣有求偶的意思。飑,当作思,怀恋同类。"即解作那女的听见野鸡叫在怀恋同类,比喻那女的对男的还有怀恋的心情,也讲得通。闻一多先生是研究古典文学的专家,对闻先生提出的这个解释是否就放过了呢? 我想还是查一下好。因为闻先生的新说,余先生是看到的,余先生不取,一定有道理。

闻先生把"晨风"说成是野鸡,有没有根据呢? 查闻先生《乐府诗笺》:"《说文》:翰,天鸡赤羽。《逸周书》曰:'文翰若翬雉,一名晨风,周成王时蜀人献之。'考《诗》每以雉鸣喻求偶,《晨风》亦怀人之诗,故以此鸟起兴。'飑当为思','谓恋慕也'。"闻先生的根据是《说文》,《说文》里讲的是"天鸡赤羽"，野鸡不称为"天鸡"，也不是赤羽。野鸡又解作为进贡之物，因此，从《说文》里不能得出天鸡赤羽即是野鸡的结论。再引《逸周书》，是说文翰像野鸡，像野鸡不等于野鸡，也不能得出文翰是野鸡的结论。因此，说晨风是野鸡，缺乏证据。闻先生又认为晨风本于《诗经》，看《诗经·秦风·晨风》："䳒彼晨风，郁彼北林。未见君子，忧心钦钦。如何如何？忘我实多。"朱熹注："䳒，疾飞貌。妇人以夫不在，而言䳒彼晨风，则归于郁然之北林矣。故我未见君子，而忧心钦钦也。彼君子者，如之何而忘我之多乎！"《诗经》中的晨风，正指猛禽鹯，不指野鸡。因"䳒"是疾飞貌，鹯才能疾飞，野鸡不能疾飞。联系《有所思》来看，她所爱的人"在大海南"，只有像鹯那样的猛禽，才好从大海南飞来，倘是野鸡，就飞不来了。《晨风》诗里女的怨男的不归来，怨男的忘记自己，这跟《有所思》的内容也相合。因为鹯飞得快，所以称"飐"，"飐"正是疾速的意思。闻先生改"飐"为"思"，解作"恋慕"，解"晨风飐"为野鸡恋慕求偶。野鸡在恋慕求偶，诗中的女子怎么知道呢？闻先生说成雉鸣求偶，那应该称"雊"，"雊"是雉鸣，不能称"思"，改作"思"也不行。这样一考察，认为闻先生的新说不可靠，建议著者不要采用，还是改用可靠的旧说。

又《泰山梁甫行》，是曹植作。写"剧（艰苦）哉边海民，寄身于草野。妻子像禽兽，行止依林阻"。著者采用一种新说。说曹植跟着曹操"东临沧海"。曹操亲征至海边只有一次，即建安十二年征辽东乌桓三郡，途经今冀东渤海之滨，有《步出夏门行》"东临碣石，以观沧海"可证。曹植的《泰山梁甫行》与曹操的《步出夏门行》作于同时。对这个新说是否可靠，也得查一下。看曹操的《步出夏门行》，写经过的海边是怎样的。他先写"东临碣石，以观沧海"，是到了海边。下面写到"孟冬十月"，"钱镈停置"，钱镈是耕种的农具，即农具已经停放不用了。"农收积场"，农民的收获堆积在场地上。"逆旅整设，以通商贾。"那里还有整齐的客店来招待客商。跟曹植写的"寄身于草野，妻子像禽兽"，完全不同。再说那次曹操五月出兵，七月大水，沿海一带道路不通。他用田畴计，在山间筑路进军，八月登白狼山破乌桓。回来沿海走，十月经碣石。他在诗里又写有贫困的地方，称"士隐（痛苦）者贫，勇侠轻非"。那里的士人以贫为忧，把做不义的事看得平常。那同曹植写的也不同，曹植写的"妻子像禽兽"，是妻和子没有衣服穿像禽兽了。这跟曹操写的那里场上堆着谷物，有整齐的旅客，或有想为非作歹的士人，就完全不同了。又曹操写那时"河朔隆寒"，"冰坚可蹈"。曹植写男的"寄身于草野"，"妻子像禽兽"，那不都要冻坏了。可见曹操写的跟曹植写的不在同一个季节。说明这个新说可备一说，不一定可靠。对新说要作考查，怕提出新说的人只看到一方面，看得不全面。这样考查，正是看重新说。我们对待新说是要看重的，对好的新说要加以宣扬。

二是结合史实来看。一篇作品的注释，对有些词可能有几种不同说法，是不是联系历史事实来看，考虑怎样讲。像《木兰诗》里面提到，"旦辞黄河去，暮至黑山头。不闻爷娘唤女声，但闻燕山胡骑鸣啾啾。"本稿注："黑山，一说是今北京市昌平县境的天寿山,一说是今内蒙古自治区呼和浩特市东南的杀虎山。前说近是。"又:"燕山,一说是指河北省北部的燕山山脉,一说是指燕然山,即今蒙古人民共和国境内的杭爱山。前说近是。"余冠英先生注:"黑山即杀虎山,燕山指燕然山。"余先生这样注,认为"后魏与蠕蠕(柔然)的战争和诗中的地名相合"。《魏晋南北朝文学史参考资料》注黑山为天寿山,燕山为燕山山脉。这样注,认为"当是与东北库莫奚、契丹的战争"。查《北史·奚传》,道武帝讨奚,"至弱水南,大破之"。显然不在天寿山或燕山山脉。又《契丹传》:"契丹犯塞,(北魏)文宣帝亲戎北讨,至平州。"平州在辽宁朝阳一带,也不在天寿山。这两次是较大的战争,皆与《资料》中注的地名不合。此外小的接触,又与诗中"可汗大征兵"不合。至于余先生的注,结合北魏与蠕蠕作战,王达津先生《古诗札记》,称北魏孝文帝于太和十年始称"天子",他在十五年建立"明堂"于平城,所以有"明驼千里足",这同诗中"天子坐明堂","愿借明驼千里足"相合。孝文帝在九年因"蠕蠕犯塞,诏任城王澄讨之"。北魏与蠕蠕作战,当在杀虎山至燕然山。这样看来,似余注较合。即对于这两种不同的注释,结合历史和地理来考察,还是以余注为好。

有时注中引用史实,也该注意是否符合事实。如王粲《七哀》诗,赏析里说:"公元192年(汉献帝初平三年)李(傕)、郭(汜)作战,蔡邕被害。"按《后汉书·蔡邕传》说王允用吕布杀董卓后,蔡邕叹气,王允把他下狱,"邕遂死狱中。允悔欲止而不及"。是蔡邕死在王允前,李、郭作乱杀王允,那么蔡邕的死与李、郭作乱无关。又称："据《通鉴》载：'京洛遭董卓之乱，民流移东出，多依徐土（徐州），遇（曹）操至，坑杀男女数十万口于泗水，水为不流。'王粲是否有鉴于此才不能去投靠徐州的陶谦，只好去依附荆州的刘表，史无明载。"但赏析称"汉献帝初平三年"，"李、郭作乱，蔡邕被害，粲遂避难，依附荆州刘表"。这是说王粲在初平三年去荆州。曹操攻陶谦在兴平元年，即粲去后的下一年，那就不必联系曹操攻徐州的事。倘要联系曹操攻徐州的事，那就不必说王粲在初平三年去荆州。王粲在哪年去荆州，《三国志·王粲传》里无明文，但本稿的赏析里讲的有矛盾，应避免。

三是结合诗中所写的形象或内容来看。本书稿是赏析，对诗作了分析。分析中提出的见解是否恰当，应结合诗的本文来考虑。如《焦仲卿妻》中，写刘兰芝被焦母赶走时，她去向焦母告辞，说："本自无教训，兼愧贵家子。受母钱帛多，不堪母驱使。"这几句有的是自谦，有的是顺着焦母的心意说，不必信以为真。既然要走了，就不必再跟婆婆顶撞，让她怒骂了。试就"本自无教训"说，兰芝的母亲说："十三教汝织，十四能裁衣。十五弹箜篌，十六知礼仪。十七遣汝嫁，谓言无誓违。"可见她是很受教训的，不是无教训。再就"兼愧贵家子"说，"贵家"指焦家，焦仲卿做庐江府小吏，并非贵家。说贵家，是焦母自以为贵家，焦母对仲卿说："汝是大家子，仕宦于台阁。"其实这是焦母的胡吹。焦母认为兰芝配不上仲卿，所以兰芝顺着她的心意说"兼愧贵家子"了。这话也可作另一种理解，焦家不是贵家，焦母自以为贵家，这样说正是含有讽刺意。下文的"不堪母驱使"也是自谦。事实是"鸡鸣入机织,夜夜不得息"。因此对于兰芝上面的话,不能认为讲的是事实,用来作分析。对"受母钱帛多"这话,也不可信以为真。兰芝回家后,县令和太守派人来议婚,刘家根本不谈财礼。焦母指责兰芝时,也根本不提刘家多要财礼的事。可是本篇的赏析,却在"受母钱帛多"一句上做文章,说:"主要的意思倒是在中间的两句,即'受母财帛多,不堪母驱使'。短短两句,十分深刻地揭示了买卖婚姻的实质,接受的财礼多,新媳付出的劳役也应该多,婆婆的役使和虐待就成了天经地义了;如果新媳不能胜任,成了蚀本的生意,便理所当然地可以休弃。买卖婚姻的残酷性由此可见。在我国,这也是祖宗的老传统。《礼记》有言:'无媒不娶,无币不相见。'《颜氏家训》更言:'近世嫁娶,遂有卖女纳财,买妇输绢,比量父祖,计较锱铢,责多还少,市井无异。'前书成于西汉,后书成于南北朝,都反映的是当时的情况。此诗成于汉末,当与此情况相差无几。刘兰芝直言此事,不啻在婆母前控诉了买卖婚姻的罪恶,外柔内刚,是颇有点勇气的。"上面所以指出兰芝的话不可当真,就是指出"受母钱帛多"两句是气话。本书稿的著者信以为真,提出买卖婚姻来,这从诗的形象和内容里都是看不出来的。说因买卖婚姻,婆婆认为媳妇的劳役不够偿本便可休弃,在诗里也没有一点影响。再说要讲买卖婚姻,那么兰芝"三日断五匹",焦母不是做了赚钱生意,兰芝要走也会不放她走的。再说这样一讲,把兰芝的被赶走说成是买卖婚姻的罪恶,说成是刘家要财礼造成的,这不减轻了焦母的罪恶,把诗的反封建礼教变成反对买卖婚姻了吗？这是不符合诗中所写的形象和内容的。

又对《上山采蘼芜》的赏析说："他们的离异是外力造成的，并不是主动的行为，而这种外力又是他们无法抗拒的。这外力到底是什么，诗中没有交代，读者尽可以去联想，而最终的结果总会增加对这幕悲剧的男女主人公的同情。这也正是这首叙事短诗所显示的丰富内涵。"这里说，这首短诗显示的丰富内涵，主要是他们的离异是外力造成的。又说："把故人喻为色彩洁白、质地柔细的素，极力称颂故人品格的纯洁。"即其次是称颂故人品格纯洁。这两点是不是属于诗的内涵呢？还是看原诗：

> 上山采蘼芜，下山逢故夫。长跪问故夫："新人复何如？""新人虽言好，未若故人姝（美好）。颜色类相似，手爪（手工技巧）不相如。""新人从门入，故人从阁去。""新人工织缣（带黄色的绢），故人工织素（白绢）。织缣日一匹（四丈），织素五丈余。将缣来比素，新人不如故。"

这首诗里讲新人织缣，故人织素，只赞美故人织得比新人多。余先生说："那比较的标准就是生产能力第一。"这是诗里所显示的。至于"称颂了故人品格的纯洁"，从诗里看不出来。诗里没有谈品格。"未若故人姝"，也就是"新人不如故"，即"生产能力不如"。品格的说法诗里没有接触到。他们两人为什么离婚，是不是有一种外力强迫他们离婚，诗里也没有写，这点在诗里也看不出来。结合诗的形象和内容来讲，以上两点都可以不谈，照余先生的讲法就行了。倘认为这样说还不够，还要推求，那也该从诗句里去推求。从织素里推求品格，所以不行，因为同"新人不如故"的比较生产能力的提法不合。推求他们离异的来于外力压迫，因为诗里没有透露。那还有什么可推求呢？勉强说来，是不是可推求"上山采蘼芜"。余先生注："古人相信蘼芜可使妇人多子。"那个妇人已经被丈夫离异，还采蘼芜来干什么？是不是她已再嫁，鉴于上次嫁后未生子女，所以这次再嫁后忙着去采蘼芜呢？要是这样猜测，那跟"故夫"是否也可联系，故夫即别于新夫之称。是否因为她无子，所以故夫与她离异。她已再婚，所以对"故夫"和"新人"也没有什么怒恨了。倘他们受外力压迫而被迫离异，他的故夫又称颂她的品德好，那就像陆游写的《钗头凤》，不胜怒恨了，可诗里没有。所以这个外力压迫之说恐也不合。不过以上的说法也是猜测，还不如余先生着眼于生产能力第一的说法正确。

四是两种解释都像可通问题。有的诗句好像这样讲也可以，那样讲也可以。那还得结合全诗或上下文来考虑，哪种解释比较确切。像《慕容家自鲁企由谷歌》："郎在十重楼，女在九重阁。郎非黄鹞子，那得云中雀。"赏析提出两个解释：一是，"两人的居住地相隔太远，郎如果不能像鹞子那样劲健，休想获得云中高飞的雀儿（她）。应属决绝之词，是悲伤的、哀怨的。"二是，"女子希望远方的郎能像鹞子那样飞来，她自己愿像云中的雀儿被鹞捕获投入郎的怀抱。这里的'云中雀'给人以自由、欢快的感觉。全歌又应是交好之词。"又引钱钟书先生《管锥编》中说的"比喻之二柄"，认为同一件事物，可以喻褒或贬，示喜或忧。即认为这首诗两个解释都通，符合钱先生说的"比喻之二柄"。是不是这样，是值得考虑的。

先看原诗，本书稿解作男女"两人居处地相隔太远"。看诗："郎在十重楼，女在九重阁。"不是讲距离远近，是讲居处的高低，郎比女高一层，那么郎去求女正合适。倘女比男高一层，那男求女就不免有些困难了。既然合适，为什么不易求得呢？本稿把"云中雀"说成云中的雀儿，恐不确。"云中雀"是云雀，一称叫天子，不是麻雀，麻雀是飞不到云中的。所以郎非黄鹂子，就得不到叫天子。这该是女的对男的提出的要求，指示男的如达到了这个要求，就可得到她。这里不是什么决绝之词，第一个解释与诗中的语气和情味都不合。那不是两个解释都可成立，只有第二个解释可以成立。又"比喻之二柄"，是指同一个比喻，在这里可作褒用，在那里可作贬用。如："喻至道于水月，乃叹其玄妙，喻浮世于水月，则斥其虚妄。"如同一个水月，用来比道理，是赞美道理的玄妙；用来比浮生在世，是指斥浮生的虚妄。用在不同场合，才分出褒贬来，不是用在同一首诗同一句话里，又可以褒又可以贬的。所以把上引的诗认为可作两解，说成比喻之两柄也不合。

又《小垂手》，写舞蹈。"舞女生西秦，蹑影舞阳春。"末联："娥眉与曼脸，见此空愁人。"赏析称："即是以'美人'喻梁武帝，抒发了自己不被梁武帝信用的哀愁。"这里把"愁人"解作哀怨，是一种解释。像李绅宴请刘禹锡，让歌女劝酒。刘即席赋诗："高髻云鬟宫样妆，春风一曲杜韦娘。司空见惯浑闲事，断尽苏州刺史肠。"李就把歌女归属于刘。这个断肠不是愁死，是激动，是极度高兴，好比落泪有喜极而泣的。这首诗写看舞"愁人"，这个愁也是激动，也是喜极的意思。这样看来，"愁人"有两种解释：一是哀愁，一是欢喜。这里看了舞蹈发愁，同刘禹锡听歌断肠相似，也当是喜极的意思。赏析说成哀怨，似有问题。赏析把舞女指美人，把美人比梁武帝。按把美人比君，见于《离骚》："惟草木之零落兮，恐美人之迟暮。"以美人比君，这个美人是指品格和地位都高的人，才可以比君，不能指舞女。因舞女在当时地位低，不能比君。这诗写舞女，不称舞女为美人，就不能比君，因此比君之说不确。还有著者称，《玉台新咏》称这首诗为简文帝作，又《艺文类聚》也作简文帝作。这首诗的作者还未定，更不应说以舞女为美人来比梁武帝了。

五是按照情理来推测。有的解释比较合情合理，就可取；有的不合情理，就可不取。像曹操《秋胡行》里说："有何三老公，卒来在我旁。负掩被裘，似非恒人。"这三老公，指三个老的神仙。本书稿注："掩，疑为'畚'字之讹。'畚'先误为'奄'，又误作'掩'。'畚'是用蒲草编织的盛物工具。"这样注，认为这里用了"被裘负薪"的典故，有个隐士，披着裘背木柴回去。按这位披裘的人是个隐士，隐士劳动才有饭吃，所以他要打柴负薪来换生活费。这三老公是神仙，神仙不靠劳动来换饭吃，不用背劳动工具，所以这样解释不合理。黄节《汉魏乐府风笺》，把"掩"说成罩衣，罩衣罩在裘上，正是掩，不烦改字。裘上罩上罩衣，古人称为裼裘，正合古代风俗。这三位神仙，穿上褐裘，跟他们的身分相合，比较合乎情理。再说把"掩"改成"奋"，没有根据，随便改字，也是不好的。

又《蝍蝶行》："持（之）我入紫深宫中，行缠（之）傅楢栌间，雀来燕。"本书稿说："燕雀衔了蝴蝶飞到阴深深的屋子，捆绑在屋梁上的短柱间。"把诗中的"雀来燕"，解释成"燕雀"。这诗写燕子衔蝴蝶飞到窠里去喂小燕子，怎么来个"燕雀"。这个"雀"字加在这里不合理，因为燕子不能称"燕雀"，倘说燕和雀，上文只说燕子衔蝴蝶飞入宫中，没有雀，怎么忽然来个雀，这样来解释"雀来燕"也不行。燕子已经衔蝴蝶飞进屋子，飞到梁上，靠近巢里，怎么再把蝴蝶捆绑起来，燕子怎么捆绑？把"缠傅"解释成捆绑，也不合理。余先生注"持我入紫深宫中"，作"持我深入紫宫（皇宫）中"，这就合理了。"行缠傅楢栌间"，《汉魏乐府风笺》解作"行，且也。缠，《说文》绕也"。傅，附着。即燕子衔蝴蝶飞进皇宫，在梁间栱斗间绕着靠近着飞，那里已接近窠了。"雀来燕"，注作像雀跃般来。因为靠近窠不好飞，就像雀跃入窠。这样讲就合理了。下面就写小燕子昂头鼓翼来迎接喂哺，这也说明没有雀，雀来燕，只指燕子像雀跃般来。

又《焦仲卿妻》："结发同枕席，黄泉共为友。"结发，本书稿注："古代婚礼，成婚之夕，男左女右共髻束发，故结发即结婚意。"按《仪礼·士昏礼》记结婚的各种礼节，有迎新妇，有赞礼，有拜，有祭祀，有酒和饭食，记得很细致，就是没有男女共髻束发的事。《文选》苏武诗："结发为夫妻，恩爱两不疑。"李善注："结发，始成人也。谓男年二十，女年十五时，取笄冠为义也。《汉书》：李广曰：结发而与匈奴战也。"即结发是二十岁结发加冠，始为成人。"结发为夫妻"，即二十岁成人后始结婚。《汉书·李广传》里讲的结发，即指成人。说明汉代的结发指成人束发加冠，没有男女共髻结发的事。李善是唐人，他这样注，说明唐代也没有男女共髻束发的事。再说男女共髻束发，两人都不能分开行动，也不合情理。

以上在审读一部书稿中看到有五方面的问题，各举例来做说明。这五方面的问题，虽就一部书稿说，但有的不限于一部书稿。比方介绍一种不同于公认的新说，对新说应当欢迎，但也要加以考察，倘有不合理处，也要加以指出，更不应迷信学者之说就不敢考察了，实事求是的精神应该贯彻到审稿工作中去。再像接触到历史问题，更不限于这部书稿。有关历史问题，是应该核对一下，这也是实事求是。再像关于形象和内容问题，对文学作品都适用。评价文学作品，是要从作品中的形象和内容来考虑的。再说两说似都可通，要考虑是否观察得不够细致，更需要作细致的辨析。合乎情理，不论讲道理，评论作品，也都要求合乎情理，这样，这里谈的虽只限于一部书稿，是不是又不限于一部书稿，有可以触类旁通的地方呢？

谈编校合一

　　本刊编者因我曾在上海开明书店工作，开明书店是编校合一的，所以要我谈谈开明书店怎样编校合一。我进开明，是帮宋云彬先生校对《辞通》的。当时，朱起凤先生的巨著《辞通》由开明书店接受出版，开明就请朱先生的学生宋先生来主持《辞通》的编校工作，这即是编校合一的例子。开明书店的总经理章锡琛先生决定出版《辞通》以后，才请宋先生来主持对《辞通》的编校工作，说明开明的编校合一，做编辑工作的不必审查书稿，是在领导上决定采用书稿后，或在书稿排出校样以后，做编辑的才对书稿做编校合一的工作。就《辞通》说，朱起凤先生花了几十年功力，从大量的古书中搜集了极为丰富的词，把其中意义相通的各种不同的词归在一起，加上按语，说明它们所以相通的理由。对这样一部巨著，做编辑工作应分两步。第一步核对它们所引的古书是否准确。这个工作太繁重了，因为这部巨著有像旧《辞源》那样的两巨册，主要是引用古书。宋先生相信他老师引书的准确，不需要做这步工作。第二步是审查它的按语是否确切。讲到词的通假，跟音韵学有关。宋先生在这方面的知识没有超过他老师，所以他也不可能对他老师所作的按语提出意见。因此，宋先生对

《辞通》所做的编校工作，就是对《辞通》的原稿按照开明所定的格式批一下，再就是校对了。《辞通》出版以后，没有人对《辞通》所引的大量古书提出意见，说明朱先生认为他老师在引用古书上完全可靠，不需要校对原文，这点是对了。但《辞通》出版后，《大公报》发表了一篇批评《辞通》的文章，批评《辞通》的按语，似有两点，一点是按语太简单，没有真正说明一些词所以相通的理由。一点是按语不确切，讲一些词相通的理由讲得不准确。这篇文章在《大公报》上发表，开明中人都见了。当时，朱先生没有写文章答辩，决定出版《辞通》的章锡琛先生也没有请给《辞通》写序言或题辞的不少专家写文章来答辩。这说明这篇文章批评得对，《辞通》的按语是有这样的缺点，无法答辩。但这样的批评，并不影响给《辞通》写序言或题辞的专家对《辞通》的肯定，因为不少专家肯定《辞通》的价值，在于它搜集了大量相通的词这方面，不在于它的按语。这也说明，开明的编校合一，对编辑的要求不高。不要求编辑审稿，提出应采用的理由，上面决定采用了，书稿中有的缺点，上面没有看出来，如《辞通》的按语有不当处，也不要求编辑对它负责。因为决定采用《辞通》的领导，他在翻阅《辞通》原稿时，对这许多按语的一部分也应该看到，他没有看出这些按语中的问题，因此对这些问题也不要求编辑看出来。对编辑的要求，只在原稿上有的比较明显的失误或疏漏加以改正，因为上面对书稿决定采用时，只从大处着眼，不可能全看的缘故。

再说宋先生进了开明，在编校《辞通》外，还替开明的《中学生》写历史小品,像《玄武门之变》;又要替开明函授学校编国文讲义,来不及校《辞通》的校样,我因此进开明去帮他校《辞通》。当然,《辞通》的最后一遍校样还要宋先生校的。我只做校对,按照原稿校,不管编辑的事。

开明书店的编辑,不做组稿规划,不出去组稿,除了很少的投稿交给编辑审读外,约稿不交编辑审阅,稿子由上面决定采用后,即交出版部批格式,交工厂发排。因此在开明做编辑工作,不用管组稿规划,不用联系作者,不管稿件的排版格式,这一切都由上级领导及出版部做了。就组稿及决定稿件的取舍说,文哲方面的书稿,由叶圣陶、夏丏尊先生联系及决定;历史方面的书稿,由王伯祥先生联系及决定;小说方面的书稿,因徐调孚先生曾帮助郑振铎先生编了多年的《小说月报》,对小说作者比较熟悉,因此他虽然曾经负责出版工作,对小说书稿也由他联系和决定;科学方面的书稿,由顾均正先生联系和决定。他们几位先生约到了书稿,因为他们对书稿的作者比较了解,书稿到后,先翻一下,就可决定取舍。决定后,就交给出版部批格式,交工厂排。排出校样来,再交给编辑或校对校。编辑和校对只是名义上不同,坐在一起,做同样的校对工作。编辑和校对的差别,只在校对主要是对原稿负责,校正校样上的错字等;编辑也这样,不过编辑在看校样时,还要注意内容和文字。因为上级领导,对书稿决定采用时,不是从头到底一字不遗地看的。其中可能有个别用辞不当,编辑就在看校样时注意提出来,直接与作者联系,征求作者的意见。像我在校童书业先生的《春秋史》时,看到了问题,就写信给童先生,童先生回信,同意我的意见,还要求把我和他来往的信,一并附在书后。再像钱钟书先生的《谈艺录》,由王伯祥、叶圣陶两先生翻过后就发排,由我和华元龙两人校对。我在校对时,看到这书没有目录,想到对读者不便,就替这书编了一个目录,送给钱先生,经钱先生同意后,就发排。我们在校对中看到问题,就直接同作者联系,不请示上级,上级也同意我们这样做,这就是开明书店编校合一。当然,这只就书稿说,至于开明出版的杂志,在组稿审稿方面,恐怕不一样了。

这样的编校合一,跟解放后出版社的编校分工不同。就我在中国青年出版社和中华书局的工作看,编校分工是先由室主任把书稿交给编辑审读,审读后提出审读意见,送室主任;室主任看了审读意见,再作二审,写了二审意见;再送领导作终审,决定取舍。这样的三审制,比开明书店的由领导翻阅后就作出决定,当然严格得多。不过我跟中华书局的一位编辑谈,她说,她有时审读一部书稿,费了不少精力,提出了改进的意见,送到上面。上面领导认为这部书稿不宜出版,不是内容文字上的问题,是领导上另有考虑,这种考虑,一般编辑是不清楚的。这样,她的劳动就白费了。这样白费的劳动还不止一部书稿。按照开明的办法,一部书稿寄来,由上面有决定书稿取舍权者先看,不宜采用的书稿一下子就决定了,不用花费编辑的劳动,这是两者不同处。又开明的编校合一,一部书稿排校样后,编辑要看好多遍,看一遍即先校后读,先对原稿校,校后再通读一遍。因为校对时注意力集中在文字标点上，通读时才注意到内容。假如看三遍，即校三遍读三遍，这样可以减少错误。编校分工以后，校对对原稿负责，原稿中的问题容易忽略过去，这又是两者的不同处。

谈到编校的分合，中华书局的一位同志讲，徐调孚先生领导文学编辑室时，校对和编辑在一起工作，校好的校样交给徐先生，他先翻看一下，看校出的字有否写错，写错的立即改正。在排版格式上有无问题，比方有时在一行中漏排几个字，校对时加进了漏排的字，一加进去，有时要多出一行来。或者排版时重排了几个字，校对时要删去这几个字，一删字，有时要少一行。多一行或少一行，就要通版，有时要牵动不少版面，徐先生看到这种情况，倘是作者自己写的稿子，不可能是一字不可增改的，多几个字的，就在上文找几个可有可无的字删去，少几个字的，就在上文找几处可以补字的补几个字，避免通行，牵动版面。这也是徐先生在开明编校合一时看校过的校样的作风。

那位"中华"的同志认为开明的编校合一，在"中华"里不适用，"中华"里校对已成为专业，分成一级、二级、三级。要是有经验的好的校对，可以升为编辑，校对人员不稳定，对校对工作怕会产生不好影响。再说新调来的编辑，要他们去做校对，怕他们不干。不过他认为编校合一的有的经验可以吸收。如编辑和校对在一起工作，校好的校样，先给编辑看一下，像徐调孚先生那样看一下校样，是可以的。又新来的编辑，请他先去担任一个短期的校对工作，熟悉一下校对方面的业务，对做好编辑工作有帮助，这也许是可行的。总之要结合具体情况,看看编校合一的做法有什么可以吸取的来吸取一些。这个意见比较切合实际吧。

(《出版工作》1988 年第 4 期)

我的编注生涯

一 从上海到北京

我 1931 年考入无锡国学专修学校，1932 年 10 月，转入上海开明书店，校对朱丹九先生的《辞通》。校完了，碰上"一·二八"事变，日军侵占上海，开明总厂在梧州路被焚。开明书店门市部在福州路，门市部后门有站房，作为开明书店的办公处。当时，夏丏尊先生主张编夏氏字典，约我助编。抗战胜利后，夏先生病死了，我编的部分，夏先生来不及改正，不能出版。上海解放了，开明书店迁到北京，我在 1951 年 10 月来到北京。1953 年 4 月，开明书店并入中国青年出版社。我在其文学编辑室当了编辑。

二 注毛主席诗词

中国青年出版社向臧克家先生约稿，约他的《毛主席诗词讲解》。臧先生要出版社约人加注。出版社领导就找到了我。我看不到毛主席的诗稿，只看到《诗刊》上发表的毛主席的诗词。注到《菩萨蛮·黄鹤楼》的"把酒酹滔滔"写信给臧先生,说:苏轼《念奴娇·赤壁怀古》"一樽还酹江月",是以酒奠江月。毛主席酒奠滔滔江水,当作"酹"字,怎么作"酎"字呢?臧先生同意我的意见,主张用"酹"字。又说"酎"字有人研究过,指汉时"酎金失侯"。原来汉朝用水和酒药及粮食做酒,再用制出的酒及酒药和粮食再制酒,再用第二次的酒及酒糟和粮食制酒,这第三种酒叫"酎",这种酒是用来祭祖先的。各侯国,有一千人的献四两黄金给汉朝,倘献的黄金少了,或成色不足,就失去侯爵,叫"酎金失侯"。这首词里用不到"酎"字,所以《诗刊》里的"酎",当改"酹"。

等注到《沁园春·雪》"山舞银蛇,原驰蜡象",又写信给臧先生说:山盖上雪,用"银"字来形容。原盖上雪,应用蜡来形容,为什么作"腊"呢?臧先生同意作蜡,又指出这里有人认为作"腊"是指真腊,即柬埔寨。但柬埔寨的象,是不是雪白的,可以和"银"字相对?臧先生主张改。后来他见到毛主席,谈到改"腊"为"蜡",主席也同意了。

臧先生的《毛主席诗词讲解》出版后,有读者来信说,臧先生的《讲解》,一篇《讲解》里讲了毛主席几首词,是不是改成一篇《讲解》里只讲一首词呢?我把这个意见告诉臧先生。臧先生认为已经写了讲解,不愿再改动。我认为读者的意见对。所以后来注释毛主席诗词,都是一首诗词,作为一篇。我写《长征》诗注释,对诗中的第二联,说作者用了七种修辞手法。一互文格,即"五岭逶迤而磅礴","乌蒙磅礴而逶迤"。"五岭"句的"磅礴"从下句来,"乌蒙"句的"逶迤"从上句来。"乌蒙"句倘不用"逶迤",就不好用"走泥丸",因为

"逶迤"指绵延起伏，山势绵延起伏，山上有泥丸才好滚下来的。倘山势只有磅薄，泥丸怎能滚下来呢？所以下句不能不有"逶迤"。二比喻格，五岭乌蒙的磅礴逶迤比作腾细浪、走泥丸，成为比喻。三引用格，"走泥丸"引自《汉书·蒯通传》的"坂上走丸"，坂指山坡，本诗指山，"走丸"即"走泥丸"，泥丸从山坡上滚下来。四映衬格，高大的五岭乌蒙与渺小的细浪泥丸构成映衬。红军把高大的五岭乌蒙，看作渺小的细浪泥丸，衬出红军的伟大来。五婉曲格，把围追堵截的敌人比作细浪泥丸，是婉曲。六模状格，用五岭乌蒙写它的磅礴逶迤是模状。七对偶格，两句对仗很工整。

再看《浪淘沙·北戴河》："东临碣石有遗篇"，"东临碣石"是曹操诗中的话。诗叫《步出夏门行》，夏门是洛阳北面西头的城门，从洛阳向北出发，指他北伐，去征乌桓。诗说："云行雨步，超越九江之皋。临观异同，心怀犹豫，不知当复何从。经过至我碣石，心惆怅我东海。东临碣石，心观苍海。"从诗看，曹操从洛阳北行，经过九江之皋，即在洛阳的地区。当时对北伐有异议，即有人主张南征刘表，有人主张北伐乌桓，他虽然北去，经过碣石，还在犹豫不决。可见到碣石观海，是他北征乌桓时路过碣石观海的，不是战胜乌桓后归来观海的。他从什么地方再向东到碣石呢？当时有什么异议呢？《三国志·魏书·武帝操》说：建安十二年（207）"将北征三郡乌桓，诸将皆曰：'袁尚，亡虏耳。夷狄贪而无亲，岂能为（袁）尚用。今深入征之，刘备必说刘表以袭许。万一为变，事不可悔。'惟郭嘉策（刘）表必不能任（刘）备，劝公行。夏五月,至无终(玉田)。秋七月,大水,傍海道不通。田畴请为乡导,公从之。引军出卢龙塞,塞外道绝不通。"曹操用田畴做向导,进军到卢龙塞,前面没有路了,曹操派田畴去开出一条路来,他向东到碣石去。《三国志·魏书·田畴传》说:"乃引军还,而署大木表于水侧路旁曰:'方今暑夏道路不通,且俟秋冬,乃复进军。'虏候骑见之,诚以为大军去也。"曹操从卢龙引军向东到碣石去观海,一是欺骗敌人,认为他已回去,疏于防守,好进行突袭。二是秦始皇三十二年(前213)到碣石,刻碣石门,汉武帝元封元年(前110)十月,到过碣石。他们到碣石,都想向仙人求长生不死之药。曹操到碣石观海说:"水何澹澹,山岛竦峙。树木丛生,百草丰茂。"秦皇汉武到碣石,都是求仙的迷信。曹操到碣石,只看到山岛竦峙,是破除求仙的迷信。他在《龟虽寿》里指出:"神龟虽寿,犹有竟时。"说神龟的寿命虽然长,还有穷尽时,可见长生不死是不可能的。所以毛主席称他"东临碣石有遗篇",说明了这个遗篇是进步的,值得一提。这说明曹操是在进军途中到碣石的。他是从卢龙到碣石的。卢龙在河北省,碣石就在卢龙的东面,也在河北省,可是有个注却说曹操在打败乌桓后到碣石的。碣石在辽宁省,是违背曹操的诗的。

三 注释鲁迅诗

臧克家先生的《毛主席诗词讲解》出版后,因为我配合作了一些注,就有一位读者来信建议我作鲁迅诗注。我想先看一下鲁迅是教我们怎样读诗的。鲁迅说："世间有所谓'就事论事'的办法，现在就诗论诗，或者也可以说是无碍的罢。不过我总认为倘要论文，最好是顾及全篇，并且顾及作者的全人，以及他所处的社会状态，这才较为确凿。要不然，是很容易近乎说梦的。"（《且介亭杂文二集·题未定草（七）》）不妨举一个例，鲁迅的《秋夜有感》，在1956年11月号《文学月刊》上的《鲁迅诗本事》里就作过解释。先引《秋夜有感》：

> 绮罗幕后送飞光，柏栗丛边作道场。望帝终教芳草变，迷阳聊饰大田荒。何来酪果供千佛，难得莲花似六郎。中夜鸡鸣风雨集，起然烟卷觉新凉。

再看解释，鲁迅把这首诗送给张梓生，张梓生"年轻时倜傥貌美，曾在某富家教馆，富家二女同时夜奔，张先生却之，弃馆而去"。诗的首联，"张先生处馆设幕，实是一种处于绮罗帐中，所以幕后常有偷窥送情。其目的乃在于到柏栗丛边去作鬼道场。"次联说，"一个张先生也无法满足二女的要求，而在二女看来，张先生却是她们眼中难得的美男子。"末联说，"当不寐寝之夜，恐怕会起燃一枝烟卷，觉得新的身世苍凉之感吧。"

这个解释不一定正确。那么怎样解释呢？这首诗题叫《秋夜有感》，称为"有感"，是严肃的感事诗，不是开玩笑的诗。先看首联："绮罗幕后送飞光，柏栗丛边作道场。""绮罗幕"怎样讲呢？鲁迅在《无题》二首里说："六代绮罗成旧梦"，六代是指吴、东晋、宋、齐、梁、陈，这六代都曾以南京为首都，那么"绮罗幕"是指统治阶级。"飞光"：飞逝的光阴。李贺

《苦昼短》："飞光、飞光，劝尔一杯酒。""柏栗<u>丛</u>"，《论语·八佾》："哀公问社于宰我，宰我对曰：'夏侯氏以松，殷人以柏，周人以栗，曰使民战栗。'"社是古代祭土地神的地方，夏商周三代，用来作社神的树有松柏栗三种，用栗树，使民战栗。《尚书·甘誓》："弗用命，戮于社。"古代在社那里杀人，所以"柏栗<u>丛</u>"是刑场。"作道场"，是做佛事，鲁迅又教导我们，要顾及作者所处的社会状态，这首有感，是写感事诗，主要写反动统治阶级的。因此，"绮罗幕后"，是写反动统治阶级中人在幕后送走飞逝的光阴。那他们在幕前做什么？一是大杀革命者，二是做佛事，是两手。

再看二联："望帝终教芳草变，迷阳聊饰大田荒。"望帝，《太平寰宇记》："蜀王杜宇，号望帝。"望帝指反动统治阶级的领袖。他能够使芳草变得不香。《离骚》："兰芷变而不芳兮，荃蕙化而为茅"，望帝一方面用刑法灭杀革命者，一方面使芳草变成茅草。这是承接"柏栗丛"来的。"迷阳"，指荆棘，《庄子·人间世》："迷阳迷阳，无伤吾行。"杀了革命者，芳草都变成茅草，只好使荆棘来掩饰大田的荒芜了。

三联："何来酪果供千佛，难得莲花似六郎。"这一联承"作道场"来的，鲁迅这诗是1934年9月29日写的，在这年9月25日，鲁迅说："现在……一味求神拜佛"，求神拜佛指这年在杭州启建时轮金刚法会。要启建这法会，需要巨款，这笔巨款哪里来，还是要向人民进行剥削，又怕请和尚念经，号召力不够，于是要请"梅郎权扮天女"。当时梅兰芳不去，于是派别人代替，诗里的六郎指武则天的宠幸张昌宗，"莲花似六郎"，指张昌宗的美如莲花，这是指代梅郎的人（见《花边文学·法会和歌剧》）。

末联："中夜鸡鸣风雨集，起然烟卷觉新凉。""鸡鸣风雨"，见《诗经·郑风·风雨》："风雨如晦，鸡鸣不已。既见君子，云乎不喜。"指世乱而思贤才，所以"起然烟卷觉新凉"了。这样用鲁迅的教导来解释鲁迅诗，或可免于说梦吧。

四 《文心雕龙注释》

1961 年，《人民日报》和《新闻业务》编者丛林中同志约我选译《文心雕龙》，在这年《新闻业务》第 5 期上发表，到 1963 年第 8 期止。译文发表了一段时间，人民文学出版社文学编辑室便约我注释《文心雕龙》。在这里只谈对《文心雕龙·书记》中"赵至叙离"的一个注释，我用《六臣注文选》本来注，因为对这个注，六臣中的李善注和李周翰注不同。先把二注列下：

李善注，"嵇绍集曰：赵景真与从兄茂齐书，时人误谓吕仲悌（安）与先君（嵇康）书，故具列本末。赵至字景真，代郡人，州辟辽东从事。从兄太子舍人蕃，字茂齐，与至同年相亲，至始诣辽东时，作此书与茂齐。干宝《晋纪》以为吕安与嵇康书。二说不同，故题云景真而书曰安。"

李周翰注，"干宝《晋纪》云：'吕安字仲悌，东平人也。时太祖（司马昭）逐安于远郡'，在路作此书与康。

康子绍集序云：景真与茂齐书。且《晋纪》国史，实有所凭，绍之家集，未足可据。何者？时绍以太祖恶安之书，又父与安同诛，惧时所疾，故移此书于景真。考其始末，是安所作，故以安为定也。"

信是吕安写给嵇康的，司马昭看了这封信，就把吕安调回来，把吕安和嵇康杀了，嵇绍却把这封信说成赵景真与嵇茂齐书。司马昭看这封信，认为吕安要推翻司马氏政权，恢复曹魏政权，所以非杀不可。嵇绍却认为书中写的，不过是些激切的话，所以可以改称。刘勰相信嵇绍的话，称为"赵至叙离"，错了；昭明《文选》，也误信嵇绍的话，把它作为《赵景真与嵇茂齐书》，也错了。《晋书》的编者也相信嵇绍的话，把这封信引入《赵至传》中，认为赵至写的，也错了。按《六臣注文选》李周翰注："干宝《晋纪》云'吕安字仲悌，东平人也。时太祖（司马昭）逐安于远郡'，在路作此书与（嵇）康。康子绍集序云：景真与茂齐书。且《晋纪》国史，实有所凭，绍之家集、未足可据。何者？时绍以太祖恶安之书，又父与安同诛，惧时所疾，故移此书于景真，考其始末是安所作，故以安为定也。"按信中言"披艰扫秽"，"恢维宇宙"，指推翻司马氏政权，恢复曹魏政权，所以钟会言"不如因此除之"。刘勰说"赵至叙离"，相信这是赵至书，误。

《文选》李善注，"干宝《晋书》曰：'嵇康，谯人；吕安，东平人。与阮籍、山涛及兄巽友善，康有潜遁之志，不能被祸怀宝，矜才而上人。安，巽庶弟，俊才，妻美，巽使妇人醉而幸之。丑恶发露，巽病之，告安谤己。巽于钟会有宠，太祖（司马昭）

遂徙安边郡，遗书与康，昔李叟入秦，及关而叹云云。太祖恶之，追收下狱，康理之，俱死，《魏氏春秋》曰：'康寓居河内之山阳，钟会为大将军（司马昭）所昵，闻而造之，乘肥衣轻，宾从如云。康方箕踞而锻，会至不为礼，会深恨之。康与东平吕昭子巽友、弟安亲善，会巽淫安妻徐氏而诬安不孝，囚之，安引康为证，义不负心，保明其事。安亦至烈，有济世志，钟会劝大将军因此除之，杀安及康。'……"

再看《六臣注文选》的李善注："臧荣绪《晋书》曰：'安妻甚美，兄巽报之，巽内惭，诬安不孝。启太祖，徙安远郡，即路与康书，太祖见而恶之，收安付廷尉，与康俱死。'"

同样是《思旧赋》的李善注，却有这样的不同，但有一点是相同的，即同认为信是吕安写给嵇康的。就文选《思旧赋》的李善注看，既认为信是吕安写的，何以在赵景真与嵇茂齐书的注里不确定书是吕安写的呢？

看了这些注，知道这封信是吕安写给嵇康的，因此注道："《晋书·赵至传》'至与（嵇）康兄子蕃友善，及将远适（去辽东任州从事），乃与蕃书叙离，并陈其志。'书见《文选》赵景真（至）《与嵇茂齐（蕃）书》，首称'安白'，（按赵至作书，当称'至白'，今称'安白'，明非至书，实为吕安与嵇康书。）书称：'若乃顾影中原，愤气云踊。……披艰扫秽，荡海夷岳。蹴昆仑使西倒，蹋太山令东覆，平涤九区，恢维宇宙，斯亦吾之鄙愿也。'激情风烈，与赵至以良吏称不合，而合于吕安跟司马氏不合作。因是吕安要推翻司马氏政权，恢复曹魏政权，加上钟会的谗言，所以杀吕安与嵇康。"这个注可以作为范文澜、杨明照两先生注《文心雕龙》的补充。

1982 年 6 月,美国密西根大学东方语言文学系林顺夫教授召开中国诗讨论会,请钱钟书先生去,钱先生因为已去过美国,不愿再去。他就约我去。我的《文心雕龙注释》已经出版,其中不同于范文澜先生注的地方不少,估计他们都有范注本,因此带了注释本去,分送给他们。

(《家居北京五十年》,京华出版社 1999 年)

编辑出版工作的感想

我想谈三点：第一点表示感谢，第二点讲对出版工作的感想，第三点谈谈编辑方面的事。

先谈第一点：感谢党，感谢领导，举办这一次隆重的庆祝会，也感谢到会的同志们和先生们，同时也感到非常惭愧。从前开明（书店）的同事也是中华（书局）以前的领导之一的傅彬然先生曾经说："我们做编辑工作的围着稿件转，正像跑龙套围着主角转。"跑龙套即使跑了很多年，没有什么可庆祝的，所以感到非常惭愧。此外，更要深切感谢启功先生，启功先生的书法极为名贵，启功先生的画不轻易下笔，更为名贵，这次为我画了一幅极为珍贵的画，使我又感激，又惭愧，我总感到我不配受到这样隆重的祝贺，领受这样珍贵的礼物。

第二点，有的同志要我谈一点对出版工作的感想。我想，党和国家的领导人有没有对某一家出版社提出表扬的呢？有。陈云同志说："应该说，商务印书馆在解放前是中国的一个很重要的文化教育事业单位。"陈云同志这句话，是对解放前的商务印书馆的最高的评价、最大的表扬。商务印书馆原来是由工人出身的夏瑞芳先生创办的一家印刷厂，把一家印刷厂办成一个出版社，完全是张菊生先生领导的功劳，把一个出版社办成"中国的一个很重要的文化教育事业单位"，更完全是张菊生先生领导的功劳。张菊生先生是怎样把一家印刷厂办成中国的一个很重要的文化教育事业单位呢？主要是不是有四条：

（一）张菊生先生当时担任南洋公学监学，月薪据说是白银五百两。他抛弃了每月五百两白银的高薪和监学的官衔，到一家印刷厂去工作，他要把一家印刷厂办成一个出版社。他是在戊戌政变失败后，受到清朝政府革职永不录用的处罚，被李鸿章安排在上海南洋公学做监学的。他看到中国在废除科举后，需要发展新的文化教育事业，他以在野之身，毅然决然到商务印书馆去承担这个重大任务。在张菊生先生领导商务以前，中国已有出版社，像创办自明朝的扫叶山房，既出旧书，也出新书。但张菊生先生领导的商务给出版社打开了一个新局面。他为了发展新的文化教育事业，就创办了一个编译所，聘请了有真才实学的人编成一套在当时水平最高的教科书。他创办的编译所，首先是自己编书，除编教科书外，还编工具书，如《辞源》《人名大辞典》《地名大辞典》以及各科的辞典。还有一个旧文部，自己选注文史方面的选本。我们认为编辞典和选本是现在研究所的工作。那么张菊生先生创办的编译所，实际上是编辑室与研究所的结合。这样的编译所，现在还保存在人民教育出版社和商务的《辞源》编辑室，都自己编书，实际上是继承了张菊生先生办编译所的传统，是编辑室与研究所的结合。为了发展新的文化教育事业，在张菊生先生的领导下，商务出版了大量的林纾的翻译小说，打开了人们的眼界，钱钟书先生就是读了林译小说而决心去研究西洋文学的。商务又多次再版了严复的《天演论》，出版了"严译名著丛刊"，对广大读者激起了强烈的爱国精神和收到了启蒙作用，给出版工作打开了一个新局面。

（二）为了编好书，张菊生先生办起了图书馆。为了整理古籍，他在全国各地搜购善本书达七万多册，建立了涵芬楼图书馆，又建立了东方图书馆。为了做好书刊的发行工作，又建立发行所，在全国各大都市建立分店。这样，在张菊生先生领导下的商务，实际上是印刷厂、出版社、研究所、图书馆、发行所这五个单位的结合，给出版事业开辟了一条中国式的路，是当时全世界独一无二的。

（三）在张菊生先生领导下，商务培养了大批人才，既严格要求，又关心爱护。张菊生先生在出书方面，从校对到书稿质量；在影印古籍方面，从选择版本到编定丛书目录，到制版的描润修版，到书籍的校刊，要求都极为严格。商务又善于培养人才，像茅盾同志进商务时是个青年编辑，商务就让他编译各种书籍，后来让他主编《小说月报》，把《小说月报》办成文学研究会的机关刊物。再像叶圣陶先生的扛鼎之作《倪焕之》，就在商务的杂志上发表的。商务又培养了不少出版人才，如创办中华（书局）的陆费伯鸿，创办世界（书局）的沈知方，创办开明（书店）的章锡琛，都是商务里培养出来的。

（四）在张菊生先生领导下，商务努力走上出版事业的现代化。所谓出版事业的现代化，不只是指生产技术的现代化；出版书籍的质量有些在全国是第一流的，在全世界也是第一流的;生产管理制度是现代化的,企业经营大再生产上是现代化的。中国当时在印刷技术方面是落后的,商务进口了各种新的印刷机器,用新的印刷技术,这方面向现代化前进。商务用道林纸印书,用字典纸印书,在这方面也是向现代化前进。商务有一套严格的管理制度,它的管理效力是很强的,它在企业经营扩大再生产上也是做出很大成绩的。它最早出版的教科书,它出的林纾翻译的小说,严复翻译的"名著丛刊",直到茅盾同志主编的《小说月报》等,在当时都是国内的第一流的出版物。张菊生先生亲自主编的百衲本《二十四史》和《四部丛刊》,在世界上是第一流的,直到现在,在系统地整理古籍上,还没有整理古籍的出版物可以和它相比的。当然中华出版的《二十四史点校本》,在点校上是后来居上的。

总之,商务在张菊生先生领导下,把一个出版社办成一个很重要的文化教育事业单位,成为一个具有中国特色的走中国自己的路的出版社,一个培养大批人才的单位。张菊生先生创办商务的精神和经验,是值得敬仰和借鉴的。

第三点谈谈有关编辑的事,如怎样培养青年编辑,建设编辑队伍,认识编辑工作的重要性,提高编辑的社会地位,使编辑同志安心工作。就张菊生先生领导商务看,好像这些问题都不存在。张菊生先生办编译所,他的编教科书,出版《严译名著丛刊》,出版林译的小说等,把旧的书店改成出版社,给出版社打出一条新路,把出版社办成了发展中国的文化教育事业,这就大大提高了编辑工作的重要性;把原来书店里从事出书的店员,变成具有一定的各科知识的编辑,这就提高了编辑的社会地位。在张菊生先生领导下，商务组成了很有效力的编辑队伍。

再就培养青年编辑说，有一位杨荫深先生，他进商务时只想做个校对，商务安排他去写样书的内容提要。他工作勤快，提要写得好，就被派去编《出版周刊》，又加了薪。《出版周刊》编得好，又调他到编审部去改编《高中国文课本》。在提升中逐级加薪。他从想做校对到调去当编辑，又调去编书，相当于现在的研究所工作。这样，个人的努力和上级的提拔，再加上逐级加薪和年功加薪，以上的问题就不存在了。说到培养青年编辑，现在也有胜过从前的，比方我进开明校对《辞通》，《辞通》出版后，《大公报》上有专文批评，说编者不懂得古音通假；他的按语有不少是错的。要在现在，青年编辑碰到这样的事，就可请示领导，给予一些学习时间，去向专家学习有关古音的通假知识，来做补课工作。在当时就不行。再像内蒙古大学点校《元史》，先由负责专家开出一个校勘用的书目，按书目指定的书来校勘，这对青年编辑提高有关目录、版本、校勘的知识有帮助。过去的青年编辑很少有这样的机会。因此，青年编辑的提高，需要在努力工作中，认识到自己的不足处，在领导的帮助下，利用现在的优越条件去做补课工作，来提高自己。以前的商务，可以让青年编辑在业余做些点校古籍的工作，现在中华的领导，主张可以让编辑在业余做些点校古籍工作，不过要严格要求，请专家审核，发现问题，帮助青年编辑提高。在提高工作能力中逐步提高生活待遇，这个问题一定可以逐渐解决。解决了提高工作能力和提高待遇问题,那么不安心工作问题也就可以解决了。张菊生先生领导的商务,既严格要求,又热情帮助,注意培养和提拔,又逐级加薪和年功加薪,所以不会有不安心工作问题。至于编辑的社会地位问题,在张菊生先生领导的商务里,除了把旧书店从事出书工作的店员变成编辑,提高了他们的社会地位外,再没有什么编辑的社会地位问题。当时商务里的不少编辑,都安心埋头工作,不考虑什么社会地位。这是不是同张菊生先生的领导有关? 张菊生先生不要做官,听说某一届政府请他去当部长他也不去,他宁愿以老百姓的身份来办商务,不考虑当时的社会地位。所以在商务工作的编辑,也只认自己是商务从业人员的一份子,什么社会地位,连想也没有想。当时好像也没有级别,不论资格多老,只要从事编辑工作的大家都是编辑。当时没有什么社会地位问题,只需要个人努力做好工作。据说,商务里有一个组是掌握整个编辑部门的工作的,哪个编辑任务完成得好,工作做得好,有奖励;完不成任务,工作没有做好,第二年就不再聘用了。它是通过严格的奖惩制度来督促编辑努力做好工作的,因此编辑考虑的是怎样做好工作,什么社会地位连想也没有想。这方面,结合商务、开明的经验说,实在没有什么可谈的。

有的同志要我谈一点自己的编辑工作。我在新中国成立后,在张志公先生领导的《语文学习》工作,志公先生有时交给我写一些讲解课文的文章。在青年出版社文学编辑室,领导要我给臧克家同志的《毛主席诗词讲解》补些注释。领导上让我编《诗词例话》,后来又作补订。我在编写中,先后引用了钱钟书先生的《谈艺录》《宋诗选注》《管锥编》等。拙编实在是借了钱先生著作的光。此外，人民日报《新闻业务》丛林中同志来约我选译《文心雕龙》；选译发表后，人民文学出版社王士菁同志约我注释《文心雕龙》。我是在领导和《新闻业务》、人民文学出版社的帮助下，尤其是在钱先生的帮助下，做了一些通俗的工作。只应感谢领导，感谢《新闻业务》和人民文学出版社，尤其是感谢钱先生的帮助。

最后，提一下耀邦同志的指示，勉励青年要超过老年。叶至善先生提到他的父亲叶圣陶先生主要是从事编辑工作。叶老是当代最大的编辑工作者，希望青年编辑能够超过他。青年编辑在从事编辑工作上超过叶老，照道理说是可能的。因为现在的青年编辑都是在党培养下的大学毕业生或研究生，叶老年轻时受的是旧式教育，只是旧制中学毕业生，所以希望现在的青年编辑努力前进，争取超过叶老完全是应该的。

末了，再向党和领导举办这一次隆重的集会，表示深切感谢，对到会的同志们和先生们表示深切感谢，只有用努力做好工作来作答谢。

【编者注】

1983 年 2 月 4 日，中华书局和中国出版工作者协会联合举行庆祝周振甫从事出版工作五十年茶话会。文化界、学术界、出版界代表一百二十多人参加。钱钟书、启功、王子野、叶至善以及中华书局文学编辑室代表黄克等作了发言；中宣部出版局局长许力以、文化部出版局局长边春光、中华书局副总经理王春等出席并讲话。在热烈的掌声中，周振甫也发言谈了自己的感想，他一张口又把大家逗乐了，"其实，说我从事编辑工作五十年，这是个虚数。我刚进开明时是校对，不是编辑。'文革'中，我在干校放牛，这大概不能算在编辑工作的"。接着周振甫谈到了自己新中国成立前后从事编辑工作的一些体会，谦虚惯了的他真诚地说："要说我有什么成绩，还得感谢那些作者，譬如说，钱钟书先生就是我最好的老师"，最后对领导和同事们为自己召开这样隆重的会议和前来参加会议的专家学者们表示深深的感谢。会后，新华社、《人民日报》《光明日报》《文汇报》《北京晚报》《出版工作》等新闻单位和重要报刊相继发表了专题报道和文章。

　　最近在撰写《中国出版家　周振甫》书稿时，请周老嫡孙周海涛兄翻检老人家遗物，查询相关资料。周老遗稿中有这次座谈会的书面讲话稿。这份长达七页的手稿，周老并没有在会上照念；大家看到的媒体宣传和一些回忆文章上的周老发言，当属即兴讲话。我们认为周振甫先生这个从未公开面世的书面发言，既有重要的出版史料价值，也不乏现实教育作用，特整理刊行。其中个别标点、几处文字用词之笔误，做了订正。

审稿纪实

对钱子泉师《中国文学史》的审读意见

《出版工作》编者要我谈点编辑工作，我最近审读了钱子泉师的《中国文学史》，就谈谈对这书的审读意见。做编辑工作，要对作者作点了解。本书的作者钱子泉师，名基博（1887—1957），江苏无锡人，是我国著名的老一辈文史专家。梁启超在清华大学国学研究院教授时，著有《四书解题及其读法》。钱师也在清华大学教授，对梁著意有不同，因另著《四书解题及其读法》，得到梁启超的赞赏。钱师后来在上海圣约翰大学、光华大学、无锡国学专修学校、国立师范学院等校教授，著有《现代中国文学史》《韩愈志》《韩愈文读》《骈文通义》《版本通义》《古籍举要》等书。我的一点编辑知识，就是钱师教的。钱师给我们教章学诚的《文史通义》，里面有《校雠通义》，它实际上就是古代的编辑学。章学诚在《校雠通义序》里说：

> 校雠之义，盖自刘向父子部次条别，将以辨章学术，考镜源流，非深明于道术精微、群言得失之故者，不足与此。后世部次甲乙、纪录经史者，代有其人，而求能推阐大义，条别学术异同，使人由委溯源，以想见于文集之初者，千百之中，不十一焉。

　　章学诚讲校雠学，即讲古代的编辑学，推重西汉刘向、刘歆父子的编辑汉时的所有藏书。他们把所有藏书分成六类，称为六略，又有一个总说，称为《辑略》，合称《七略》。他们不仅把书分类，在分类前先做好"辨章学术，考镜源流"的工作，研究从先秦到汉代的学术流变，再研究每一部书属于哪一个流派，研究每一个流派的源流以及变化，还要"深明于道术精微、群言得失"，即弄清楚学术流变的成就和不足，弄清楚每一部书在学术上的成就和不足。这样来编定《七略》。经过这样的编辑工作，使读者读了《七略》，可以了解每部书属于哪一个学派，每个学派的源流演变，每部书在学术上的得失，以及有无特色。他们是这样做编辑工作的。按照这样的要求，象清朝编辑的大书《四库全书》，著名的学者纪昀写了《四库全书总目提要》，对所有的书作了分类，有大类还有细目。对每部书评论它的得失，指出它在学术上的成就和不足，应该说是做了很大也是很好的编辑工作。但按照章学诚的要求来看，做得还很不够。按照章学诚的要求，对每部书要按照学术史来归类，归属于哪一学派，要弄清每一学派的源流演变，要指出它在那一学派中所占有的地位，有何得失。先要对中国学术的源流演变有个全面的深入的了解，再要对每部书的内容有所了解，才能做好这样的编辑工作。这样的要求，就是纪昀编著的《四库全书总目提要》也没有做到。所以章学诚讲的编辑学是要求很高的。我们现在做的编辑工作，要达到纪昀编《四库全书》的标准也不容易，更不要说要达到章学诚的要求了。

　　按照纪昀编《四库全书》的要求,先要对作者作较全面的了解,了解他的生平经历,了解他有多少著作,了解他著作的得失,再对每一部书查考它的版本,研究它的内容,看它跟同类的书比较有什么成就和不足,等等。我们做编辑工作要做到这些也不容易,钱师的《中国文学史》是在解放前编著的。解放后出版了好几部《中国文学史》,拿钱师的《中国文学史》跟它们比,看有什么特色没有,是有特色的。钱师的书,主要讲诗、词、散文、骈文,也讲一些文论。他讲时,要"通古今之变,成一家之言",有他的"别识心裁",这就跟解放后编的《中国文学史》不同了。解放后编的《中国文学史》往往是集体著作,论点大都是公认的,与成一家之言的不同。钱师的书,"通古今之变,成一家之言",正好跟他们不同,有这样的特色,应该出版,以下再说说我的审读意见。

　　钱子泉师的《中国文学史》,是一部按照传统的文学概念来著作的《中国文学史》。鲁迅在《魏晋风度及文章与药及酒之关系》里说:"曹丕的一个时代可说是'文学的自觉时代'。"这个"文学的自觉时代"的文学,从曹丕的《典论·论文》看,就是指诗赋和文。班固在《两都赋序》里说:"赋者,古诗之流也。"这样,当时的所谓文学,主要是指诗文说的,这就是传统的文学概念。《三国志·魏志·邯郸淳传》注引《魏略》称:"太祖遣淳诣(曹)植。"植"诵俳优小说数千言"。曹植要在邯郸淳前显示他的才华,其中一项即背诵"俳优小说数千言"。可见在当时,俳优小说已经被认为可以显示才华的一种文体,但曹丕在《典论·论文》里却不谈它。到了晋代,干宝的《搜神记》更有名。但作为文学自觉时代的萧统《文选》里,选的还是诗文和赋,不选小说,即不以小说为文学。钱师按照传统文学概念来著作的这部《中国文学史》,即以诗文为主,包括赋和词的文学史。

钱师的《中国文学史》里对小说并非完全不谈,如在晋代文学里谈到干宝的《搜神记》,在唐代文学里谈到张说的《虬髯客传》,谈到段成式《酉阳杂俎》中的小说。在明代文学里更谈到南曲,谈到高则诚的《琵琶记》、徐渭的《四声猿》,那末小说、散曲、戏剧都谈到了。可是钱师在明代文学里谈到曲时说:"吾友吴瞿安先生梅有专书备论之,兹不具述。"因为吴梅有《顾曲麈谈》等书专论曲,所以钱师在元代文学里就不谈元曲了,在明代文学里对散曲和戏剧只是简单地提一下。这里是不是显示钱师这部《中国文学史》的另一特点。章学诚《文史通义·答客问上》称:"史之大原,本乎《春秋》;《春秋》之义,昭乎笔削;笔削之义,不谨事具始末,文成规矩已也。以夫子'义则窃取'之旨观之,固将纲纪天人,推明大道,所以通古今之变而成一家之言者,必有详人之所略,异人之所同,重人之所轻,而忽人之所谨。绳墨之所不可得而拘,类例之所不可得而泥,而后微茫杪忽之际,有以独断于一心。"钱师指出吴梅已有专书论曲,认为吴梅的论曲,具有别识心裁,所以钱师可以不论。同例,钱师认为对历代小说,也有专书论述,也可以不论。钱师这部《中国文学史》,把重点放在诗词和散文骈文上,谈了钱师对这些方面的别识心裁,这正是"详人之所略,异人之所同,重人之所轻,而忽人之所谨","而后微茫杪忽之际,有以独断于一心"。以下就钱师在这些方面的别识心裁,简略地谈一下。

钱师论诗,如论李白杜甫,称:

> 李白得明远(鲍照)之俶诡,含元亮(陶潜)之旷真,风调高浑,格力遒古。杜甫则协子建(曹植)之风力,擅开府(庾信)之靡漫,骨气奇高,辞采华茂。而后来韩愈、黄庭坚得其拗怒,白居易、苏轼得其疏宕,杜牧、李商隐得其赡丽,皆衍甫之一体者也。盛唐诗宗,骈称李杜,而继往开来,厥推杜甫。一传而为元和,得韩愈、白居易焉,皆学杜甫者也,特韩更欲高,白更欲卑,韩得其峻,白得其平。自白衍而益为绮,则为温庭筠、李商隐,为宋之西昆。自韩流而入于拗,则为孟郊,贾岛,为宋之西江焉。

又称:"白富于想像,运以逸气;而甫工为叙述,尤擅议论。""汉魏以前,诗格简古,世间一切琐事猥语,皆著不得;即李白诗酒轶荡,怀奇负气,亦不屑意世故。独杜甫抒所欲言,意到笔随,以尽天下之情事,逢源而泛应。""诗以言志。汉魏六朝人诗,多写景抒情,而罕议论记事。杜甫天挺雄豪,境界独开:叙事则气势排荡,而出以沉郁顿挫,如太史公书;议论则跌宕昭彰,而抒以流泪太息,似贾太傅疏。大力控抟,奇趣洋溢。"

钱师论李白杜甫诗,既讲了他们有所继承,又讲了他们各自所具有的特色,更其对杜甫诗,讲了他对后世的影响,这不正是"通古今之变"吗?杜甫《春日忆李白》:"清新庾开府,俊逸鲍参军。"这是说李白诗的风格有如庾信的清新,鲍照的俊逸。可是钱师却指出李白诗"得明远之俶诡,含元亮之旷真",有了新的提法。一般讲李白是浪漫主义,杜甫是现实主义。钱师除指出李白"富于想像"外,又加上"运以逸气"。称杜甫"工为叙述"外,又加上"尤擅议论"。并指出杜甫反映现实生活的特色,即不同于"世间一切琐事猥语,皆著不得",而能尽天下之情事。又指出杜甫诗叙事如太史公书,议论似贾太傅疏。一般认为杜甫叙事诗的"即事名篇,无复依傍",影响元稹白居易的新乐府诗篇;杜甫反映现实生活的诗篇,影响李商隐的《行次西郊一百韵》;杜甫沉郁的风格,影响李商隐、黄庭坚的一些诗。钱师指出"韩愈、黄庭坚得其拗怒,白居易、苏轼得其疏宕,杜牧、李商隐得其赡丽","韩得其峻,白得其平"。钱师论李杜诗,确有别识心裁,这不正是"成一家之言"吗?

再看钱师的论词,如论高观国词:

陈慥序其词曰:"高竹屋(观国)与史梅溪(达祖),皆出周(邦彦)秦(观)之词,所作要是不经人道语。其妙处,少游(秦观)、美成(周邦彦)亦未及也。"人谓推崇过当,我嫌流别欠明。秦观自为史达祖与观国之所宗,而观国特润泽以周邦彦之华藻,达祖则与邦彦异趣。而论词者好揭举清真(邦彦)以绳墨诸家,不知清真词剪裁古语,熔铸己出,而神情未尽傅合,特如诗家之有黄庭坚耳。"惟古于词必己出,降而不能乃剽贼",山谷(黄庭坚)之诗,清真之词,皆所谓"降而不能"者也。陈师道学山谷而不至，遂成硬砌；吴文英学清真而不至，亦为堆垛。陈师道生吞活剥，而病未嚼碎；吴文英碎珠零玑，而苦无片段。所蔽不同，而失之饾饤，一也。若论思路之隽，能出新意，化堆垛为烟云，梅溪、竹屋之视清真，自较后来居上耳。

　　南宋词家，如张孝祥，如辛弃疾，则学苏轼；如刘过，如刘克庄，又学辛弃疾；由俊迈而粗豪，由感慨而叫嚣，变本加厉。物极攸反，至姜夔、周密、史达祖、高观国之伦，则以叫嚣非敦厚、粗豪非温柔，继迹秦七（观），上攀晏（殊）欧（阳修）；未能敦厚，且先温柔；蕴藉而不为柳永、秦观之亵诨，朗丽而亦异周邦彦、吴文英之饾饤，风流婉约，自然隽致，以易张脉偾兴之叫嚣；一张一弛，势之自然也。乃论者动以清真相誉，求形似于字句，而昧于大体。如陈廷焯《白雨斋词话》，至谓"白石（姜夔）、梅溪、皆祖清真"，又云："周公谨（密）词，刻意学清真。"不知名家后出，多识前言，一字一句，偶相形似；而神色气味，或别有会。苟非好学深思，心知其意，固难为浅见寡闻道也。

在这里，钱师从批评陈慥序高观国用词的流别欠明，谈到高观国、史达祖词和周邦彦词的异趣。由此引出南北宋词的演变，即由苏轼、辛弃疾词的俊迈感慨，变到刘过、刘克庄词的粗豪叫嚣，自然造成姜夔，周密、史达祖、高观国的趋向蕴藉朗丽，风流婉约，从而批评陈廷焯的词论，归结到姜夔、史达祖等词与周邦彦词异趣，这样讲南北宋词的流变，不正是"通古今

之变"吗？钱先生的别识心裁,不同于陈憼、陈廷焯,不正是
"成一家之言"吗？

再看钱师论散文,如论苏轼文：

> 为文章不拘一格,大体可得而论者有二：其一调适
> 而畅遂,抒其胸次之高旷。……博揽物态,清旷自怡。
> 而短札小记,涉笔成趣,着墨不多,自然韵流。……萧然
> 物外,逸趣横生,栩栩焉,神愉而体轻,令人欲弃百事而
> 从之游焉。其一深切以往复,发其议论之宏辩。……指
> 陈利害,议论出入今古,事覈理当,而笔力雄伟,抒词高
> 朗,极纵荡变化之能,不可羁勒,而落韵甚轻,若行所无
> 事。……其长处在援引史实,属辞比事,尤善譬喻,巧于
> 构想。他人所百思不到者,既读之,而迓为人人意中所
> 有。轩爽洞达,如与晓事人语,表里粲然,中边俱彻。苏
> 洵以申韩之峭刻,变苏张之纵横,其气放,其笔拗；轼则
> 以庄生之骀宕,化孟子之激切,其辞达,其势旷。苏洵瘦
> 硬通神,轼则潇洒自得。……昔韩愈喜称扬雄,为文力
> 摹心追；而轼则以艰深文浅易讥之,不以奇字奥句为尚,
> 此宋文之所以异于唐,而轼之别出于韩以自名家者也。
> 然轼之文,工于策论,疏于碑传。策论则横放侧出,实能
> 以条畅雄恣,焯有波澜。碑传则平铺直叙,未能以振提
> 出精神,实伤冗絮。

钱师论苏轼散文,跟韩愈的散文比,指出唐宋散文的差
异。又跟苏洵散文比,指出两家风格的不同,一以庄周之骀
宕化孟子之激切,一以申韩之峭刻变苏张之纵横。这当属于

"通古今之变"。钱师又指出苏轼散文的两种,一种富有情韵之美,跟胸次高旷结合,一种议论宏辩,善譬喻,巧构思,提出苏轼散文的特点。这样的别识心裁,正属于"成一家之言"。

钱师论骈文,如讲庾信,称:

> 然其才华富有,绮丽之作,本自青年渐染南朝数百年之靡。及其流转入周,当以飘泊之感,调以北方清健之音,故中年以后之作,能湔洒宫体之绮艳,而特见苍凉。随事着色,善于敷扬,流连篇章,感慨兴废,景自衰飒,语必清华,发悢怆之词,擅雕虫之功。尤善用事,据古况今,属辞比事,而出之以沉郁顿挫,所以堆砌化为烟云。才藻宏富,自然健举,植骨不高而气则雄。举止轩昂,动多振绝,所以丽典新声,络绎奔会,而不伤于襞积。余尝谓韩愈之古文,于浑灏中见矜重;而信之骈文,于整丽中出疏荡。韩愈雄而不快,而信密而能疏,组织出以流美,健笔寓于绮错。盖上摩汉魏辞赋之垒,下启唐宋四六之途,实以信管其枢也。

钱师论庾信骈文,包括他的赋,既指出他"渐染南朝数百年之靡","调以北方清健之音",又推究他"上摩汉魏辞赋之垒,下启唐宋四六之途",又认为庾信骈文的特点,景的衰飒与语的清华结合,"于整丽中出疏荡",也是"通古今之变,成一家之言",显示出别识心裁之论。

钱师在讲《中国文学史》中又多讲历代文论,如论《诗品》,称:

> 而嵘出风入雅以评诗,撰成《诗品》三卷……至于品

藻众家，则以骨气为主，以辞采为辅。……与其文胜，毋宁气过。气过则厥旨渊放，忘其鄙近；文腾则务为妍冶，流入淫靡。此其较也。匡时砭俗，颇日知言，所以谓篇章之绳墨，文采之权量。然魏武（曹操）悲壮，范晔华赡，屈居下第；元亮（陶渊明）清远，鲍照遒丽，不列上品。铨次未允，颇有遗议。又所推原出于谁何，加以抑扬，第出以臆，而不必衷于情实。

钱师在论建安七子时称《诗品》评诗不必衷于情实道：

而（曹）植则异气禀之魏武，茂彩过于难兄（曹丕），兼擅父兄之美，独出冠时，是以上继古诗枚（乘）李（陵），下开盛唐李（白）杜（甫）。然古诗枚李，不假思索，而植则起调轶荡，喷薄以出。古诗枚李，不假烹铸，而植则使字尖颖，时时琢炼。古诗枚李，不调平仄，而植则宫羽克谐，渐露唐律。此汉魏之所以判也，然结体行气，尚不失西汉之旧。

七子诗以陈琳徐幹为最，而琳则骨劲而辞少雕润，幹则辞婉而气不遒爽。……而钟嵘《诗品》，乃以植而下，刘桢独步，谓'杖气爱奇，动多振绝，真骨陵霜，高风跨俗，但气过其文，雕润恨少'。今观桢所作，乃知誉过其实。如桢《公宴诗》《赠五官中郎诗》四首，语颇腴而意不深，何尝'雕润恨少'。《赠徐幹》一首，气较爽而语多率，岂遽'气过其文'。《赠从弟》稍劲健而气则促，亦不见所谓'仗气爱奇，劲多振绝，真骨陵霜，高风跨俗'也，乃云'自陈思以下，桢称独步'，其然岂其然乎？以桢之视陈思,何啻跂蹷之与骐骥。

　　王粲《咏史》《七哀》诸诗,直道所见,更不著一绮靡语,苍劲有骨力,不为文秀,特征气劲。……而《诗品》谓其'文秀质羸',想见胸中全无泾渭。应玚《侍五官中郎将建章台集》诗,不为颂谀,别起一波,脱去公宴恒径,而以旅雁为比兴,音调悲切而浏亮。《别诗》两首,亦凄悲道激。其源出于李陵,于七子中与王粲为近,惟粲泽以文秀,而玚得其古直。应璩,应玚之弟,所为《百一诗》《杂诗》,得讽喻之旨,不如乃兄之鲜明紧健,亦异魏文之洋洋清绮,特为殷勤婉笃。而《诗品》谓其祖袭魏文,亦所不解也。

钱师对《诗品》的评论,既指出它"以骨气为主,以辞采为辅"的优点;又指出它的推原与抑扬的不衷于情实。就推原说,钱师认为《诗品》说曹植诗"其源出于《国风》",又说"情兼雅怨",即认为源于风雅是不够的。光说曹植的五言诗源于四言诗风雅,不谈它跟五言诗的关系,所以不够,还该指出他的诗跟父兄比有什么特色,谈它对后世的影响,这正是"通古今之变"的看法。钱师又指出《诗品》对刘桢、徐幹、王粲、应璩诗的评价都不符合实际。又指出《诗品》对建安七子中应玚无一字道及的不合,作了补充。这里见出钱师的评论《诗品》,是结合它所论作家的作品来的,具有实事求是的精神。从这里也看出他的别识心裁,是"成一家之言"的。

钱师这部《中国文学史》还有几个特点在这里略说一下。钱师认为他对作家的评价,是通读作家的全集得来的。因此要理解他对作家的评价，光读他在这本书中所引的作品是不够的。所以钱师对重要的作家，除引用他的作品外，还列举了不少作品的篇名。希望读者进一步去读他所列举篇名的作品，才能更好地理解钱师对作者的评价。钱师的评价作品，也注意作品的思想性，突出地表现在论宋王沂孙的词，既称引他的《绮罗香·秋思》《扫花游·秋声》为亡国后"羁北而思南之作"，又引《齐天乐》"冷烟残水"为"寄怀遗民贞士之隐遁不仕元"之作，又引《水龙吟·白莲》"以喻贞臣遗老"，引《无闷·雪意》"喻宋遗民之洁己以遁"，引《一萼红·石屋探梅》"喻谢枋得之孤芳独抱，屡荐不起，而继之以死也"。引《疏影·咏梅影》"以梅为两喻，如谢枋得其人也"。引《一萼红》"玉婵娟""为榭枋得作"，引《一萼红·红梅》讽"宋遗民而仕元"。引《水龙吟·牡丹》讽留梦炎"以宋状元宰相"，而"如垂风杨柳，依违取容"。因称"自有沂孙而词乃尊，以风花雪月之词，而有家国沧桑之感，意内言外，真得《离骚》之意"。钱师反复称引王沂孙词，拯力推重他的思想性。跟这相反的，钱师于元代汉族文人，对蒙古铁骑的残毁南宋名城数十百，屠戮汉族军民几百万，"而誉凶人以为元勋，侈屠戮以张德威"，"斯诚民族之奇耻，斯文之败类已"。反映钱师反民族压迫及对丧失民族气节者的愤慨的强烈精神。

最后再谈一点，钱师在明代文学中列入"八股文"一节。八股文一般认为代圣贤立言，没有作者的思想感情，只有一种形式。钱师却从中看出作者化朽腐为神奇，在代圣贤立言中，反映了强烈的反民族压迫的精神。引丘义于明亡后被迫应试,作《之其所哀矜而辟焉》的八股文,称:"更取匹耦而秽乱之,夫鳏而妻不寡,取耄倪而仆隶之,父独而子不孤。""即屠门覆祀,不敢仇也。""又哀夫恣胸行臆,挤人于可哀可矜而自为愉快者;又哀夫助虐相淫,陷万家于可哀可矜而仅奉一人欢笑者。盖至此而荼毒攒心,无可告诉,徒饮痛衔恤而已。岂非'之其所哀矜而辟乎!'"钱师称:"怨恫愤盈,溢于纸墨,提学道阅度阅而判曰:'文心如此,何必应试!'除名负责。榜揭而诸生哗然,取原卷争相传写,一时纸贵。亦可见人心不死,情到真处,无不感孚也。"钱师的《中国文学史》,从它在"详人之所略","重人之所轻"里,显示钱师的别识心裁,"而后微茫杪忽之际,有以独断于一心"了。

这部《中国文学史》从先秦写到元代。钱师先已撰成《明代文学》,前有《自序》,今作为明代文学史列入。钱师的清代文学史稿已被毁,详后记。钱师在《现代中国文学史·编首》总叙述近代文学,其中有叙述清代文学部分,今用为清代文学纲要,附于末,也可见钱师对清代文学论述的一斑。

(《出版工作》1987 年第 1 期)

《管锥编》选题建议及审读报告

【整理者按】

一代学人钱钟书先生走完了他八十八年的人生里程，于1998年12月19日永远地离开了我们，中外学界都在为钱先生的去世而深感哀痛。钱钟书先生生前一直关心、支持古籍整理事业和中华书局的编辑出版工作，与中华书局有过良好的、密切的合作，我们以能够出版钱先生的学术巨著《管锥编》《谈艺录》而为荣。现在我们特别从中华书局编辑部《管锥编》书稿档案中选取两篇关于《管锥编》的选题、审读报告，予以发表，以寄托我们对钱先生的深深的哀思。

选录在下面的这两份报告，均出自《管锥编》责任编辑周振甫先生之手，是有关《管锥编》出版过程的最早档案记录。第一份《建议接受出版钱钟书先生的〈管锥编〉》，即出版《管锥编》的选题报告，写于1977年10月24日，中华书局编辑部于次日即做出决定，同意立即联系接受出版，并要求"从审稿、发稿直到排印出书都作为重点书予以优先考虑"。第二份《〈管锥编〉（第一部分）审读报告》，写于1977年12月1日，是周振甫先生在审读完《管锥编》第一批原稿即《周易正义》《毛诗正义》《左传正义》三个部分后，所写的总体意见。作为

《管锥编》的最早读者，周先生对此书的价值做出了敏锐而准确的评价，同样具有很高的学术价值。这两份二十一年前的简短的审读报告，是钱钟书先生、周振甫先生二位学术前辈数十年知交的雪泥鸿爪，也是钱钟书先生与中华书局文字因缘的记录。

1979 年 8 月，《管锥编》第一版正式面世。此后屡经修订重印，1993 年，五卷本《管锥编》荣获首届国家图书奖。

1998 年 12 月 23 日徐俊整理并记

建议接受出版钱钟书先生的《管锥编》

马蓉同志昨天去看钱钟书先生，钱先生谈起他的新著《管锥编》，说最近胡乔木同志去看他，看了《管锥编》的部分稿子，很欣赏，建议早日出版，不宜延搁。钱先生愿意把这部稿子交给我局出版。因为我看过部分稿子，希望由我来做编辑工作。由于这部稿子里有五种外文，校对工作可由他自己看清样。我局是否可根据乔木同志的意见和钱先生的愿望，立即与钱先生联系，接受出版，争取早日付排，由钱先生亲自校定，争取早日出书。

钱先生在英国文学界有较高的地位，英国人编的文学史，有专章讲述钱先生的文学创作。钱先生的《宋诗选注》，日本人极为推重，有专文介绍。钱先生通几国文字，专研比较文学。他博极群书，把中国文学名著和西洋各国文学名著中之艺术手法，把中国的文艺论和西洋的文艺论互相比较，足以启发人的智慧。他的《宋诗选注》，受到日本人的推重，就由于从艺术角度，通过各种写作修辞手法的比较，有很多阐发。

《管锥编》是分一部一部书讲的，共讲了《周易正义》《毛诗正义》《左传正义》《史记会注考证》《老子王弼注》《列子张湛注》《焦氏易林》《楚辞补注》《太平广记》《全上古三代秦汉三国六朝文》十部书，约有八十万字。他就每部书中提出各个问题来讲，讲的时候往往用古代名著来比较；有时引用外国的名著或文艺论来作比较阐发。引用外文的部分在正文中都作了翻译，把外文的原文列入附注，不懂外文的人都可看。

这部著作不限于比较文学，也接触到其他学术问题，但以文学艺术为主。在讲《周易正义》里，讲到"易一名而含三义：易简一也，变易二也，不易三也"。引了黑格尔的话，黑格尔称赞德文含义丰富，贬低中国文字贫弱，不宜思辩。钱先生就据中文含义的丰富，有并行分训，如"空"有虚无、诚悫两义；有歧出分训，如"乱"兼训"治"，"废"兼训"置"。用来纠正黑格尔的错误，对加强我国人的自信心有作用。讲《易经·艮卦》的"艮其背"，引《红楼梦》风月宝鉴不可照正面，只可照背面。又引德国诗写贵人卧病，忽见美女仪表似天人，其背皆白骨，以及《镜花缘》之写两面国。通过中西作品的对比，对人有启发。讲《易经·归妹卦》，据斯德噶派"万物有二柄"说，指出比喻有二柄，褒贬相反，如"水月"既喻玄妙，又喻虚妄。比喻复具多边，如"月"，既可喻明亮，又可喻圆形，又可喻明察，又可喻女主，各取月之一边。二柄多边之论修辞，未经人道。由于通过古今中外名著的比较研究，很有发前人所未发的创见。这书如果出版，至少在英国和日本，会引起重视。这也是钱先生一生精力所萃。根据陈原同志的指示，我局有责任出版有研究的有学术价值的著作，是否可以接受出版，请批示。

周振甫　1977 年 10 月 24 日

《管锥编》（第一部分）审读报告

熊国祯同志指示本稿分批发稿，第一批先发《周易正义》《毛诗正义》《左传正义》三部分。拟编一细目，无细目则读者不知内容为何，于书中材料不便利用，就是看过本书的也不容易找到要找的材料。细目即请作者改定。

本稿是读书札记，这样的札记以前国内没有见过，因为它包括古今中外，偏重于比较文学，包括文字训诂修辞兼及哲理等。

就文字训诂说，《周易》一《论易之三名》，引了"易"的一字三义，比照"诗"的一字三义、"伦"的一字四义、"机"的一字三义、黑格尔的"奥伏赫变"一字有正反两义，从而概括出"并行分训"与"背出分训"。背出分训指一字有相反的二义，"背出分训之同时合训"，指一字在句中同时具有正反两义。经过这样概括，提出了新的概念，这在以前讲训诂文字的书里似乎还没有见过。尤其是"背出分训之同时合训"看到人们没有看到处。在这里批评了黑格尔的妄论，贬低中国语文，为中国语文张目。又指出名辩之理，先正言后反言，纠正有人对《墨子》经说的误解，对读者有启发。

就修辞说，如《周易》二提出"《易》之拟象不即，《诗》之比喻不离"（11页——整理者按：此为原稿页码。），即说理时借具体事物来说明抽象的道理，可以用甲，也可以用乙；诗里通过形象来表达情思，形象和情思结合，就不能随便换，一换情思也跟着变了。这样来说明说理和诗词的不同。从这个不同里，指出如把这两者弄反了，"等不离者于不即"，"作求女思贤之笺，忘言觅词外之意"，"以深文周内为深识底蕴"（15页），"甚且成乌台之勘案"。指出把两者弄反以后，从诗的形象里去追求它的用意，离开了形象所表达的情思，会造成深文罗织的文字狱。这就讲得很深刻。这样讲修辞，在以前的修辞书里没有看到过，也是发前人所未发。

再像讲比喻，用同一事物作比，有褒贬之不同，如"水月"既可比玄妙，又可比虚妄（38页），作者称为"两栖"。又用同一事物作比，而旨趣各异，如"月"，既可以比皎洁，又可以比圆，比明察，又可以比女主，作者称为"多边"。这是在以前讲修辞的书里也没有见到过的。

再像论文艺的，如《诗》的《关雎》（三），说明诗歌和音乐的关系，如靡靡之音往往配上佚荡的歌词，这是一致的。但也有同一曲调，配上情调不同的歌词，曲调不能不受到情调不同的歌词的影响，这是不一致处。再指出歌词可以违心而作，曲调所表现出来的声情难以作伪。这就既看到一致和不一致的两个方面，又看到歌词和曲调的差异，并指出孔疏在美学上的地位（63 页）。这比起元遗山《论诗绝句》"心画心声总失真，文章宁复见为人"，只看到矫情的一面来，比较看得全面了。

本书也讲到其他方面，如"神道设教"（18 页），除了指出"各教皆妄"，"君主捏造神道为御民之具"（19—1 页）外，还指出"盖世俗之避忌禁讳，宗教之命脉系焉"（18 页）。这就指出神道设教也有它的来源；那就不仅看到帝王愚民的一面了。这对启发人的智慧有帮助。

本书中所讨论的问题，往往是说明它的源流，指出它的相反的两面，指出应注意的地方。如《易》的《系辞》（五）（46—3 页），指出"吉凶与民同患"，"吉凶"即"凶"，"吉"是陪衬，无义。要指出这一点，又引了《系辞》《说卦》《左传》、《论语》、宋玉赋、《后汉书》《日知录》等书，说明"因一（如凶）兼言（如吉）"之例，这是说明这个问题的源流。对于"因一兼言"，余冠英先生称为"偏义复词"，如"国家"即"国"、"兄弟"即"弟"等。但作者又看到另一面，提出"从一省文"，如"不可造车马"，可说"车马"即"车"，"马"是兼言；也可说成是"不可造车畜马"，从"造"字而省"畜"字。如"润之以风雨"，可说"风雨"即"雨"，"风"是兼字；也可说"散润之以风雨"，从"润"字而省"散"字。这就看得全面。这种兼言有一定范围，如"尧以天下让许由"，不能说"尧舜以天下让许由"，即不能杜撰事实。讲源流给人知识，讲两面使人看得全面些，指出限制，可引起人们注意。

本书也谈了一些小的问题，如讲"人中"有两种解释（16 页），"苏苏"即"簌簌"的意思（33 页）。

以上可说是本书的优点。对这部分稿子提了一些意见，见另纸。是否请作者改定拟目及作些修改后发稿，请批示。

周振甫　1977 年 12 月 1 日

（中华书局《书品》1999 年第 1 期）

《管锥编》审读意见

（附钱钟书先生批注）

【整理赘记】

围绕着《谈艺录》和《管锥编》这两部学术巨著，周振甫先生与钱钟书先生作为编辑与作者之间的种种佳话，已广为人知。这里只说《管锥编》。1972年3月，钱钟书先生从干校回京，借住在文学研究所办公室，杨绛先生说："我和钟书在这里住了三年，他写完《管锥编》。"（《谈〈堂·吉诃德〉的翻译》）《管锥编》初稿写定不久，大约在1975年，周振甫先生成为《管锥编》的第一个读者。二十多年之后，当人拿着钱先生《管锥编》序中"命笔之时，数请益于周君振甫"这句话，来请周先生回忆当时的情况时，周先生说：

钱先生那样讲，我实在惭愧。那还在"四人帮"控制时期，大概是1975年，钱先生住在那时文学研究所楼下的一间房间里。一天，他忽然要我去他家里吃晚饭，我不知道有什么事情，下班后就去了。我到的时候，他已在院子里等我了。吃过饭，钱先生拿出一叠厚厚的稿子，说要借给我看，这稿子就是《管锥编》。钱先生的著作是非常珍贵的，我以前是不敢向他借的，怕丢失了就不好办了。这次，他要借给我看，很出我意外。他只是说要我给他的稿子提点意见。提意见，我是没有资格的。不谈外文，就是中文，钱先生读过的书，很多我没有见过。我因为能拜读到钱先生的著作而喜出望外，所以，就不管能不能提意见，先把手稿捧回去了。（钱宁《曲高自有知音——访周振甫先生》，转引自沉冰主编《不一样的记忆——与钱钟书在一起》，当代世界出版社，1999年）

关于这次请周先生读《管锥编》，钱先生以"小叩辄发大鸣，实归不负虚往"（《管锥编》序）给予高度评价。周先生却谦虚地说：

> 我是读到一些弄不清的地方，就找出原书来看，有了疑问，就把一些意见记下来。我把稿子还给钱先生时，他看到我提的疑问中有的还有一些道理，便一点也不肯放过，引进自己的大著中。钱先生的《管锥编》很讲究文采，所谓"高文一何绮，小儒安足为"。他把我的一点意见都是用自己富有文采的笔加以改写了。《管锥编》出版时，我曾提请他把序中那几句话改掉，他不肯，就只好这样了。（同上）

钱先生《管锥编》序所署写作时间为1972年8月，但"数请益于周君振甫"云云主要是就1975年的这次读稿而言的。根据中华书局编辑部《管锥编》书稿档案，现在我们知道，在《管锥编》书稿交付中华书局之后，即1977年底至1978年初，周先生还有一次认真全面的审读，并留下了详细的记录。

1977年10月24日，周先生向中华书局提交了《建议接受出版钱钟书先生的〈管锥编〉》的选题报告。同年 12 月 1 日，完成《管锥编》第一部分书稿的审读，并撰写了《〈管锥编〉（第一部分）审读报告》》（以上两篇报告，已整理发表于《书品》1999 年第 1 期）。保存在档案中的《审读报告》，后面还附有 38 页长达数万言的具体意见，其中除了部分有关编辑技术处理的内容外，绝大多数是具体问题的学术性探讨。更为可贵的是，对于周先生提出的每一条意见，钱先生都有认真的批注，短者数字，长则百言。并在书中作了相应的删改和修订。阅读这些文字，好像是在倾听两位智者的对谈，娓娓之中，周先生的周详入微，钱先生的渊博风趣，如在眼前。

周先生的审读意见，是按照《管锥编》原稿的顺序，逐条记录而成，每条前标有原稿的页码。现在的整理稿，除保留了原稿的页码外，我们查核了每条意见在中华版《管锥编》中的相应位置，并标注书名、细目及所在册页，以便检读。对书中已经删去，或所指未详的各条，则适当予以说明和提示。钱先生的批注，原写于审读意见的页眉、页脚和行侧，现统置于相应段落之下；少量行间批注仍置于相应语句之下。其前均冠以"钱批"，以相区别。间有文字讹误、征引简省等处，稍作规范，其余均尽可能保留原貌。

写完这个赘记，我不禁想起 1997 年 8 月周先生作为"东方之子"，回答中央电视台主持人的一番话，主持人问："因为工作的原因，您最终没有成为一个职业的学者，您觉得遗憾吗？"周先生用浓重的乡音，淡淡地回答："中华书局给我编审，就可以了。"对这个回答，人们甚至会以为答非所问，但当我们读完这份审读意见,也许就不难体会这句话的含义和分量了。

2000年5月30日第一部分整理毕,后学徐俊记

序:"命笔之时,数请益于周君振甫,小叩辄发大鸣,实归不负虚往。"(中华版第一册卷首)

页Ⅰ序 "请益""大鸣""实归"是否有些夸饰,可否酌改?

【钱批】如蒲牢之鲸铿,禅人所谓"震耳作三日聋"者。不可改也。

目次(中华版第一册卷首)

页Ⅱ目次 拟编细目,请改定。十种书当按四部排列,故《史记》列于《老子》前,《列子》为魏晋间作,要不要列《易林》后,或另有用意;《太平广记》列《全上古文》前,是否以小说当列于散文前?

【钱批】略参"四部",然四部以"术数家"置"道家"前,鄙意嫌其轻重倒置,故以《列子》先于《易林》;"小说家"属子部,故在总集前耳。

《周易正义》一《论易之三名》(中华版第一册第2页)

页2 《论语》《子罕》不作《论语·子罕》,当有意如此标法,拟即照排。

【钱批】已遵一一改正。"《诗》《小雅》《桑扈》"改为

《诗·小雅·桑扈》,是否?

同前(中华版第一册第4—5页)

页5(1) 以句中"是"兼然、此二义,"彼"兼他、非二义,所引例有的似不如此。"以是(然,不作此)其所非,而非其所是(然,不作此)。""彼(他,不作非)亦一是(然)非,此亦一是(然)非。"与"非"相对之"是"作然不作此,与"此"相对之"彼"作他不作非。兼有二义的,"物无非彼(他、非),物无非是(此、然)。""彼(他、非)出于是(此、然),是亦因彼。""彼"、"是"相对,两字各兼二义。

【钱批】是也。然非兼引前数句,则衬托不明,拙文重点正如尊评所言,似不致误会。

同前(中华版第一册第6页)

页7倒9 《系辞》下云:"……",":"下用",",一般":"下用句号,下用",","上不用":"。此处当有意如此点法,拟即照排。

【钱批】此乃西文标点习惯,似较合理,因此处语气一贯为一单位观念。乞再酌定。

《周易正义》五《观》(中华版第一册第20页)

19(1) 借天变以诚帝王,可补帝王借天变以罢斥大臣,上下交相贼。

【钱批】遵补请审鉴。

《周易正义》一八《系辞(二)》(中华版第一册第42页)

杨雄,从木作杨,是有意如此写,当照排。

【钱批】遵改,从通用。段玉裁《经韵楼集》卷五《书汉书杨雄传后》:"其谓雄姓从手者伪说也",故拙稿作"杨",但此等处不必立异,尊教甚当。

《周易正义》一九《系辞(三)》(中华版第一册第44页)

44—46(1) 几:孔疏:"几者离无入有,是有初之微。"入有是已入于有,特是有之微者。有是已成形,有之微者是未成形而微露端倪,易被忽视而还是可见的。注:"几者去无入有,【钱批】此处断句,下另句。理而无形,不可以名寻,不可以形睹者也。唯神也……故能朗然玄照,鉴于未形也。合抱之木,起于微末,吉凶之彰,始于微兆。"这里说几是无形不可见,既是无形而不是未形,那末还是属于无,没有去无入有。既说"去无入有",又说"无形"不可见,是否矛盾。既然无形不可见,又说"合抱之木起于微末",木的微末是有而非无,是可见而非不可见。《易》:"几者动之微,吉之先见者也。"还是可见的。无形不可见之说是否不确。【钱批】此处似未的,韩注"无形"指"理"言(形而上者),"几"者"去无[形]"云云也。尊纠其"神识未形",则确矣。疏:"几,微也,是已动之微,动谓心动事动。初动之时,其理未著,唯纤微而已。若其已著之后,则心事显露,不得为几;若未动之前,又寂然顿无,兼亦不得称几也。"照此说来看引的诗，"'江动将崩未崩石'，石之将崩已著，特尚未崩耳，不得为几也。"将崩未崩，似即"初动之时，其理未著，唯纤微而已"，诗人从未著的纤微中看到将动，是否就是几。"盘马弯弓惜不发"，虽发之理未著，唯发之纤微而已，是否就是几。又将动未动与引而不发，与"雪含欲下不下意，梅作将开不开色"，实际相同，一作非几，一作几，不好理解，倘均作几，就好懂了。【钱批】此乃程度问题；如熹微、昧爽、晓日、中天，难划而未尝不可分，心理学谓之"感觉门槛"（或高或低）。

【钱批】此评《注》《疏》之矛盾，精密极矣！非谓之"大鸣"不可。已增入并借大名增重，不敢掠美也。乞鉴定之。且增申说一段，或可稍圆。

《毛诗正义》五《关雎（四）》（中华版第一册62—4页）

63　比兴　孔疏："兴者托事于物，则兴者起也，取譬引类，起发己心，诗文诸举草木鸟兽以见意者，皆兴辞也。"这样说，兴就不必居于诗的开头，在诗中也可有兴。《离骚》中诸举草木鸟兽以见意者也可说是兴了。这样的兴，就不同于居于诗的开头的兴，如朱熹说的与下文全无巴鼻了。陈沆的《诗比兴笺》，大概就从孔疏的说法来的。尊著中没有谈到这个意义的兴，请考虑要不要补说一下。还有尊补的窦玄妻怨歌，据沈德潜注："天子使出其妻，妻以公主。妻悲怨，寄书及歌与玄。"那末"茕茕白兔，东走西顾"，是否可比被出的狼狈相呢？又引"孔雀东南飞"，记得乐府诗："孔雀东南飞，五里一回顾，十里一徘徊。妻卒被病，行不能相随。我欲衔汝去，口噤不能开。……"则孔雀东南飞正指夫妇生离之痛。所补两例，请再考虑。

【钱批】拙论乃言于"兴"之鄙见。孔疏于鄙意无可张目，故不及之。"诗中有兴"，孔未举例；《离骚》篇中之鸟兽草木，恐以"赋""比"可释。窦玄妻歌，沈说正缘其不识"兴"义；《焦仲卿妻》中数句，亦缘后人不识"兴"义为搭桥引渡，故历来通行本皆删而不及，《玉台新咏》即无此等句。

同前（中华版第一册第63—4页）

64 引项安世说"兴"，以《杨柳枝》《竹枝词》每句皆足以"柳枝""竹枝"，当指每句末加上"柳枝"或"竹枝"，那似属于声辞合写，句末两字表声而无义，与"兴"之在句首者不同。儿歌之"一二一"好像也是声而非辞，特是声之位于句首者。诗中之"兴"是辞而非声。兴既是辞，必有内容。如"青青陵上柏，磊磊硐中石。李注：言长存也。人生天地间，忽如远行客。李注：言异松石也。""青青河畔草，春草年年绿，王孙归不归？见春草而思游子。绵绵思远道。"如朱子说，以柏石与草皆为兴，则兴与下文并非"全无巴鼻"。柏石并非比人生短促，故非比，但以反衬人生短促，故为兴。草并非比思远，故非比，但以引起思远，故为兴。此柏石草三句皆有内容，不同于仅为表声之字。刘勰《比兴》："比显而兴隐"，"兴者，起也。……起情者依微以拟议"，"兴则环譬以托讽"，"兴之托谕，婉而成章"，"关雎有别，故后妃方德"。刘勰认为兴和比只有隐显之异，只是一种隐的比,这正可说明朱子举的例子。兴和下文关系,不即不离,不即所以非比,不离所[以]非全无巴鼻。全无巴鼻之说与所举例似不合。

【钱批】拙说未晰,因尊指摘而补申之。见稿上,请酌正。

《毛诗正义》二二《桑中》(中华版第一册第88页)

86(2) "艳遇"、善诱妇女之"宗匠""鸳鸯社",引号中的词是否可改用贬义词?

【钱批】遵改。

《毛诗正义》三九《蟋蟀》(中华版第一册第118—9页)

118—119 对于宗旨归于及时行乐之作,或略示贬义,或指出此种诗产生之背景如何?

【钱批】"背景"甚难臆断,乱世平世、贫人("穷开心")富人,均有此心。拙稿此节结语"或为荡子……"一节已言之矣。姑加"贬词"何如。请酌定。

此条就《陈风·宛丘》而言,原文已删去

125(1)《宛丘》:"子之汤(荡)兮,宛丘之上兮。洵有情兮,而无望兮。坎其击鼓,宛丘之下。无冬无夏,值(持)其鹭羽。"写子之游荡,有荒淫之情,无威仪可观望。所谓游荡,即击鼓而舞,无冬无夏。这里似乎没有"单相思"之意,倘以上解释不谬,是否可说明此诗应从郑笺,但"有情""无望"可以抽出来表达另一意?

【钱批】甚善，即删去此则。

《毛诗正义》四七《七月》（中华版第一册第130页）

131（1）"春日迟迟，采蘩祁祁，女心伤悲，殆及公子同归。"余冠英先生注："是说怕被公子强迫带回家去。"本书引《笺》"始有与公子同归之志，欲嫁焉"。女与公子地位悬殊，"欲嫁"之说与今日读者之理解抵触，以"伤悲"为"思男"，亦同样抵触。此处是否可先批《传》《笺》之误，然后转入《正义》言时令感人之说亦有可取，与下文相贯。

【钱批】此意兄前次阅稿时已言之，弟非饰非拒谏也，以余公之解乃"张茂先我所不解"也。"怕被迫……"殆如《三笑》中之王老虎抢亲耶？诗中无有也。"殆"可通"惮"耶？古之小学经传未见也。"地位悬殊"则不"欲嫁"耶？封建时代女贱而得入高门，婢妾而为后妃者，史不绝书，戏曲小说不绝写，至今世乡间女郎欲嫁都市高干者尚比比也。郑、孔之注未必当，但谓之不切实际不可也。余解欲抬贵劳动妇女，用心甚美，然不啻欲抬高王安石、李贽而称之为"法家"矣。下文又曰"为公子裳""为公子裘"，则此女虽"怕"而终"被迫"乎？其见曹植《美女篇》，便知采桑女郎正亦名贵也。

《左传正义》三《隐公元年》（中华版第一册第172页）

169 戴氏谓得"志"通"文"，是对的，但说《诗》之志愈不可知，"断以'《诗》无邪'之一言，则可以通乎其志"。《传》《笺》曲解之说，无非是要断以"诗无邪"造成的，断以"诗无邪"之一言,怎么能够通贯所有《三百篇》之志。如何才能理解诗人作诗之志,此中大有事在,而且是很重要的,是否可以加以阐说。

【钱批】是否"诗无邪"三字能通《三百篇》之志,吾不知也。戴氏言之,吾即以其矛攻其盾耳。落得便宜,一笑。

《左传正义》一六《僖公二十四年》(中华版第一册第191页)

188中　富辰若曰:"妇女之性,感恩不到底……"下接"盖恩德易忘……"似可作"然恩德易忘……男女同之,不当以苛责妇女"等语如何?

【钱批】吾师乎! 吾师乎! 此吾之所以"尊周"而"台甫"也!

《左传正义》一八《僖公二十七年》(中华版第一册第192—3页)

189(1)倒5行　"按蒍贾以此(治军严)为子玉必败之征",按蒍贾曰:"子之传政于子玉,曰:'以靖国也。'靖诸内而败诸外,所获几何?……子玉刚而无礼,不可以治民。……"蒍贾说子玉败是二点:一是子文恐子玉不能靖而传政,把政传给恐不能靖的人会招致失败;二是刚而无礼,似不由于子玉治军之严。下文190,2行,主张"杀卒之半",则必激变,其说恐非,或者删去"按蒍贾句",则子文与子玉之治军是有宽严之异,与下文可衔接,对于"杀卒之半"或删或加批。如何?

【钱批】甚是，原稿之疏阔也。然蔿贾语紧接此事，则"刚而无礼"当亦指其鞭挞之威欤。改奉请酌定。

《左传正义》二七《宣公十二年（二）》（中华版第一册第203页）

200倒3 "围师必阙，穷寇勿迫。"按本则或专举"困兽犹斗"诸论而不引"围师必阙……"；或引"围师必阙……"再补引歼灭战及追穷寇之论，显得两面都到。

【钱批】论"围师必阙"见《全上古文》论《孙子》，此处提一下已可。

《左传正义》三二《襄公四年》（中华版第一册第211—2页）

210中"有穷后羿——……昔有夏之方衰也"，语中断而复续；211中"'与儿逃于杨——'句未终……倒地而灭"语中断而不续。两者稍异要不要点一下？

【钱批】是也，遵补一句。

《左传正义》三七《襄公二十一年（三）》（中华版第一册第214页）

213 以貌美比"深山大泽"，似拟不于伦。貌美"生龙蛇以祸女"，不过女祸之另一说法，是否要批一下。

【钱批】加数句请酌。

《左传正义》五二《昭公十二年》（中华版第一册第 231—2 页）

229 中　上言忠信之事则大吉为大吉，不然则大吉为大凶，是以善恶分；此言同一梦也，贵人为吉，贱人为妖，是以贵贱分。把这二者称为"亦归一揆"。按以善恶分者，是善的，贱人得大吉亦吉；是恶的，贵人得大吉亦凶，与以贵贱分吉凶的似非一揆。即《易》不势利而占梦势利。《火珠林》不分善恶贵贱，是吉即言吉，是凶即言凶，与《易》占梦又不同。是巫筮之道分而为三。王氏以君子为善不为恶故有取于《易》，无取于《火珠林》。易只就行善事的来分吉凶，是片面的，它不管做恶事的；《火珠林》兼管善恶，是全面的。似乎两者只有片面与全面之不同，而异乎一本与二元之别。做二事的虽大吉亦凶，以凶为大吉是否鼓励作恶的人去作恶呢？

【钱批】论王船山一节，遵删去。《潜夫论》于"贵人""贱人"外，并举"君子""小人"，似与《左传》意合。

《左传正义》六二《定公四年》（中华版第一册第 243 页）

238（3）郑注："曰：'某愿朝夕见于将命者'"，即始见瞽之辞必同于始见君子之辞而略为"闻名"二字，"敌者"前略"始见"，"瞽"前略"始见"、后略"者"。按"亟见曰朝夕"下郑注："于君子则曰某愿朝夕闻名于将命者，于敌者则曰某愿朝夕见于将命者。"那末不约该作："闻始见敌者，辞曰：某固愿见于将命者；闻罕见君子者，曰：某固愿闻名于将命者；闻亟见君子者，曰：某固愿朝夕闻名于将命者；闻亟见敌者，曰：某固愿朝夕见于将命者；……"

【钱批】甚缜密，即照钞加一注，并冠以大名："周君振甫尝足其辞曰：……"

《左传正义》六三《定公十四年》（中华版第一册第244页）

240,5　其一为"信而不当理"，故"直躬之信，不若无信"。"故直躬之信，不若无信"九字似可删，删后上下文依旧衔接。因古今不同，古以直躬为不义，而今则以为义也。

【钱批】遵删。

《史记会注考证》三《周本纪》（中华版第一册253页）

250,3　"城上乌，尾毕逋"，状拍翼声。余先生注："毕，尽也。逋，欠也。居高临下的乌鸦都缺尾巴，比喻有权势的没有好收场。"两说不同，未知孰是？

【钱批】余说与说汉铙歌"妃呼狶"为"女唤猪"无异（请看渔洋《论诗绝句》"元白张王皆古意，不曾辛苦学妃狶"自注）。明人有不识"苍黄"即"仓皇"者，释为脸吓青了、吓黄了，亦其类。然"妃呼狶""苍黄"尚望文即可生义，不必如"毕逋"之拐弯抹角也。余先生比类说诗（如以"殆"为"惮"之类），吾等辱在友好，当如徐陵所谓"为魏公藏拙"耳。

《史记会注考证》四《秦始皇本纪》（中华版第一册254页）

288倒7　"按归说是也"，归说云何，文中未引，必须翻检

《外戚世家》始知。是否可酌引于文中？

【钱批】甚是，已遵补矣。

《史记会注考证》五《项羽本纪》（中华版第一册274页）

266 《卫青传》校尉李朔一节。今录原文于下：乃诏御史曰："护军都尉公孙敖三从大将军击匈奴，以千五百户封敖为合骑侯。都尉韩说从大将军出窳浑……<u>以千三百户封说为龙额侯</u>。骑将军公孙贺从大将军获王，<u>以千三百户封贺为南窌侯</u>。轻车将军李蔡再从大将军获王，<u>以千六百户封蔡为乐安侯</u>。校尉李朔，<u>校尉赵不虞</u>，<u>校尉公孙戎奴</u>，各三从大将军获王，<u>以千三百户封朔为涉轵侯</u>，<u>以千三百户</u>封不虞为随成侯，<u>以千三百户</u>封戎奴为从平侯。将军李沮、李息及校尉豆如意［中郎将绾皆］有功，赐爵关内侯，［沮、息、如意］食邑各三百户。"以上加"——"是《汉书》删去的，加［　］是《汉书》补的。《汉书》把前面封侯的户数都删了，但关内侯的户数不能删，删了怕读者认为没有食邑了。这样，食邑少的不删，多的反而删了，是不是轻重失当。对公孙敖等都用全称，对公孙贺却不称姓，中郎将绾也不称姓，称谓前后不一。《史记》没有这两个缺点。封爵、食邑是很重要的，所以《史记》都注明。绾没有食邑，与以上各人有别，故从删。食邑三百户的合并叙述，食邑千三百户的分别叙述，正是看重食邑之证。食邑的多少正表明功劳的大小，如李蔡功大封千六百户，最多。所以《史记》的重复处还是胜过《汉书》。也许原来的诏书为了看重封邑，对李朔等三人就是这样分别叙述的。

【钱批】甚精细，已采入增一节：周君振甫曰"洪虞"云云，请审之。剪裁尊旨为文，洁未伤意否？

《史记会注考证》一五《外戚世家》（中华版第一册300页）

293（1）"褚少孙记薄姬事云"，《汉书》加"昨暮龙据妾胸"。按薄姬事见《史记·外戚世家》，考证同，此作褚少孙记不知何据。又《史记》原文已有"龙据妾胸"句，作《汉书》增亦不知何据。

【钱批】是极，弟之谬误也，领教多矣！已改并移前。

《史记会注考证》二八《孟尝君列传》（中华版第一册318页）

311（1）引李商隐书"市道何肯如此"云云，不识李书所言"市道"云何。读下文知本于《宋清传》，但《宋清传》之所谓"市道"云何，已不复记忆。因检《宋清传》，始知宋"清之取利远，故大"，与"炎而附寒而弃"者异，故柳先生称"清居市不为市之道"。尊稿是否可多说几句，以省读者翻书之劳。又清之所谓"市道"实非市道，读之深有启发。

【钱批】遵添引柳文一句，似可明矣。

《史记会注考证》二九《春申君列传》（中华版第一册319页）

311（2）"无刺一虎之劳"，指刺者为受伤之虎非健强之虎，是否以为"修辞未当"，请酌。蚌鹬争而田父"坐而利之"，与骑虎难下似两回事，一为得利，一为不能释权，不知何以称为"正犹"？

【钱批】一虎已死，一虎伤而未死，虽稍刺即死，亦是微劳，不得谓"无刺之劳"也。"正犹"非谓"骑虎难下"犹"鹬蚌相争"，乃谓或曰两龙，或曰两虎，或曰鹬蚌，或曰犬兔，正犹或曰"骑虎"或曰"骑龙"，立意同而不妨取象异也。兹添一句以清眉目。

《史记会注考证》四三《魏其武安列传》（中华版第一册349—50页）

338（1）行3 "执其两端，可得乎中"，"歌德谈艺即以此教人也"。上引袁凯说，一者法之正，二者心之慈，两者皆是。执其两端而用其中，是不是既不杀也不放，把他关起来？崔慰林说，朱、王皆不是，又如何执两用中？实际上杀、放、关，应该只有一种做法是对的，如应该放，则杀不对，关也不对，似不宜执两用中？如认为两家皆不是，则两皆不用，也不宜执两用中？或者执两用中另有解释。又歌德如何用于谈艺，可否点明一下？

【钱批】公乃实心直口之人，未识政客巧宦之滑头行径，苏味道所谓"不欲决断明白"。如袁凯肯说"关起来"，则"明白"，而明太祖亦不致"怒其持两端"矣。且也，如说"关起来"，则示"杀不是"而"赦亦不是"也，是"两端"皆废而不"持"也。徐大军机之类只"持两端"，无意于"用其中"；实心直口人（如公等）与慎思明辨人（如歌德等）方进而"用其中"，如禅家所谓化"俗谛"为"真谛"耳。

此非谓崔与袁同，而谓"说难"，以示"执两端"与"废两端"皆不合"帝心"也。歌德之语，说来甚长，此处只能"引而不发"矣。

《史记会注考证》四五《李将军列传》（中华版第一册352页）

340（2）　中石没镞与自高台下跃入水火无伤，似有不同。倘是跳水员，从高入水可无伤，否则会淹死；或穿石棉衣罩入火，否则会烧伤或烧死。

【钱批】拙文曰："敢作能为每出于无知不思"；李广不知为石，商丘开不知为诞。非言所为事之相类也。

《史记会注考证》五八《太史公自序》（中华版第一册391页）

376　道家集其大成，佛氏"亦扫亦包"，此但转述而无评论。道佛非真能兼包各家之长者，亦有其所短，要不要点一下？

【钱批】遵加一句。

此条无审读意见，原文也已删改，所指具体篇章未详

【钱批】386　"雅言"，弟未谓其为"雅驯之言"。"普通话"之解即本《论语正义》所谓"官话"，非今人创见。然重违尊旨，删去此语。

《老子王弼注》三《二章》（中华版第二册414页）

398 正反依待，庄称"不若两忘而化其道"，老亦同之。然我即两忘，两依然存在，不因我忘而亡。执两用中，用中而两依然存在，则分而为三，正反中，则或更滋纷扰。正反依待，当指矛盾说。手足分左右，相须为功，不必其为矛盾也，以之喻正反，岂其然乎？且以左右分强弱，分主从，是岂有当于正反依待之理。以之证三纲之说，比之正反，则汤武革命，臣正而君反，未必君令臣必共。【钱批】是也。然而汤武依然为君，至桀纣而臣"不共"，则"君令""臣共"之为常态，而"臣正君反"之为变态，又可知也。"矛盾存在于一切事物的发展过程中"，左手对右手，不属于发展过程，似不必以之分正反。总之，这里牵涉到《矛盾论》，如何指出前人认识上之局限，请酌。

【钱批】尊论可分三部分。（1）老庄之于"相待"，正以为心"忘"则物之"二门"即"亡"。神秘宗莫不然。拙稿已斥其"囿囿（编者按：后"囿"疑为"囵"之误）一笔勾"。似思"齐得丧""看破生死关"，岂非一笔勾乎。（2）儒家、黑格尔辈于相待"执两用中"即承认有正有反（"两"端）而亦承认正反间有合之道（"中"），"中"即据"两"来，非于"两"外，别出其"三"为"中"；作为概念，"两端"不取销（不同于道家），而在某一具体事物或经验中矛盾统一，异存而可求同，如尊论则"执中"如孟子之谓"执一"矣。（3）魏源之言正《矛盾论》所谓两面相"依存"而分"主次"，其举例未必尽当，然其意不可废。拙文明说之曰：概念不分强弱主从，而具体事物分强弱主从。一切运动皆可谓"发展过程"，左右手固如尊说矣，然"左手笔弦右手撇"（一静而一动），左手持盾（守）右手挥刀（攻），亦何尝无正反统一之时，且分主（攻、撇）次（拢、守）乎？

《老子王弼注》四《五章》（中华版第二册 420 页）

402（1） 圣人不仁，"或由麻木，而多出残贼，以凶暴为乐"。此言甚然，特是老子之意，以圣人不仁比天地不仁，欲圣人学天地之无动于衷，以百姓为刍狗。但天不与圣人同忧，则老之所说，不免虚妄，此点已批，极是。圣以百姓为刍狗，或亦由于无知，无知则虽有仁心，而不免于刍狗百姓。《易》称"夫大人者与天地合其德"，"先天而先弗违，后天而奉天时"，则当已掌握客观规律，合德者合天地之规律而不同于"天地不仁"。"人与天地合德者，克去有心……全归麻木"，此老之合德，非《易》之合德。《易》之合德是否类于掌握规律而得自由，可以为百姓造福，而不必以百姓为刍狗矣。此岂《易》高于老子而见老子之不足软？倘所言不谬，是否应指其局限。特是真理无穷，掌握部分规律者，可于部分规律中得自由而为人造福，于未掌握之部分或仍不免刍狗百姓，则刍狗百姓仍由于无知。总之，此点与自由有关，要否稍加补充？

【钱批】公言是也。故《易》又曰"道……鼓万物而不与圣人同忧"，即《易》之"圣人"不"全归麻木"也（见《周易》卷论《系辞》）。此等皆属高论空谈，故弟本节结语已言之矣。

《老子王弼注》一五《四七章》（中华版第二册451—2页）

432（3）"帝天即在身，何必叩入门"，与"万物皆备于我"为一类，"道在迩而求之远"为另一类。前者似理在我心，不用外求，似主观唯心主义；后者道即在身旁，在近处，与在我心不同。"仁远乎哉"，求仁在"复礼"，何者为礼，则非如良知之可求备于我心，则尚非主观唯心。求道必反之于心，或就自得言之欤？道散见于万物，倘只有感性认识则不能见道，必到达理性认识始见道，则当反求诸心，是否如此，请酌。"理在方寸"，此理指创作思维，与理学家之理不同，又当别论。

【钱批】尊言甚晰，然肝胆胡越之说。弟则另明胡越肝胆之说。"迹"虽不在身上，至少在身边，故禅语亦喻曰"春在枝头已十分"，而不曰"春在心头已十分"，正如"那人正在灯火阑珊处"。弟之本意只明人生经验即与神秘宗相契近者耳。"主观唯心""客观唯心"等名词，极不科学，留与时贤咬嚼津津可也。

《老子王弼注》一六《五六章》（中华版第二册458页）

437 "白尝学佛，乃未闻……所谓'权应'，何欤？"上文言无言，此处向白提问，是不满于白而赞同言无言。然不论言理与抒情，哲人总可以多方譬说以言理，诗人总可以假形象以抒情。我人是否当赞同白氏而反对至言无言之说欤？

【钱批】此节承435之驳白来。白知佛之"言下忘言一时了"，而不知道之亦持此术，所谓知二五而不知一十。弟之以矛攻盾以此。

《老子王弼注》一九《七八章》（中华版第二册465页）

441　道不可言，道常无为，此道家之言。以今人言之，绝对真理虽无穷尽，而相对真理是可言的，不仅可言而与日俱进。相对真理是有为，其有为亦与日俱进。道家之说，是否在此作一总的指明。

【钱批】此似"哲学概论"作法，非弟思存也。

《列子张湛注》三《黄帝》（中华版第二册479页）

453　列子御风，庄列苏三家所说似三种而非一。庄云："此虽免乎行，犹有所待者也。"注："非风则不得以行，斯必有待也，唯无所不乘者为无待耳。"比无所不乘者低一等。注称"得风仙之道"。列称："心凝神释，骨肉都融，不觉形之所倚，足之所履。"注："神凝形废，无待于外。"庄以列御寇为有待，而列以为无待；庄注以列为得风仙之道，而列以彼超于得风仙之道。苏称："子独不见夫众人乎？贫者……为履……屦，富者……为辐……服，因物之自然以致千里，此与吾初无异也，而何谓不同乎？苟非其理……（见稿）"苏认为列子御风同乎穿鞋步行乘车行远。而庄则以列得风仙之道可以飞行，不同乎步行及乘车，步行乘车之理不同乎御风之理。如苏说，苟非其理则折趾毁体，以步行乘车之理说御风，即以常人之理看风仙，则被风刮到云霄而入坎井非死亡不止。此苏之所谓理不可通于庄之风仙之理者一。列书中则已由有待而入于无待，"形奚所倚，足奚所履"，不必有所倚所履而无不逍遥，则已超风仙而入至人之域，已非风仙之理所能限，而苏方以之同于穿履乘车之理,此苏说不同于列者二。苏混常人之理与风仙之理与至人之理而同之,此其说或不可通欤？常人之理唯物的,风仙之理与至人之理,唯心的,是混唯物与唯心而一之矣。

【钱批】此又公之精思妙解,已又增入"周君振甫曰"一节,未识当否,请酌之。

同上（中华版第二册481页）

455（2） 称佛典攘窃中土书为夜郎自大,但上文称"禅典都从子书翻出",谓"语皆无病",不知何故？

【钱批】弟所谓"语尚无病"乃指李翱及宋祁笔记,谓佛书与庄列合,非谓"盗窃"。本文似尚明白。

同上（中华版第二册482、483页）

456（1） 不能易耳目之用,以体合于心,道家讲的似可解释。修辞之通感,极为深刻。但此二者似与佛说"无目而见,无耳而听"有所不同,是否当分别言之？

【钱批】观《楞严》此卷全文,即知"无目""无耳"即"非［不以］目""非［不以］耳"。故实与列子无别,故曰"六根互用"。

同上（中华版第二册484页）

457 "入水不溺,入火不热"云云,是否同于佛法之神通,应否点明其虚妄。

【钱批】似可不必，如谈孙行者之神通，不必斤斤随其后而斥为妄说。公以为然否？

《焦氏易林》二《乾》（中华版第二册540页）

507 正文末行："胡人之言，即外国语"，"外国"是否可作"外族"？下文"外国语"同。509（1）行5之"外国异族"，是否可作"外族"？

【钱批】此中"春秋"微意，似无甚干系。"外文"乃"外国文"（"外国文学研究所"），不曰"外族文"也。况此处之"胡"指西域天竺为主乎。

《楚辞洪兴祖补注》二《离骚》（中华版第二册585页）

553倒3 "寅为阳正，故男始生而立于寅，庚为阴正，故女始生而立于庚"，此以庚与寅分属男女。而下文又言己"生得阴阳之正中"，则庚寅又不分属男女，而指己一人言矣。倘庚属女，则男何以兼庚乎？已为子，下推十月为寅，故男起已至寅而生，即十月而生，但男生下来不一定在寅日寅时，"故男年始寅"不知何解？岂男生下来非寅月寅时，而推命时即据这一年之寅月寅时计算乎？女年始申亦同。

【钱批】此意极精审。然弟意非欲释命，只欲证汉人已有推命。故不增改，何如？

同上（中华版第二册598页）

570 "惟兹佩之可贵兮"，"则椒兰又列乎众芳"。按其文言"何琼佩之偃蹇兮"，"兹佩"紧承"琼佩"，则指玉而非兰椒。是兰椒不芳以后，已不服佩，不再列为众芳矣。

【钱批】若然，则"芳菲菲而难亏兮，芬至今犹未沫"，岂指"琼"言乎？《红楼梦》所谓"香玉"者欤！一笑。

《楚辞洪兴祖补注》八《天问》（中华版第二册610—2页）

584 "未形""惟像"，未形者天地未成形，"天地未分，溷沌无垠"，只有混沌的元气。元气而无边界，则元气尚未成一团，即作为元气说，也未成形。"惟像"者，元气已成为一团，已有边界，已成元气之形，故曰惟像，但还未成为天地，故曰"何以识之"。则形与象意义相同。尊解以像为原料，形为成品，像先于形，所论极有理致，但似非《天问》原意。但此意不谬，则尊论是否先阐说原文之意，再发挥尊论像先于形之说何如？

【钱批】"元气之形"虽非天地之"形"，其属"形"也则同。弟说正谓"形"与"象"意义既同，则洪补注引淮南"惟象无形"语不可解，故为疏通耳。

《楚辞洪兴祖补注》八《天问》（中华版第二册607—12页）

《天问》是不是只是獭祭搜神点鬼，所提各问并无意义，还请高明考虑。"师望在肆昌何识，鼓刀扬声后何喜？"以西伯之尊，何以能识望于徒隶之中，这个问题是不是提出一个如何从贱人中识拔人才的问题？"皇天集命，惟何戒之？受礼天下，又使至代之？"补："何所戒慎而致天命之集？"注："既受天命，又何为使异姓代之乎？"这里提出天命问题，天命的得与失何由，这在当时也是一个重要问题。倘说皇天无亲，唯德是辅，则"何环穿自闾社丘陵，爰出子文？"郧女穿闾社以淫而生贤子。"何试上自予忠名弥彰？"何以杀君自为而得忠名？则几乎有太史公怀疑天道之意，所见当已超过"唯德是辅"矣。"何圣人之一德，卒其异方？梅伯受醢，箕子佯狂？"圣人一德，所以结果不同，以致或被醢或佯狂。这也有伯夷传意。

【钱批】遵命删去数语。然有两个先决问题：（1）若无《楚词》他篇，《天问》是否可为咏叹讽诵之篇什？千古爱读《楚词》者，是否"三复"《天问》？（2）此种一连串发问成篇，是否艺术形式上可以成立？然后具体问题，若兄所举各问，即使如注家所说有甚深意义，在全体占比例多少？"两枚枣子，如何泡茶？"即使真有深意，是否能达出其意？抑如口吃人格格未吐，而待听者之代言？听者固明矣，言者未为能也。

《太平广记》七八卷二〇〇《杜荀鹤》（中华版第二册707页）

687末行 "妻怜为枕枕，儿戏作胞抛"，"胞抛"与"枕枕"不一，是否当作"胞胞"？

【钱批】当是取音同（"胞"即气球），而非字同也。

《太平广记》一四六卷三三〇《崔尚》（中华版第二册785页）

760　《搜神记》作"客遂屈，乃作色曰"，因屈而作色，似较合。《广记》作"客遂屈之，仍作色曰"，客既屈胆，似不必"作色"，而"仍"字似无所承。又本篇所引各事，作者皆明有鬼，结处要不要点一下，明有鬼之妄。

【钱批】前者遵尊意，添一句缴呈；后者则此卷考"鬼火""鬼死""鬼索命"等不一而足，而亦屡出以嘲讽，似不必于此地特标"不怕鬼的故事"。何如？

《全上古三代秦汉三国六朝文》三《全上古三代文》卷三 乐毅《献书报燕王》（中华版第三册857页）

816　"蓟丘之植，植于汶篁"，读后感到"于"字的问题还没解决。"于"承上文的"于"字作解，植在汶篁，不可通。检《词诠》，作"以"字解，始通。对"于"字作何解，是否要说明一下？

【钱批】遵尊意补"周君振甫曰"一节，稍加申说。杨书未睹；"于"可训"以"早见高邮王氏书中，以《老子》"以战则胜"而《韩非子》作"于战则胜"为例。句法与此不近，故另举《墨子》一例，不识杨书有之否？请裁定之。

《全上古三代秦汉三国六朝文》四《全上古三代文》卷五 孙武《兵法》（中华版第三册860—2页）

818　"围师必缺"是一方面，歼灭战所谓"十则围之"是另一方面，要不要点一下？

【钱批】此节仅扣孙子此语，不敢僭妄谈兵。主席弘文具在，有馀师矣。

《全上古三代秦汉三国六朝文》一三《全汉文》卷一五贾谊《鵩鸟赋》(中华版第三册884页)

843（2） 刘孝绰诗"苦极降归乐，乐极苦还生"，似亦指环境变换而言，苦极则业消而转为福故乐，乐极则业聚转为祸而为苦欤？【钱批】刘诗遵教已删去。汉武帝《秋风歌》："欢乐极兮哀情多，少壮几时奈老何！"此则环境未变，愁变老而悲，只是心情的变换而引起悲乐的不同。此中心情之变换，则《前赤壁赋》哀人生之须臾而悲，听水月之共食而笑，事亦相类。必以汉武之歌为乐极哀来之证，而赤壁之笑不足以为悲转成乐，恐未足以服人。倘以后者不过"排遣譬解，忘悲改痛"，并非真的转悲为乐，则汉武之歌，则当前极声色之娱，而奈老之叹实未足以易其声色之娱，则悲是空洞的而乐是具体的，仍是乐而非悲，亦犹《赤壁赋》之悲而非乐。《淮南子·原道训》之所谓悲与乐，是道家之所谓悲乐，又异乎常人。"吾所谓乐者人得其得者，夫得其得者，不以奢为乐，不以廉为悲。……是故有以自得，乔木之下，空穴之中，足以适情；无以自得也，虽以天下为家，万民为臣妾，不足以养生也。能至于无乐者则无不乐，无不乐则至极乐矣。"是道家之说，恐不足以论常人之所谓悲乐。穷居野处，常人所悲，而得道者以为乐。《抱朴子·畅玄》："故玄之所在，其乐不穷；玄之所去，器弊神游。"则"乐极哀集","彼假借而非真，故物往若有遗也。"《闲情赋》："悲乐极兮哀来，终推我而辍音。"在膝上时乐，不在膝上时哀，则哀乐还是由于环境的变换。【钱批】似倒果为因，因哀来而"推"玄膝上；不然"终"字何解？若曰"不能长在膝上弹下去，终须推下"，则此正"疲乏律"之一种表现，"环境"之变由于身心之变耳。王勃"兴尽悲来，识盈虚之有数"，则与客喜而笑，识水月之共食相同。以上说的乐极生悲有三种：一种是环境变了，一种是心理转变，这两种悲转为乐也有，一种是环境不变，也不是认识上的变化，而确是情绪的悲哀，这一种悲极生乐是不是还没有。至于道家的所谓悲与乐，则与常人不同，又当别论。

【钱批】环境只有顺逆否泰，性情方有苦乐悲欢。而性情之苦乐悲欢正缘环境而来；环境变而性情随变者有之，环境未变而性情转变者亦有之。拙文所言指后者，心理学所谓"情感疲乏律"，如《大智度论》卷一九："初坐时乐，久则生苦"，亦如嵇康《答难养生论》："饱满之后，释然疏之，或有厌恶。"故"乐极"则厌倦自生，"苦极"若非强自宽解，则不能胜。（吃饱而再吃，则苦；吃不饱，老吃不饱，则必不怡然自得，须一番学道工夫或吃苦锻炼，庶得安焉。）一自然而一须矫揉，反躬切己可体察也。《原道训》正以寻常苦乐之易处，而欲别寻长乐以免转化耳，非不知常情之"悲喜转"（即拙文所引）也，故曰"能至于无乐者，则无不乐"，此即佛家"常乐我净"境界。修炼方"至"，自当"别论"，盖非拙文所论也。尊论似以"俗"与"道"混同矣。

同前（中华版第三册 886 页）

845 "悲极则乐，文献鲜征。"按《李娃传》称某生为父鞭朴，死而复苏，乞食疥疠，殆非人状，娃与之沐浴，以酥乳润其脏，衣以珍异，不知亦可称悲极则乐乎？《聊斋》记某生患处坟起，狐女用钏收束坟起处，以刀割治，而病者以得亲芳泽为幸，忘其病痛，而冀其手术之勿速，即吟"曾经沧海难为水"者。不知可否以患病为忧，从忧得乐乎？骊姬悔其前之泣也，前泣则悲，悔泣则乐，不知亦可作悲转为乐乎？

【钱批】拙文乃言情感本身之"极而反"；公所举乃感情随外境之改善而转移。"悲极"则心力疲尽而不能复悲，转为麻木痴钝，转为"乐"则"罕征"；外境转移，另起炉灶矣。

《全上古三代秦汉三国六朝文》一四《全汉文》卷一五贾谊《上疏陈政事》（中华版第三册 888 页）

847（1）《朱子语类》评贾文"不成文义，更无段落"。按上文言太子生，下引成王在襁抱，周召太公为太保、太傅、太师，下即释保、傅、师及三少之职，因所释皆扣紧太子，故不突兀。太子少长则入学，下面即说入学为何，即贵仁、信、德而尊爵，得治道，此与上文释保、傅、师及三少之职用意相同，意谓太子入学以后受贵仁、信、德而尊爵得治道之教，特是前者行文紧扣太子而后者引《学礼》曰，引文后不再申说太子入学所受之教，行文疏宕，一密一疏相映以成文，何言"不成文义，更无段落"耶？引《学礼》曰，亦如今人于行文中引"马克思曰"云云，特是今人引文后必申说上文之意，其实申说之意已含蓄在引文中矣。

【钱批】此乃公回护贾生之词；以偌大一段接，懈散突兀，苟以二三句了之则顺理而又成章矣。此等处当思苟学生作文如是，公须为之删改否？如须，则古人不必回护也。汉人文法实"疏"于唐，唐又"疏"于宋，宋又"疏"于明清，此理不可诬也。

《全上古三代秦汉三国六朝文》一五《全汉文》卷一六贾谊《过秦论》（中华版第三册888页）

847（2）"抒慨则与词赋通家"，按《过秦论》，"且夫天下非小弱也"一段是抒慨，上面几大段都不似抒慨，则《过秦论》之为赋体，当决定于前几大段之"敷陈其事"乎？《辨亡论上》亦同。末段"爰及末叶"以下似抒慨，前几大段似敷陈其事。

【钱批】是极，遵改"敷陈"。

同前（中华版第三册889页）

848 "尹师鲁读之曰：'传奇体耳。'传奇，唐裴铏所著小说也。"按"用对语说时景"，六朝骈文已然，何以不称之为丽辞而称传奇乎？传奇之名，当本于情事之奇，而不由于语言之偶，师鲁言之而后山称之，不知何意？

【钱批】《全梁文》论江淹赋中有驳尹师鲁语，此处不复及。

同前（中华版第三册 890 页）

【钱批】848 页补注明《古文家别集叙录》乃公之所授。

同前（中华版第三册 891 页）

849 页 《过秦论》按严氏按语误，似当将严氏按语引入。

【钱批】已见《总叙》一者，似可不再引，观上下句意便明。

同前（中华版第三册 893 页）

850（3） 朱子以《过秦论》"上文本意主张形势，而其末却"主仁义，"盖他也知仁义是个好底物事，不得不说，且说教好看"。按贾论明言秦王由于仁义不施，攻守势异。即取天下主形势，守天下主仁义，并无矛盾。朱子横生枝节，把"取"和"守"改为"本意"和"末（意）"，篡改贾论原意制造矛盾。贾论以守天下需仁义，并非"说教好看"。叶适谓"专指险塞设攻守，殊不然"。其实贾论多言设险攻守（是多言而非专指，如"然而陈涉……"一段即非言设险攻守），是一种修辞映衬手法，通过"成败异变"的对照，以显示守天下不能恃设险耳。

【钱批】拙稿明言此乃朱斥马迁语，非斥贾生也。公虽出唐门，而于朱似有深仇者；虽未尽允，亦见特立独行矣。"多"与"专"固有毫厘千里之别，然叶适主意在"贾生本在纵横之学而缘以仁义"，此言未为大谬也。

同前（中华版第三册 893 页）

叶适以诈力如鱼肉，礼义犹盐梅，以此为论，岂其然乎？

贾谊《陈政事疏》，首陈"众建诸侯而少其力，力少则易使以义，国小则无邪心"。又欲移风易俗，定经制，尚礼义，教太子，为长治久安之道。是贾谊之论，切中时弊，其所言仁义，皆为根本之图，即为鱼肉而非盐梅。叶氏之论可以指帝王之术，而用以论贾谊似未谛。

【钱批】此非论贾生，正是论帝王之以"仁义"窃国者，见卷十；其论贾生语见卷一九也。"逆取顺守"之术，不必如此赤裸裸，然固不能外乎此耳。贾生之道，大可供"帝王"利用也；"父杀人则子行劫"之论。

《全上古三代秦汉三国六朝文》一八《全汉文》卷二〇枚乘《上书谏吴王》（中华版第三册903页）

863　铢称寸度，见小忘大，可通于谈艺。亦有见大忘小，观大义，不求甚解而有所失者乎？

【钱批】是也，故拙文结处曰"两事难兼"。然此处以"铢积寸度"发策，故未兼及耳。

同前枚乘《七发》（中华版第三册905页）

864　末行　释书句法亦曰"其乐得未曾有"；文言却少有，常曰……按"其乐得未曾有"亦属文言，"文言却少有"之"文言"是否作"古文"？

【钱批】是也。改为"外书（别于释书内典）则常曰"，何如？

《全上古三代秦汉三国六朝文》二六《全汉文》卷四二王褒《洞箫赋》（中华版第三册948页）

912　上文言鬼谷、王充、郑玄以"悲""哀"与"好""和""妙"互文通训，则悲哀亦即好妙，则胡僧之言"悲鸣""哀鸣"亦同于好音，何以称"胡僧未娴汉语，蛮截硬搭"乎？

【钱批】重违尊意，增一句。如色以白为好（粲者），论女色，"白"与"好"可通训（"白人"，见《太平广记》卷《张又新》则），但不得曰"好白""白好"。通训未必可连用，"哀"与"和""好""妙"同意，岂可连而言"哀好""哀妙""哀和"乎？

《全上古三代秦汉三国六朝文》二七《全汉文》卷五一扬雄《羽猎赋》（中华版第三册955页）

919　王世贞《望太湖》"青天不道向外生"两句，承上指写景窠臼言；下"徽车轻武"十二句，另起一意，指似八股两比说；下接"左思《吴都赋》加厉焉"。写景与两比似未加分画，而左思视王世贞加厉，一若左后于王。

【钱批】甚是。乃拙稿漏去"又《羽猎赋》："；此节乃言两事也。

《全上古三代秦汉三国六朝文》二八《全汉文》卷五二扬雄《解嘲》（中华版第三册959页）

924　"为可为于可为之时，则从；为不可为于不可为之时，则凶。"是否可以有另一解。"可为"指事，"可为之时"指时,时可为而事不可为则仍不从,事可为而时不可为亦不从,必事可为而时又可为则从。"为于可为之时则从",如事不可为则虽为于可为之时仍不从。"前不可先,后不可追",是否可以有另一解,在前者不可能居先,终必为它所超越;在后者不可能追上它。同理,"后不可及,前不可越",在后者不可能追上它,在前者不可能超越它,终必为它所超越。

【钱批】甚是。前"为可……",弟本欲增入一节,与尊意可相发明,乞斟之。后"前不……",此处删去,拟于《后汉文》卷傅毅《七激》增入"周君振甫曰……",但《后汉文》卷在尊处,俟掷下时补。

《全上古三代秦汉三国六朝文》三五《全后汉文》卷一五《桓子新论·辨惑》（中华版第三册 977—80 页）

946　按王圣美右文之说似与拆字有别,与安石字说似也有别,前者或就形声字而声旁相同者,其中或有一部分声兼义,就此部分说当为合理,但恐不能推及于全部,后者只是牵强附会。恐不宜等同,请再考虑。

【钱批】三者皆偏主"会意",特所会之"意"不同耳,其手眼之穿凿附会,则每不相上下。拙文谓其相连,举宋人拆字书、陆佃挽诗为蛛丝马迹,非谓三者相等也。

《全上古三代秦汉三国六朝文》四四《全后汉文》卷二九马第伯《封禅仪记》（中华版第三册 997 页）

962 倒 5　"端端如杆升","杆",严本似作"杆",但末笔不清，似"杆"而已，语不可解。查《后汉书·祭祀上》作"端如行朽兀，或为白石，或雪"，下两句亦与严辑不尽同。标点王注李白诗时即碰到此句，曾向王利器先生请教，未得解决，希望先生加以解决。【钱批】《后汉书》语更不可解，因既曰"行"，则何待下文见"移动"乎？臆测如稿，乞正之。"'见后人顶'之'见'字必误，当是'践'字之类。"按"后人见前人履底，前人见后人顶，如画重累人矣"。当是旁观者所见，故曰"如画重累人"。又两"见"字相呼应，倘作"践顶"，作为夸张亦可，倘真践顶，则非摔倒不可。

【钱批】明曰"前人见"，似不得释为"旁观者所见"。袁中道曰"踏"，即所谓"夸张"也。拙稿用曰"或是践"，本其意。然仍未安，故易为"就"字，形较近，意亦通。尊意欲存"见"字，则未敢从耳。

《全上古三代秦汉三国六朝文》五一《全后汉文》卷四三傅毅《七激》（中华版第三册 1004 页）

【钱批】971《七激》，已增入上次尊批语："周君振甫曰……"，请核正。

《全上古三代秦汉三国六朝文》七一《全三国文》卷六魏文帝《诏群臣》（中华版第三册 1049 页）

1026　引诗赞荔枝之美。按魏源《诮荔支》二首："予至南海啖荔支，方知为果品之最下，视橙、橘、枇杷、梨、桃、葡萄皆不及也。文非甜俗不名彰，果谏居然逊果娼。北地葡萄南橘柚,何曾万里贡沉香。万里南来为荔支,百闻一见负相思。同心幸有庄兼阮,不受英雄耳食欺。闻昔阮云台相国制两粤时,不啖荔支。同年武进庄惠生守福州归,亦极言其色香味三劣,可谓口有同嗜。”此当为补天之所弃。因无可吹求,姑录之。

【钱批】见《古微堂诗集》卷十,可作陪衬,甚妙。已增“周君振甫曰……”,请正之。

《全上古三代秦汉三国六朝文》八二《全三国文》卷三〇卞兰《许昌宫赋》(中华版第三册1075页)

1057行倒8 “歌台暖响,春光融融;舞殿冷袖,风雨凄凄”,“舞罢而殿为之凄凄”,与“无歌鼓”则“生晚寒”相比,窃意两者不同。杜赋夸大阿房宫之大,譬诸称中国之大,同一天内,广州则春光融融,而东北则风雨凄凄。至姜词则写情境之热闹或冷静。故杜赋以“暖响”与“冷袖”对举,响指歌,袖指舞。冷袖者舞时即冷,与姜词之无歌鼓冷静不同。倘舞时热闹而罢舞人散以后冷静始与姜词一致。“春光融融”与“暖响”相应,“风雨凄凄”与“冷袖”相应,是舞时即冷,即“风雨凄凄”也。从情境言,舞时是热闹的,即舞罢而人未散时也是热闹的,故此之“冷袖”不指情境而指气候,故曰“一日之内,一宫之间而气候不齐”。【钱批】若曰“一时”,则尊意确矣,可以“广州”“东北”为比;若“一日”则如“朝朝寒食,夜夜元宵”,非同时而为相消息作止也。

【钱批】公言甚辨,亦由拙稿言之未晰。兹补数句,请酌。

《全上古三代秦汉三国六朝文》一二四《全晋文》卷七四左思《吴都赋》（中华版第三册1152页）

1150（2）倒9 "拆碎不成片段"。"七宝楼台拆碎下来不成片段"，既已拆碎，自然不成为楼台，但七宝还是七宝，就七宝中之一宝珍珠说，这还是完整的一颗颗珍珠，何言不成片段乎？ "檀栾金碧"，倘拆成"檀栾"与"金碧"皆可通，只是合在一起才不通。故于拆碎语不甚了了。

【钱批】张语即谓其"饾饤"，不可以词害意。果如公言，则"饾饤"虽不足登筵，其零星食品亦当不失为可口也。"百家衣"虽不足为盛服，然衬鞋底亦大用的着。且苟以"片段"指一句言，则"金碧檀栾"之硬凑，即经不得推敲，不得为成片矣。"一尺之捶"，推类至尽，即"珍珠"不成颗，珠粉亦不失为珍叶。一笑。

同前（中华版第三册1152页）

1164（2） 上言荀韩之言性恶与仲氏不同，【钱批】不如仲氏之彻底。中言仲氏以性恶则归于刑治，末言西人言性恶则主专制保守，乞灵于神明，言性善则主自由进步，自立于人定。把这三者结合起来看，就发生矛盾。荀讲性恶，却不主保守，不信神明而归于人定；韩主专制，却不主保守，不求神明。则荀韩之言性恶与西人之言性恶不同。又荀言性恶而不主刑治，又与韩不同，则称仲氏之"考镜学术，具此识力"者亦属可宜。从考镜学术说，则荀子是儒家，不尚刑治。其言性恶而又以圣王为善，则人性原有两种，圣王本善而常人本恶，使圣王之性本恶，则又谁化性起伪而使之归于善耶？必以圣王本善，故可化常人之性恶而使归于善。韩非之人性亦有两种，曾史善而盗跖恶。荀韩同言性恶而学派不同，则仲氏似未能考镜学术。西人之言性恶当与荀韩异，故其言治言教又与荀韩不同。

【钱批】拙文言此，以批林时流行之说谓"性恶"乃"进步"之说，因主后天教育而反"天才"论；而"性善"乃"反动"之说。故聊拈西说，以见持论之谈何容易。明曰"亦资参验同异"，非谓三者相等。荀子言性恶不彻底，故不刑治；韩子言性恶亦不彻底，故以刑治律"众人"。性恶与法家主张，有因果必然关系；荀子言性恶而不识刑治之为必然，正其未达一间。"考镜学术"非考订学派，正须掇皮见真，剥肤存液。如公言则老韩不能同传，苟韩何得渊源乎？

《全上古三代秦汉三国六朝文》一三八《全晋文》卷九七陆机《文赋》（中华版第三册 1176 页）

1176　"文适多，体便欲不清"，释"多"为"长语"之"长"，即多余。下引张华语"子之为文，乃患太多"，此"多"字恐是丰富意，倘作多余，则一"多"已不行，况"太多"乎？又"绮语颇多"，此"多"指绮语，文赋中绮语似未见有可删者，则"多"似亦指多少之多。

【钱批】"太多"等于"多"，详见论《登徒子好色赋》。"绮语"本意即华词，非淫艳意。今《文赋》若"未见有可删"，则安知非大陆从小陆之谏，已省削一番乎？一笑。

同前（中华版第三册 1176 页）

1176 行 13　"子之为文,乃患太多",按《晋书·陆机传》作"人之为文,常恨才少,而子更患其多"。与《文章传》不同。按张华称"伐吴之役,利获二俊",则是否会病其文多冗语?

【钱批】拙文据《世说》注(注明),似较《晋书》为朔。称为"俊"而又恨其"多",似无矛盾,世事常有。

同前（中华版第三册 1196 页）

1201 倒 6　"意不指适","适"是否音"的",作专主解,即指主旨,"意不指适"即未指出主旨,"指"作动词,如何? 倘把"指适"作"指归",则"不"当作"无",亦可。在文中要否说明"不"作"无"?

【钱批】甚佳,已增入"周君振甫曰……",请酌正。

同前（中华版第三册 1206 页）

1210（2）倒 4　《儒林外史》第几回未注,检本书未见,请补。

【钱批】已补。

同前（中华版第三册 1207 页）

1212 第二段　"陆机二十作《文赋》",按陆云《与陆机书》九:"《文赋》甚有辞……",《感逝赋》愈前,恐故当小不,然一至不复灭。《漏赋》可谓清工。兄顿尔作多文,而新奇乃尔,真令人怖,不当复道作文"。是作《文赋》的同时,又作了《感逝赋》《漏赋》（书中还提到《咏德颂》《扇赋》）。按陆机卷中没有《感逝赋》，只有《叹逝赋》，可能《感逝赋》即《叹逝赋》。《叹逝赋》序"余年方四十，而懿亲戚属亡多存寡"，既然《叹逝赋》同《文赋》是同一时期的作品，则二十作《文赋》之说不确。

【钱批】甚确，即增"周君振甫曰"一节，并以善注引臧荣绪《晋书》语，亦作公言，以羽翼之。请酌。

同前陆机《谢平原内史表》（中华版第三册 1208 页）

1212 倒 8 "念臣才能薄"，"薄"与"固多"对，疑脱一字。

【钱批】已补。

《全上古三代秦汉三国六朝文》一四四《全晋文》卷一〇七张韩《不用舌论》（中华版第四册 1218 页）

1225 《不用舌论》：名逐物迁，言因理变，正"道可道"云云。按"名逐物迁"指"可名"者言，而不指"非常名"；"言因理变"指"可道"者言，而不指"非常道"。今将"道可道，非常道"全举，不知意指"可道"邪，抑指"非常道"邪？

【钱批】"名"曰"迁"则其名之非"常"可知，"理"曰"变"则其"理"（道）之非"常"可知。盖欧论乃言"万殊"，非为"一本"也。

《全上古三代秦汉三国六朝文》一四五《全晋文》卷一一一陶潜《归去来兮辞》（中华版第四册 1225 页）

1233 王、刘皆以《归去来兮辞》"后直述"，大稿作

"《辞》作于归去之前"，极是，以"来"字为证，极是。从本文看，《序》称《辞》作于"十一月"，尚在仲冬，如为"追录""直述"，岂有仲冬而"农人告余以春及，将有事于西畴"乎？岂有仲冬而"木欣欣以向荣"，"善万物之得时"，"或植杖以耘籽"乎？其为未归以前之想象可知。

【钱批】甚妙，已增入"周君振甫曰"云云。

同前陶潜《与子俨等书》（中华版第四册 1227 页）

1236 "汝等虽不同生"，与下文"况同父之人哉"，则"不同生"当指非同母所生，与"同父"相应。与辩"处子入宫"之为虚妄者似不同。

【钱批】拙文举前人推究渊明"有妾""续娶"等，指此等推测而言。不论为真为妄，皆"好事"而已。观拙文本节可知。参观论《五柳传》节论读书。

《全上古三代秦汉三国六朝文》一五四《全晋文》卷一三四习凿齿《临终上疏》（中华版第四册 1240 页）

1254 "三家不能相一"，则"蜀"未得"汉统"，即非晋之所"承"。此言三国未能统一，皆不能为"统"，但下文引《史通》又称习氏以蜀为"正统"，则又以偏处一隅之蜀为"统"，岂非自相矛盾乎？既以蜀为正统，则已得"汉统"，何以不可承乎？以三国鼎立故未得"统"，则"秦政奄平区夏"，何以不以"统"与之乎？岂以秦政之取天下或不足于正，故虽统一区夏而不以"正统"与之乎？然秦政未尝臣服于衰周，视司马氏之称臣于曹魏，受托孤之重者，不可同年而语，则秦之得政远逾司马氏。使秦而不得为"正"，则将谓晋为何？又称"以晋承魏"，"自托纯臣"，取魏于孤儿寡妇之手，尚得称"纯臣"乎？又谓"魏自君之道不正"，则司马氏自君之道不更不正耶？司马氏"勋足以王四海"，则曹魏之勋岂不足以王耶？

【钱批】故拙文谓"若仅据此《论》则不见何以晋承汉统"。"正统"乃斥"既成事实"为"不合义理"，故牵强难圆其说，聚讼遂多。鄙意只欲考其论之出于春秋正名耳。

《全上古三代秦汉三国六朝文》一五五《全晋文》卷一三七戴逵《放达为非道论》（中华版第四册 1244 页）

1263（1）行 5 "因论孔、墨、公孙正名立本之旨相承"，按尊稿上文作"相表里出入"，以是"相承"下是可以加"而未及有出入"，则与上文一致，亦以见"相承"之说不够精密。

【钱批】是极。"承"字请改为"成"（辅佐而不必同也）。

同前（中华版第四册 1246 页）

1263（1）"《公孙龙子·名实》……与孔子荀子之说'正名'相表里"。按《公孙龙子·名实》："物以物其所物而不过焉，实也。实以实其所实而不旷焉，位也。出其所位非位，位其所位焉，正也。"以"白马非马"论之，马，物也，马其所马而不过焉，实也，马即是马为不过，"白马"则有"白"为过，故为非马。"白马"实也，以"白马"为马则实其所实而旷，缺少了"白"，这就出位，不正。这是不懂得类概念里包含着种概念，马概念里可包含白马、黄马。而荀子正名里指出大共名、大别名，且批评了"（白）马非马也"，则荀与公孙龙子不同。"鲁胜……论孔、墨、公孙诸子著书，作辩经以立名本。惠施、公孙龙祖述其学，以正刑名显于世。"以惠施、公孙龙祖述孔墨，实误。惠施、公孙龙创立名学，非祖述孔墨，彼等皆荀子所谓乱名，与孔墨之正名不同，前者使名实淆乱，后者才是正名定实。

【钱批】此非鲁之"误"也，乃公之泥也。公孙指物象言，孔荀指人事言，一为自然科学，一为伦理社会科学，而其欲"正"则无乎不同。"白马非马"与"武王非圣人"之为"正名"同也。因尊言后加一句。拙文此节，有甚深义蕴，自信开拓万古之心胸，见"名"之虚假，随人传与（不论自然现象，社会现象）。公乃以肝胆为胡越，弟浩然而叹曰："早知不逢知音者，劈破焦桐便入山！""三株毒草""一条黑线"之后先殊观，岂非"正名"乎？

《全上古三代秦汉三国六朝文》一六一《全晋文》卷一五八释道安《答郗超书》（中华版第四册 1261 页）

1278 王夫之《庄子解》，书未见，从引文看，是讲"不待"，"不待事以立功"，离"事"如何立"功"？"不待实以立名"，离实如何立名？不懂。从字面看，上指"有待"，此指"不待"，何以称"即其义"，也不懂。《世说・文学》注："支氏《逍遥论》曰：……若夫有欲，当其所足，足于所足，快然有似天真，犹饥者一饱，渴者一盈，岂忘烝尝糗粮，绝觞爵于醪醴哉！

苟非至足,岂所以逍遥乎? 此向郭之注所未尽。"不知此注是
否与"有待"指"口体所需"有关。

【钱批】此神秘宗之习套,如云"不行而至,不疾而速"。
拙稿承接不明,则诚如尊纠,已增一句矣。

《全上古三代秦汉三国六朝文》一六五《全宋文》卷一五范晔《狱中与诸甥侄书以自序》(中华版第四册 1277 页)

1299　讥晔"逐"上句"公孙习吏"之"韵",遂虚构"好
士"之"意"。按《后汉书·隗嚣传论》:"区区两郡,以御堂
堂之锋,致使穷庙策,竭征徭,身殁众解,然后定之。则知其
道有足怀者;所以栖有四方之桀,士至投死绝亢而不悔者
矣。"传称"其大将王捷别在戎丘,登城呼汉军曰:为隗王城
守者皆必死无二心……遂自刎颈死"。则晔称"好士",与
"论"相应,初非虚构。《史通》讥之,当指马援来歙与嚣相善
皆弃嚣而归汉,亦如王安石之讥孟尝不能得士。是晔之所谓
士与《史通》不同,似不必是《史通》而非晔。页 1301 亦提
《隗嚣传·赞》。

【钱批】以王捷论,则隗"好士"不"虚",而以马援论,则
隗"好士"未实。弟乃势利小人,以为马援之"士"重于王捷
多多许。却非势利小人,偏重刘知几而轻公也。

《全上古三代秦汉三国六朝文》一六七《全宋文》卷二〇宗炳《画山水序》(中华版第四册 1284 页)

1308　"六朝山水画犹属草创,想其必采测绘地图之法为

之"。按宗炳序称："以形写形"，"今张绡素以远映，则昆阆之形，可围于方寸之内。竖划三寸，当千仞之高，横墨数尺，体百里之迥。"张绡远映，【钱批】似谓张图于壁而远视之，窗上之反映缩影，非"从窗内看出"，大异。好像从玻窗内看出去，窗框内包举了高山，高山在窗框内占三寸，百里之远只占数尺。"以形写形"画出山川原野，不是平面的地图，三寸数尺只是绡素上所占尺寸，不是比例尺，比例尺只在地图上可用。因此"采测绘地图法"之说请再考虑。

【钱批】似求之过深。宗文明曰："不以制小而累其似"，拙稿接引《全陈文》萧贲画扇一节连类，岂画扇非"平面"乎。与地图不同，拙稿下文明言之。

《全上古三代秦汉三国六朝文》一六九《全宋文》卷三二谢灵运《辨宗论》（中华版第四册1292页）

1319 《辨宗论》："有新论道士……不容阶级。……华民易于见理……"按灵运谓"窃谓新论为然"，是新论道士与灵运为两人，而"华民易于见理"，是灵运答法勖问，非新论道士之言。【钱批】此乃设论，拙稿总括要旨，不别主客；既以新"论为然"，则"不容阶级"亦即谢客所持论矣。拙稿似未违谢客本旨，至法勖之论，初未涉及也。法勖问："神道之域，虽贤也，孔子所不诲；实相之妙，虽愚也，释氏所必教：然则二圣建言，何乖背之甚哉？"这里指出儒学与宗教之不同，破对象贤愚不同而施教各异之说。谢答以"华民易于见理，难于受教，故闭其累学而开其一极；夷人易于受教，难于见理，故闭其顿了而开其渐悟"。夫易于见理，亦当累学，譬如为山，虽覆一篑，进口往也，孔何尝闭累学？虽颜殆庶，孔亦不悔之神道，则何以开宗教之一极乎？孔所开之一极，亦与神道无缘。夷人难于见理，则当开其累学，始能渐悟，今则教以实相之妙，使笃信不疑，何能称为渐悟。盖悟由于学、教由于信，谢氏混学与教、悟与信而一之。是法勖之问为探本之论，而谢客谬答也。法勖三问："……然渊极朗鉴，作则于上，愚民蒙昧，伏从与下；故作则宜审其政，伏从必是其宗。令孔废圣学之路，而释开渐悟之径，荃蹄既纷错，群黎何由归真？"法勖指出谢答"闭其累学"为"令孔废圣学之路"，"闭其顿了"为"释开渐悟之径"，教法不同，则华之愚民何从开悟，夷之有慧业者何以不能顿了。既批评孔废累学，又批评释废顿了，皆是。又指出华夷皆有愚民蒙昧，暗驳谢客谓华夷秉性不同之语。谢客答以"至精之理，岂可径接至粗之人，是故傍渐悟者所以密造顿解，倚孔教者所以潜成学圣"。只答对至粗之人用渐悟，岂华民无至粗之人而夷民皆至粗之人乎？

【钱批】此乃公之慎思明辨，谢客只如佛说之顿悟而已，故曰"闭"。如衡量儒佛之是非，则当以公意中之，拙稿只欲考论"顿渐"之<u>由来</u>。

同前（中华版第四册1292—3页）

1320　"若夫不由慧生悟而只修行持戒，则只能免于地狱诸苦恼耳。"按上文言"得道应须慧业，丈人……成佛在灵运后"，是丈人缺少慧业，亦可成佛，特是较迟耳。又上引"至粗之人"，"傍渐悟者所以密造顿解"，则无慧业之至粗之人，亦可以傍渐悟以造顿解，则无慧业者亦可以成佛矣。又答僧维问："但阶级教愚之谈，一悟得意之论矣"，则谢客对于愚人亦可用阶级渐进之说，而不废阶级，岂与新论道士不同欤？"以孔、释异教为华夷殊地异宜，即孙绰所谓周孔即佛，佛即周孔，盖外内名之耳。"按孙绰所说外内，指"应世轨物，盖也随时，周孔救极弊（外，指惩暴止奸，统理群生），佛教明其本耳（内，指觉）"。与华夷殊地不同。

【钱批】此则拙稿言之太过，如尊旨改定。

《全上古三代秦汉三国六朝文》一七二《全宋文》卷三六颜延之《庭诰》（中华版第四册1307页）

1336倒3行　"挚虞《文论》"要不要另行起？

【钱批】是。

同前（中华版第四册1308页）

1338倒5　"回纥跋贪残"，"跋"字？

【钱批】衍。遵删。

《全上古三代秦汉三国六朝文》一七四《全宋文》卷四四袁淑《鸡九锡文》等（中华版第四册1311页）

1341行3　"珠庐"？

【钱批】原文"合浦之珠庐"，似未误。《艺文类聚》作"朱庐"。手边无地名大词典，不能断，乞核定之。

《全上古三代秦汉三国六朝文》一八〇《全宋文》卷五七朱广之《言咨顾欢夷夏论》（中华版第四册1329页）

1362倒6　"《说文》称南'蛮'从'虫'，北'狄'从'犬'，东'貉'从'豸'，西'羌'从'羊'；异域之人既等畜兽虫豸，则异域之言亦如禽兽昆虫之鸣叫。"此数语牵涉少数民族，是否可去，改用《孟子》称"南蛮鴃舌"之语，不这样提得明确如何？又《说文》称"羌，西戎牧羊人也"。

【钱批】是极，已增改。请酌。

同前（中华版第四册1329页）

1362倒5　"'羌'从'羊'；异域之民有若畜兽……"按"羌"从"羊"三字是否可删，因《说文》称"羌，西戎牧羊人也"。

【钱批】敬如教。倒却四平架子，无可奈何！

《全上古三代秦汉三国六朝文》一八六《全齐文》卷一五张融《答周颙书并答所问》（中华版第四册1344页）

1382　张融《门律自序》及《戒子》为《融传》所引者，首推文章，《自序》亦及"义之为用"，当指《通源》，所谓"将使性如清波，尘洗犹沐"，又谓"吾昔嗜僧言，多肆法辩"。是融所重者，首推文章，次为佛法。故周颙问："未知足下雅意，佛儒安在，为当本一末殊，为本末俱异邪？"答彼周曰："吾乃自元混百圣，同投一极，而近论通源，儒不在议……吾已谓百圣同所投，同（【钱眉批】当作何）容本末具其异……"则《通源》仅通佛老而不及儒，而诡言百圣同投，不容本末俱异，阳为容儒，实尊佛老。则《遗令》何以又左执《孝经》？周问："道佛两殊，非凫则乙。"融称"得意有本，何至取教"。"吾所以见道，专一于佛，但我之即此言，别有奇即耳"，"况夜战一鸿，妄申凫乙"。则融如鸿鹄之翔于寥廓，并遗凫乙，其所以见道者，得意别有所在，不取道佛二教，《通源》之论，不过借道佛以立言。既道佛可假，则儒又何不可假欤？则《通源》之论，旨别有在。观《通源》所论，如称"专气致柔"，"寂然以湛其神"，名为嗜佛，实为崇老，其尊佛者，或欲趋时。"吾未能忘身"，"复为子弟留地"，"人生之口正可论道说义，惟饮与食，此外如树网焉"，则所谓门律者，岂非假老子以知雄守雌图为自全之计以遗其子孙邪？则无取于儒，自不足异。

【钱批】此篇极精密，然与鄙说似无大出入。特公持论直爽，弟则好为文语耳。

《全上古三代秦汉三国六朝文》一九三《全梁文》卷六武帝《舍道事佛疏文》（中华版第四册 1384 页）

1430 行 1 "宁可长沦恶道，不乐暂得生天"，不知何以如此。检原文："入诸地狱，普济群萌，宁可在正法中长沦恶道，不乐依老子教暂得生天。"意义始明。是否可补上删节字句？"惜不曰'永'而曰'暂'，似有患得患失之计较心在。"按上文称老子为邪法，则信老不能得正果，即幸而生天，亦为假象而不得永，故称"暂"欤？则所谓"不乐"者非不乐生天，而不乐暂得生天之假象，即不乐不能真升天也，所谓"长沦"者，非乐

"长沦"，正是暂沦而可以升入极乐也，既是"普济群萌"，岂有"长沦"之理。"不妨为'事佛心强'者赋耳。"为伊憔悴者真也，"长沦恶道"者假也，则"事佛心强"者恐不足以指萧衍，萧老恐亦不会为佛憔悴。至黄庭坚甘沦地狱，不肯忏悔，可称为伊憔悴，则又非"事佛"者。

【钱批】在 1428 页上引全文，然公此论精湛之至，领教删去"惜不……"整段文字。

《全上古三代秦汉三国六朝文》一九四《全梁文》卷八简文帝《对烛赋》（中华版第四册 1386 页）

1430 "绿炬怀翠"，下文引"蜡炬"，使人感到"绿炬"之"炬"即"蜡炬"之"炬"，则何以称"绿"。又"怀翠"之"翠"又似指"烛芯"，何以称翠？

【钱批】绿色烛耳，如从前丧事人家所燃，城隍庙中鬼判前常燃绿色金字烛，公少时或逛庙见之。"怀""含"同意，未可释为内蕴也。兹添一句明之。

《全上古三代秦汉三国六朝文》一九五《全梁文》卷一一简文帝《诫当阳公大心书》（中华版第四册 1390 页）

1435 论义山《无题》，从文字看，指出苦求寄托之病，极是。但另一方面，《无题》中亦确有所讽而非仅写妖姬名妓者，"楚雨含情皆有托"，此点是否点一下。又讲韩偓《香奁集》自序"是诗风流而人亦佻达"。按四库总目《韩内翰别集》，称偓"内预秘谋，外争国是，屡触逆臣之锋，死生患难，百折不渝,晚节亦管宁之流,【钱批】此非指《香奁集》而言。实为唐末完人"。评语请再斟酌。

【钱批】甚是,已增一二句。弟之此论,出于"四人帮"说义山《无题》为法家之时,故言之不觉过激耳。

《全上古三代秦汉三国六朝文》一九五《全梁文》卷一一简文帝《与湘东王书》(中华版第四册1394页)

1440　第一段末句:"横暴之奴视众诸也。""众诸"不懂。

【钱批】"众诸"乃唐人语,谓种种也,如骆宾王《代女道士王灵妃赠道士李荣》:"千回鸟语说众诸",而词典等未收。然拙文此处确有宋景文《新唐书》修词之病。遵改。

《全上古三代秦汉三国六朝文》一九九《全梁文》卷一六元帝《金子序》(中华版第四册1398页)

1444 倒7　"霞间得语"不知见于何篇?

【钱批】即见《序》中,已增一句。

《全上古三代秦汉三国六朝文》二〇八《全梁文》卷三八江淹《杂体诗序》(中华版第四册1416页)

1469 倒2　悟性属魂,记性属魄,这说似不科学。

【钱批】古人论文有此说,而治"文论史"者视若无睹,故标之。"科学"与否,非我思存,且其不"科学"亦不待言。

同前(中华版第四册 1416—7页)

1470行2 "得魂而已矣",精神即寓于文字之中,舍文字何以得精神?【钱批】是也!然而有所谓"得意忘言"者,有所谓"遗貌存形"者,有所谓"七子仿史汉"异"震川学史汉"之异者。又长于记问者魄强,此之所谓魂魄指人之魂魄,与下文指文之魂魄者不同,恐亦不确。

【钱批】文之博奥富缛者出于"魄",文之清真幽复者出于"魂"。拙文"大致以……"数句似分疏两明白。

《全上古三代秦汉三国六朝文》二一一《全梁文》卷四五范缜《神灭论》(中华版第四册 1421—2页)

1476 第二段:"王逊其简净,嵇逊其晓畅",极是,但此就文字说,就思辨和义理说,范似亦胜于王嵇,视王尤胜,高明以为如何?

【钱批】是也。然所以能如此,正由佛学输入,配合道家,"名理"益胜,所谓"入室操戈"也。不好说得!!故拙稿"岂习而不知……"微示此意。

同前(中华版第四册 1422—3页)

1477 "观此可知缜非'不信鬼',特不信人死为'鬼'耳。"按《论》不信"伯有被甲,彭生豕见";问者又提"易称故知鬼神之情状","载鬼一车",缜答:"有人焉,有鬼焉,幽明之别也;人灭而为鬼……则未之知也。"未之知者,即不信有人灭之鬼。既不信人灭之鬼,何言有鬼,是缜之遁辞。盖问者以圣经来证明有鬼，缜既不信有鬼，而又不敢非圣无法，故在神灭这点坚持不变，说"未知之"；对圣经不敢非，故有"有鬼"。此"有鬼"之"鬼"，既不信为不可知之"人灭而为鬼"，实即非"鬼"，因"鬼"即指"人灭之鬼"，既不信"人灭之鬼"，则有鬼实同于无鬼；则所谓"有鬼"者，圣经上有鬼，即非人灭之鬼而为妖怪之类。不信而不敢非圣无法，诡言以求免，其苦心亦足以见谅于百世，故不当据之以为缜非不信鬼，高明以为何如？

【钱批】公言甚辨。然似未察拙文引《墨子·明鬼》语。"鬼"有二义，见《左传》卷论申生节，一为人死之鬼，一为天地山川之神或妖，所谓"天鬼"如"河伯""岳神"之类。缜曰"有鬼""妖怪或存"者指后不指前。若如尊说所谓尊儒，则"鬼神之为德""鬼者归也"，"圣经"屡言之，何待或人问而后作"遁词"乎？缜于儒亦未尝忌惮，此其所以为特立独行也。

同前（中华版第四册 1423 页）

"未言缜不祀山川也。……谈者牵合之于'无神论'，则断乎如瓜皮强搭李皮耳。"难者引《孝经》"周公郊祀后稷以配天，宗祀文王以配上帝"。答称"庙祧坛墠，以笃其（民）诚心"，是神道设教。难称"今稷无神矣，而以稷配，斯是周旦，其欺天乎？……是圣人之教……以欺妄为教"。答"欺者谓伤化败俗，导人非道耳。苟可以安上治民，移风易俗……何欺妄之有乎？"是缜不信神，明矣。故称之为无神论正合。

【钱批】苟以"神道设教"而言，则佛说之"设教"更甚，故晋以来为佛张目者皆称其有佐治辅儒之用，《弘明集》中可征。参观《周易》卷论《观》（以上批语已经钱先生亲笔删去——整理者）。后稷正是人死为鬼而成神者，与"伍相"类同，非山川之神可比也。"无神论"云云，则弟语未晰，兹遵教加二句。请审酌。

同前（中华版第四册1423页）

1478行3 "六朝人辟佛，简要莫如虞愿，深稳则莫如缜此《论》。"按虞愿之论，不过谓以百姓卖儿贴妇钱起寺，无功德耳，使明帝不苟敛以起寺，则愿又何从辟之？愿之对，谏苟敛，尚未真正辟佛，其深刻似不如缜所言"兵挫……吏空……粟罄……货殚……"而神灭之论，尤为击中要害，深切著明，称为"深稳"，深则是矣，下一稳字亦是，特未能显其石破天惊之概耳。

【钱批】姚广孝说"僧人畏韩愈之辟佛而不畏程朱之辟佛"，虞愿之论浅而亲切。拙稿考语未妥，遵教易之。

《全上古三代秦汉三国六朝文》二二一《全梁文》卷五七刘峻《辩命论》（中华版第四册1454页）

1520倒2 "峻既谓命不可知，复谓观相可以知命；二意当不矛盾。不可知者，命之所以然，观相可知者，命之然；……"私意在"不可知者，命之所以然"上加"峻意"两字，则下文云云，皆本"峻意"而言，而非公之意，公之意固在"非相之论"也，不知可行否？（1362,1520正在复印中，未能送上，倘同意，等复印完后可以代改。）

【钱批】亦可，但易"峻意"为"谓不可知者……谓观相可知者……"。紧承上句二"谓"字，而不犯吾所加入"意"字，何如？

同前（中华版第四册 1454 页）

1520 倒 2 "峻既谓命不可知，复谓观相可以知命；二意初不矛盾。不可知者，命之所以然，观相可知者，命之然；人之吉凶贵贱，相其体貌足征"，"相乃命之表"。按相之不足以征吉凶贵贱，《荀子·非相》已详言之矣。魏武自以不足威远人，使崔琰代已，而琰卒被杀，是其相为魏武所重而以凶终。舜目重瞳，羽亦重瞳以而凶终，则谓"观相可以知命"为不可信，峻之二说实相矛盾。命之然，譬之堕溷飘茵亦不可知也。

【钱批】此说亦精，然"相"尚可征见，"命"则凭推测，虽皆不可信，而尚有五十步百步之别。《非相》已见《左传》卷论"谷也丰下"节。遵教改"初"为"尚"，并增《非相》一语。

《管锥编增订·175 页》（中华版第五册第 19 页）

27 页 2 行 关盼盼《燕子楼诗》，"关盼盼"当作"张仲素"。《白氏长庆集》卷一五《燕子楼三首》序："司勋员外郎张仲素缋之访予，因吟新诗，有燕子楼三首，词甚婉丽。诘其由，为盼盼作也。……予爱缋之新咏，感彭城旧游，因同其题，作三绝句。"

【钱批】遵改。本据《全唐诗》妇女门录出，未究其本也。

《管锥编增订·269 页》（中华版第五册第 24—5 页）

36 页 2 行、4 行　蓮脯，《艺文类聚》1693 页作"蓮蒲"。
蓮甫，《白虎通》作"蓮莆"，又"其叶大于门扇"，作"叶"不
作"扇"。按《西征赋》："野蒲变而成脯，苑鹿化以为马。"注：
《风俗通》曰："秦相赵高指鹿为马，束蒲为脯。"那末还是蒲和
鹿，没有脯和马。《类聚》作"蒲"，《白虎通》作"莆"，都是一
致的。《说文》作"蓮莆，瑞草也"，同。只有《论衡·是应》作
"蓮脯"，"言厨中自生肉脯，薄如蓮形"。不知最早是如《论衡》
作"脯"，《白虎通》等作"莆"，作"蒲"为后人所改，还是本来
有作"脯"、作"莆"的两说，不清楚。作"蒲"以代冰箱，也是
瑞应。

【钱批】已将尊旨补入，请正之。

《管锥编增订·281 页》（中华版第五册第 26—7 页）

39 页 8 行　此不当医治，按《史记》作"此不当医<u>索
隐</u>……治法曰：后三日而当狂妄起行欲走……"不知"治"字
当属下抑属上？

【钱批】泷川资言《会注》谓"治"字当属上，其言甚是。
因下文并无"治法"，仅言其必究耳。

《管锥编增订·1002—3 页》（中华版第五册第 78 页）

104 页末行　皆与宋迪梦中神遇者，此句当有上文被涂
抹，意似未完。又"梦中神遇"与宋迪关系，正文内未见。

【钱批】此条已全改，似有胜义，请正之。

《管锥编增订·1036 页》（中华版第五册第 82 页）

108 页倒 5 行　欧阳修被逯，出知滁州，作《醉翁亭记》，自称"醉翁之意在乎山水之间，人不知太守之乐其乐"。似当加引号，"醉翁之意""在乎山水之间"，"不知……"去"人"字。

【钱批】此乃剪裁省文，与上文引柳文元诗同，故一气引来，不别加引号，"人"字似不可去。

《管锥编增订·1309 页》（中华版第五册第 100 页）

130 页倒 4 行　《坚瓠五集》卷四《诗句短长》引《桐下闲谈》记唐寅谓祝允明，诗有二言至十一言，各举例句；祝曰："四十九言始自何人？"唐问："诗有四十九言耶？"祝答："有！《新燕篇》末句云……""四十九言"，点字数只有四十八字。

【钱批】是也。盖原书有脱文，已补注明。可否请烦马蓉同志查较好版本之《坚瓠集》（不要《笔记小说大观》本）是否也缺一字。如可补漏字，将弟增语删却，费神至感！

《管锥编增订·1353 页》（中华版第五册第 103 页）

134 页倒 4 行　"气"而曰"写"，即"气韵"之省文。按《物色》："写气图貌，既随物以宛转；属采附声，亦与心而徘徊。故灼灼状桃花之鲜，依依尽杨柳之貌，杲杲为出日之容，瀌瀌拟雨雪之状，喈喈逐黄鸟之声，喓喓学草虫之韵。"灼灼、依依似"图貌"，杲杲、瀌瀌似"写气"（气候），喈喈、喓喓似

"附声"，写气、图貌、附声，又是属采，既随物，又与心，情景交融而气韵生动。故图貌、附声之为属采，也是有气韵的，不限于写气之为气韵。此解不知符合原文否？

【钱批】"气"字似不指气候，"心""物"两字似亦不能看作如此含理深微。然此处与拙文无关弘旨，即将"气而日写，即气韵之省文"两句删去，以省葛藤何如？

同上（中华版第五册第 104 页）

136 页 5 行　全祖望释"绘事后素"为"绘事后于素"，先有"素地"而后"加诸采"。按朱注："绘事，绘画之事也。后素，后于素也。《考工记》曰'绘画之事后素功'，谓先以粉地为质，而后施五采。"其说先于祖望。近人据古画考辨，以为朱注非是。《正义》："郑曰：'绘，画文也。凡绘画，先布众色，然后以素分布其间，以成其文。……'【钱批】此说似不合理，然鄙意初不在此，特借全语发策耳，非订《论语》各注之是非也。惠氏士奇《礼说》：'画绘之事，代有师传，秦废之而汉明复古，所谓班间赋白，疏密有章，康成盖目睹之。'必非臆说。按《考工记》言'画缋杂五色'，五色者五采，即青赤黄白黑，此注所云'众采'也。《考工》云：'青与白相次也，赤与黑相次也，玄与黄相次也。'是言布众色之次。又云：'凡画缋之事后素功。'郑注：'素，白采也，后布之，为其易渍汗也。'惟不为众采渍汗，乃可成文。礼注与此注，义相足矣。素加而众采以明。"

【钱批】全乃申宋绌汉，申朱（实为杨龟山说）绌郑，原两处言之甚明，故弟不复赘说。

《管锥编增订·1465页》（中华版第五册第114页）

151页6行 "书有三体：……三曰行狎书，相闻者也"，1465页作"行押书"，是非以"押"为是？

【钱批】"狎"字似不误，谓亲狎而不端肃之书。

周振甫先生为《管锥编》（第一至四册）陆续撰写的审读意见，共108条，约三万言。另外在中华书局原古典文学编辑室1981年书稿档案中，还保存有周先生为《管锥编增订》（1982年出版）撰写的22条审读意见。这里选择其中的9条，置于全篇之末。2000年11月整理毕，徐俊附记。

（中华书局《书品》2000年第4、5、6期，2001年1、2、

3期，略有订正）

《谈艺录》（补订本）审读意见

——附钱钟书先生批注

读了《谈艺录》及《补订》提了一些意见，这些意见只是供钱先生参考的。倘他认为其中有可取的，可以酌量采纳；倘认为这些意见没什么可采的，也可以。钱先生对所提意见都作了回答，有的稍作修改，如正文 46 页倒 1 行补了《论衡》"不许增"之说；《补订》110 页倒 2 行补"观首句'怀茂陵'可见"。按李贺《咏怀》："长卿怀茂陵……梁王与武帝，弃之如断梗。惟留一卷书，金泥泰山顶。"王琦注是梁王与武帝弃相如，钱先生以"怀茂陵"为相如敝屣富贵，故弃梁王与武帝。但末联留书与武帝，似非弃武帝。按此点只提请钱先生考虑，还是尊重他的意见。《补订》486 页 3 行钱先生据所提意见，补了王士禛的两句诗并加说明。

别的意见，有的钱先生认为是属于他的引文中的问题，如正文 4 页 3 行引叶燮说"宋诗则能开花"，以"唐诗则垂荫"，不开花，何以唐诗不算开花？正文 286 页 5 行引沈子培说有问题，还可批。钱先生认为这些是引文中的问题，要说清楚费事，就不说了。有的是属于不同看法问题，如《补订》166（1）页 5 行，"不著一字，尽得风流"，钱先生以山水画中的空白为"不著一字"，振意空白虽不著一字，但空白未必尽得风流。如诗中对作者情意一字不说，只写景物，通过景物已完全表达作者情意。钱先生不以为然。又如对陶潜《闲情赋》之评价，见《补订》310页倒6行等，钱先生认为见仁见智的不同，这些也尊重钱先生的意见。其中有一处，即正文317页倒3行"道之理百世不易"，即理不随时代转变，有理在气先之嫌。钱先生认为有理随气变的，则"理在气先"为误；有理之价值或本质优先于气者，如乾强于坤之理则百世不变，"理在气先"不误。此点"马克思亦未道，实吾国儒道两家之遗教也"。钱先生提出"道之理百世不易"，举乾强于坤作例，似有道理。地球将来总要毁灭的，但太空是永远存在的，所以乾强于坤是百世不变的。因此这个提法是不是也尊重他的意见。

　　《谈艺录》及《补订》里面谈到文学史、文学理论和美学中许多问题。《谈艺录》中论李贺诗的部分，听说引起了美国研究中国文学者的很大兴趣。厦大研究生又从中研究钱先生的美学，认为钱先生称"笔补造化天无功"，指出"人事之法天，人定胜天，人心之通天"（《谈艺录》71页）法天是模写自然；胜天是润饰自然，功夺造化。钱先生对西方美学史这两派提出了批评："夫模写自然而曰选择，则有陶甄矫改之意。自出心裁而曰修补，顺其性而扩充之曰补，删削而不伤其性曰修，亦何尝能尽离自然哉！"这就是钱先生提出的"通天"，即提倡创造而不违反自然，论文作者以为高出于西方美学史中的两派。其实，《谈艺录》及《补订》中还提出了很多属于文学史、文学理论和美学中的问题和创见，估计这本书的出版，在国内外会引起广泛的影响。

周振甫　1983.7.5

一　《诗分唐宋》(中华版第 3 页)

正文 4 页 3 行　叶燮称"譬之地之生木,宋诗则能开花"。叶氏以《三百篇》为根,苏李为萌芽,建安为拱把,六朝则枝叶,唐则垂荫,宋则开花。此处光引宋则开花及以下数语。叶氏如此说之用意何在,是否需要说明。又此处论唐宋乃体格性分之殊,则以垂荫与开花区分唐宋,复有何意义?

【钱批】原书引叶文,诚如尊说,有割裂之嫌。鄙意只欲言叶以宋诗为诗之极至而已。叶言未将唐诗与宋诗对峙为两极,而其全书之意时时流露此种两极看法。原书未申说,是一缺失。增添补充,将大费唇舌,姑"求缺",惭甚!

四　《诗乐离合,文体递变》附说七《评近人言古诗即史》(中华版第 38 页)

正文 46 页倒 1 行　《论衡》有《语增》《儒增》,增者,修辞所谓夸饰,亦《史通》所谓"施之文章则可,用于简策则否"者。按如此说,似王充亦知"增"为夸饰。但《语增》称"言尧舜若腊与腊,桀纣垂腴尺余,增之也。……非徒增之,又失其实矣"。又《艺增》:"鹤鸣于九皋,声闻于天。……从鹤鸣,从下闻之,鹤鸣近也。以从下闻其声,则谓其鸣于地,当复闻于天,失其实矣。"是王充以"增"为失实,则不当施之文章,是王充不懂夸饰。

【钱批】鄙意乃言两事，一谓王充所谓"增"，即子元所谓"夸饰"；二谓子元于"夸饰"只限文章，非谓王充亦许"增"之用于艺也。然言之未晰，兹遵示添数语，请正之。

一二 《长吉用代字》57页补订二（中华版第57、379页）

补订110页倒3行 《咏怀》："梁王与武帝，弃之如断梗。"王琦注谓梁王与武帝弃长卿。尊释谓长卿弃梁王与武帝。如此作解必有其所以然之故。从文字看，王注亦合，何以"大误"，是否可以说明大误的理由。又《仁和里杂叙皇甫湜》"脱落缨裾暝朝酒"，王注："暝，夜也。暝朝酒谓其朝夜饮酒为乐。"尊释"暝"为"瞑"，即"眠"，如朝眠夜饮。如此释，似宜作"朝暝酒"，朝眠由于饮酒，作"暝朝酒"，似亦为朝眠由于饮酒。释作"朝眠夜饮"似尚待说明。

【钱批】观"怀茂陵"以下三句，及"惟留"句，其为长卿之敝屣富贵，似甚明。兹添一句："谓长卿弃梁王与武帝，观首句'怀茂陵'可见。"（已改稿上，乞审之。）"暝朝酒"如王注颇不词：上半句"脱落"为动词，"缨裾"为宾词，下半句无动词矣。"夜饮朝眠犹……也"如画蛇添足，反添异议，兹以"……之'眠'耳"绝，删去"夜饮朝眠犹……也"一句，请代削之。（已改稿上。）

二八 《妙悟与参禅》100页补订一（中华版第100、414—415页）

补订166页5行 "不著一字，尽得风流。""不著"者，不多著、不更著也。已著诸字，而后"不著一字"，"以默佐言……盖犹吾国古山水画，解以无笔墨处与点染处互相发挥烘托"。此用山水画之山水与空白作解，山水即言，空白即默，故曰以默佐言，山水即已著诸字，空白即不著一字。按含蓄似指情在词外曰隐。不著一字似指作者所要表达之情意一字不说，只是写外部景物，而作者之情意已得尽量表达。写外部景物，故"语不涉己"，而作者之怀抱已得表达，故"若不堪忧"。是作者先有真宰在心，写景物与真宰沉浮欤？

【钱批】南宗山水画以画出之景物示不画出（或画不出）之景物。"含蓄"以言出之景物、心情、事态（写景诗、言情诗、叙事诗）示不落言诠（不可说、不肯说、欲说亦说不出）之景物、心情、事态。"万取一收"之"取"必"放"之讹，"收"者敛也；"放"指言，"收"指默。司空之意似非指写"外部景物"以达作者之"怀"。"忽忽海沤"之喻尤明，"沤"与"海"同体，有"浅深"之殊，而无"人己"之分。"语不"二句，各本异文，皆不可解。故姑置不以为释。鄙意一本作（如《全唐诗》）"语不涉难，已不堪忧"，尚耐玩索；"難"乃"離"之讹，"不涉离"即"不即离"。"已（若）不可忧"句必误。

四八 《文如其人》164 页补订一（中华版第 164、505 页）

补订 310 页倒 6 行　葛胜仲称讽刺晋武末造之沉湎酒色，未免附会。其实俗谚称"十桃九蛀"，以喻十男九违礼，则《闲情赋》发乎情止乎礼义将讽古今违礼之男，其所讽不亦大乎？昭明称"劝百讽一"，劝者"魂一夕而九迁"，不过欲化身为佳人服用之物，是尊崇佳人而非占有。使劝违礼之男皆知尊佳人，此劝岂不善乎？故劝与讽皆善。昭明选《高唐》，神女荐寝，与《闲情赋》有违礼守礼之分，占有尊崇之别。选《神女》与《洛神》，皆色授魂与，与《闲情赋》之佳人亦有高下之殊。而渊明文彩之美，又度越前代同类之作。

【钱批】此说亦精甚。公可自作一文申之。

六一 《随园主性灵》（中华版第 207 页）

正文 245 页 4 行 "下笔有神"，在"读破万卷"之后，则"多读书"之非"终事"，的然可知。按破万卷则下笔有神，指有神说。但如妇人小子之里闻风谣，亦有用情深挚而可传者，虽非下笔有神，亦可出口成诗，则又不关读书。似不必言"多读书"为终事，亦不必言"多读书非终事"。

【钱批】此说极周匝，可纠沧浪，不止纠石遗也。拙稿此处仅论石遗护沧浪而未得沧浪意，故未傍及。公可自作一文，弟不掠美矣。

六一 《随园主性灵》（中华版第 208 页）

正文 246 页 5 页 引谢枚如说《诗品》"古今胜语，多非补假，皆由直寻"，以说别才非书。按钟嵘说的胜语多指写景句，沧浪说的别才，不专指写景说，故说"非多读书，多穷理，则不能极其至"。两者不同。

【钱批】尊论是也。然此乃谢枚如原语，拙作此处仅以其用意为沧浪辩护，故引之，非同意其阐述也。

六九 《随园论诗中理语》附说十九《山水通于理趣》（中华版第 239 页）

正文 286 页 5 行　评沈子培说极是。按《宋书·谢灵运传论》："有晋中兴，玄风独盛。自建武暨于义熙，历载将百，虽缀响联辞，波属云委，莫不寄言上德，托意玄珠。"特是玄言诗传者甚罕。谢灵运山水诗，以刻画山水为主，附带玄言，不宜称"总山水庄老之大成"。及谢朓山水诗，则已有专写山水而摆落玄言者，不得言"六朝诗将山水庄老，融并一气"。刘勰"庄老告退，山水方滋"，为得其实。

【钱批】尊论甚精密。可自成一文评寐叟也。

八六 《章实斋与随园》（中华版第 261—263 页）

正文 315 页　第一段末，言章、袁"貌异心同"，极是。章、袁心同而又异，是否可补说几句。实斋"言性命者必究于史"浙东学术，是以辨章学术，考镜源流而言史德文德；简斋言复性"而于发见处求情"《文集》卷二十三《书复性书后》，称"《关雎》为《国风》之首，即言男女之情。孔子删诗，亦存郑卫"《诗话》一。故实斋斥简斋之不学，称"《京都》诸赋，苏张纵横六国，侈陈形势之遗也"《诗教》上，"至班、左诸君而益畅其支，乃有源流派别之文"《书坊刻诗话后》，而简斋以为"止作得《广事类赋》《类林》《新咏》《兔园册子》而已，愚妄何至出此"同上。实斋以为必先辨《京都》诸赋之源流派别，而后可言《三都》之征集事类。又斥简斋"抑《雅》《颂》而扬《国风》，专重男女慕悦，主男女自述淫情，甚且言采兰赠笋"同上。是则同言性命，一则尚德而重学术，一则主情而不废浮华，同中有异。

【钱批】此节剖析入微，拙稿即异求同，公转而益上，著其同而仍异。然弟不敢掠美，公亦可作一文畅言之。

八六 《章实斋与随园》附说二十《六经皆史》（中华版第265页）

正文317页倒3行 "道之理，百世不易；道之命，与时消长。此宋儒所以有道统之说，意谓人事嬗递，初无间断，而斯道之传，每旷世而后续，经也而有史矣。"称理百世不变，有理在气先之嫌。倘理出于气，气变而理亦随之，则无百世不易之理。道统以斯道之传，旷世后续，然其续也，往往有变，则其理亦非不变矣。

【钱批】此节弟尚未敢苟同。"先"有二义，《管锥编》论《老子》时尝言之。时间之早"先"一也；价值或本质之优"先"二也。前说则"理在气先"为误，后说则"理在气先"不误。矛盾相对而不相等，分强弱、优劣、贵贱，如乾与坤、阴与阳、常与变，理与气亦然。老子以有无相对，而无"先"于有。毛主席矛盾面分"主""次"之说，黑格尔所不言一，马克思亦未道，而实吾国儒道两家之遗教也！

八六 《章实斋与随园》附说二十《六经皆史》（中华版第265页）

正文318页倒3行 "阳明仅知经之可以示法，实斋仅识经之为政典,龚定庵《古史钩沉论》仅道诸子之出于史,概不知若经若子若集皆精神之蜕迹,心理之征存……"阳明《尊经阁记》:"经,常道也。其在于天谓之命,其赋于人谓之性,其主于身谓之心。心也,性也,命也,一也。通人物,达四海,塞天地,亘古今,无有乎弗具,无有乎弗同,无有乎或变者也。"则以经为常道,贯通心、性、命,为经世之用,是以经为可以示法,而又似不限于示法。实斋《原道上》:"圣人求道,道无可见,即众人之不知其然而然,圣人所藉以见道者也。""三皇无为而自化,五帝开物而成务,三王立制而垂法,后人见为治化不同有如是。"是则圣人求道不限于经,即众人之不知其然而然,是崇今以求经世致用,识经之为政典,又欲就经以求治化不同,往复循环以为一阴一阳之道,又不限于以经为政典矣。是其识见胜于经学即理学,就经中以求道也。

【钱批】此与315页尊批皆纯粹以精之说,可合成一篇文字。弟若连篇累牍采入,既掠美,且终言之不畅也。

八九 《诗中用人地名》附说二十四(原书误为二十六)《雪里芭蕉》(中华版第294、297页)

正文354页2行 赵执信《谈龙录》称阎百诗指《唐贤三昧集》中误字,如王右丞诗"东南御亭上",御误卸,江淮无卸亭。孟襄阳诗"浔阳何处边",浔误浔,浔阳近湘水,浔阳则辽绝矣。阮翁著《池北偶谈》,云:"诗家惟论兴会,道里远近,不必尽合。如孟诗'暝帆何处宿,遥指落星湾',落星湾在南康云云。夫遥指云者,不必此夕果泊也,岂可为浔阳解乎?"则《池北偶谈》之说，或为自己辩解。诗中地名，或属夸张，如李白《战城南》"洗兵条支海上波，放马天山雪中草"；或事件的范围较广，如王维《同崔傅答贤弟》："九江枫树几回青，一片扬州五湖白。扬州时有下江兵，兰陵镇前吹笛声。夜火人归富春郭，秋风鹤唳石头城。"下江兵牵涉到兰陵、石头城、富春郭。九江当指"湛湛长江兮上有枫，目极千里兮伤春心"，当就伤心而言。则多用地名，并非毫无关涉。王维《送崔五太守》，当指太守由京入蜀为官，写一路所经，则多用地名，亦自有故。与渔洋之说不合。《日知录·李太白诗误》，即指其称明妃"上至关道"为误。诗中用地名应该如何？要不要说一下。

【钱批】渔洋之说为己解嘲。然诗人用地名多以"助远神"，至清康雍以后始多讲究。苟欲强为古人卫护未尝不可，即如《围炉诗话》所讥七子用地名，亦不妨曲意解释也。详言之便更须添千余字。懒畏构思，草率了事，愧甚！

八九 《诗中用人地名》294页补订一（中华版第294、607页）

补订486页2行 渔洋《论诗绝句》，推《明月篇》能"接迹风人"，叹"何郎妙悟本从天"。按渔洋下两句："王杨卢骆当时体，莫逐刀圭误后贤。"则既赞何郎妙悟，又指出四杰之不足，即声浮于情之误人。

【钱批】尊言甚细，然渔洋之意，乃谓《明月篇》非初唐体。兹改写以申明之："而渔洋《论诗绝句》云：'接迹风人《明月篇》，何郎妙悟本从天。王杨卢骆当时体，莫逐刀圭误后贤。'

推其'妙悟'、'接迹风人',以戒后生之'误'认为'逐'王杨卢骆,'有声无字'者固当喜'声浮于情'也。"烦改正。

【整理附记】

1948年,钱钟书先生《谈艺录》由开明书店出版,周振甫先生担任责编。1983年,《谈艺录》补订本由中华书局出版,周振甫先生再次担任责编。"审定全稿者,为周君振甫。当时原书付印,君实理董之,余始得与定交。"钱先生在回顾了这段文字因缘之后,又感慨地说:"三十五年间,人物浪淘,著述薪积。何意陈编,未遭弃置,切磋拂拭,犹仰故人。诵'印须我友'之句,欣慨交心矣。"(《谈艺录·引言》)在此前的1977年《管锥编》发稿时,周先生曾就审读过程中发现的问题,撰写了数万言的具体意见,并由钱钟书先生逐条批注答复(整理稿见《书品》2000年第4期起连载)。此次重版《谈艺录》,周先生又写了十数条审读意见,钱先生也作了逐条的批注。文字虽比前者为少,但同样值得珍视。

这份审读意见,现存于中华书局原古典文学编辑室1983年书稿档案中。周先生的审读意见,是按照《谈艺录》原稿和补订的顺序,逐条记录而成,每条前标有原稿的页码("正文"指开明版)。现在的整理稿,除保留了原稿的页码外,我们查核了每条意见在中华版《谈艺录》中的相应位置,并标注章节及所在页码,以便检读。钱先生的批注,原写于另纸,现统置于相应段落之下。其前均冠以"钱批",以相区别。除删去了几条关于编辑技术处理的意见外,间有文字讹误、征引简省等

处，稍作规范，其余均尽可能保留原貌。后学徐俊整理并记，
2000 年 10 月 24 日。

（《中国诗学》第七辑，人民文学出版社 2002 年）

编辑忆旧

纪念章雪村先生

　　今年是章雪村先生诞辰百周年纪念，章先生一生有很多值得纪念的地方，就我所知道的点滴来谈谈。

　　一是刻苦学习和多方面学习的精神　章先生五岁入私塾。后来先生讲他在私塾中读书的事。私塾里读的，主要是《四书》《五经》。老师每天上一课书，只教会学生读书，就要学生读熟背出，不讲。第二天照样上书读熟背出。每节上，如端午节、中秋节等，要重温这一节中读过的书，要把一节中读过的全部背出。到年底，要温这一年中读过的书，要把这一年中读过的书全部背出。到第二年底，照样上书读书背书，到第二年，除把第二年一年读的书全部背出外，还要把第一年一年所读的书也连带全部背出，叫背带书。第三第四第五年也一样。所以，章先生在私塾里读的《四书》《五经》都经过多次的反复背出，都非常熟，到年纪大了还都记得。私塾的老师直至学生到了一定的年龄才开讲，这时，学生已经熟读背出了不少书。在熟读背出的不少书里，如《论语》，不光正文要背出，朱熹的注也要背出。有许多词已经反复背过了不知多次，连同朱熹的注也背过多次。如《论语》里"仁义"的"仁"字一共出现了一百零四次，他读熟背出了一部《论语》，最后对"仁"字已接触到一百零四次，又接触到有关"仁"字的注，并且不是一般的接触，是把有"仁"字的句子和注全都熟读背出；不光把有"仁"字的句子和注全都熟读背出，还把有"仁"字的句子的上下文全都读熟背出。开始接触"仁"字时不大懂，接触"仁"字和注的次数多了，就渐渐懂了。到《论语》全部背出，把一百零四个"仁"字的句子和注全部背出，这时对"仁"字的各种意义都懂了。所以到老师开讲时，不但老师讲的懂了，老师开讲前读熟背的书，也逐渐懂了。章先生对古籍的根基，就是从小刻苦熟读得来的。这不是说现在要学私塾的教学法，只是要打好古汉语的基础，离不开刻苦的学习。对于有些传诵的名篇，还需要熟读背出。章先生后来在绍兴进东文传习所学习日文，想来也是用熟读背诵的方法来苦学的。所以先生一进商务印书馆编译所，在《东方杂志》做编辑，就要做日文翻译。光靠东文传习所学的日文，要做日文翻译是很困难的，先生能够翻译日文，这也跟先生的刻苦学习日文是分不开的。先生后来在商务印书馆国文部选注章学诚的《文史通义》。《文史通义》还没有人注过，要注没有人注过的古书是困难的。先生能够注，这也靠先生对古学的刻苦学习才能胜任。先生在创办开明书店后，约林语堂编《英文读本》，接着世界书局编《英语读本》，对《英文读本》有所摹仿，引起打官司。世界书局请郑毓秀大律师，开明请袁希濂大律师，结果，法院判决开明书店诽谤罪，罚了款，开明书店败诉。先生不再依靠大律师，也不向高等法院上诉。把开明的《英文读本》和世界的《英语读本》对照剪贴，加上批语，指明世界的

《英语读本》怎样抄袭仿效开明的《英文读本》。做了这一步工作，向当时的教育部上诉，也靠教育部里有开明的熟人，得教育部批示：世界书局的《英语读本》，"确有抄袭冒效之处，不予审定，应停止发行"。开明得到了完全胜利。在这次诉讼上，先生比大律师还高明。这说明先生有英语知识，对两种英文读本具有鉴别能力，同时也说明先生还有诉讼知识。开明书店《中学生》设立"文章病院"，先生替"文章病院"剖析当时报刊文章在语法修辞上的毛病极为深入细致，这又同先生平时学习语法修辞知识分不开的。先生这种刻苦学习和具有多方面知识是值得称道的。

二是先生很快地接受并宣传新思想敢于和旧思想作斗争的精神　五四运动之后，先生立刻接受了新思想，又从日文中学习各种新文化。商务请他主编《妇女杂志》，他邀周建人先生在一起，从第七卷第一期起革新内容，提倡妇女解放和婚姻自由，受到读者的欢迎。1925年1月的《妇女杂志》上，先生出了"新性道德号"，刊登了周建人先生的《性道德之科学的标准》和先生的《新性道德是什么》两篇文章。北京大学陈大齐教授在3月14日《现代评论》第一卷第十四期上发表了《一夫多妻的新护符》，反对"新性道德号"周章二先生的文章。陈教授发表了反对的文章后，商务不让章先生主编《妇女杂志》，把先生调到国文部去选注章学诚的《文史通义》。章周二先生受到陈教授的批评后，先生写了《新性道德与多妻——答陈百年先生》，周先生写了《恋爱自由与一夫多妻——答陈百年先生》，两文投寄《现代评论》，积压近两月，未刊登。周先生又写了《答〈一夫多妻的新护符〉》，先生写了《驳陈百年教授〈一夫多妻的新护符〉》投寄鲁迅先生。到《现代评论》二十二期上，把章周二先生的文章摘要刊登，还附有陈大齐教授的《答章周二先生论一夫多妻》，文中连用了十多个"流弊"攻击章周二先生的文章。鲁迅先生因此把章周二先生寄给他的二文在《莽原》上发表，鲁迅先生还写了《编完写起》，说："可是我总觉得陈先生满口'流弊流弊'，是论利害，不像论是非，莫明其妙。"又在《案语》里说："《现代评论》是学者们的喉舌，经它一喝，章锡琛先生的确不久就失去《妇女杂志》的编辑的椅子，终于从商务书馆走出，——但积久却做了开明书店的老板"（《鲁迅全集》7 册 77—78 页）。鲁迅先生说的"积久"里还含有章先生的斗争在内。商务不让先生编《妇女杂志》，把先生调到国文部去选注《文史通义》。先生工作时间在搞选注，但没有放弃宣传新女性的工作，业余自办《新女性》。商务就对先生说，商务有一条规定，商务同人不能自办一种与商务有关的事业，因此请先生或者停办《新女性》，或者离开商务。先生决心把《新女性》办下去，就离开了商务。就先生跟陈大齐教授的辩驳看，鲁迅先生批评陈教授的文章"不论是非，莫明其妙"，鲁迅先生的同情完全在先生一边。先生坚持把《新女性》办下去，宁可抛开在商务的位子，则更显出先生的斗争精神。

　　三是先生善于办出版事业　先生对于组稿、改稿、校刊、影印、编排、装帧、用纸都极讲究，又精于事前核算。先生组稿，在当时的书店主要靠出版教科书，印数多可以赚钱来贴补其他学术著作的出版。当时商务周越然编的《英语模范读本》销路极广，但已经过时。先生看到这点，就请林语堂编《英文读本》，淘汰了商务周越然编的《英语模范读本》，打开了销路，给开明赚了很多钱。再说收稿，当时海宁朱丹九先生花了几十年精力著了一部巨著《读书通》。先投到商务，王云五认为《读书通》的销路平常，又是篇幅巨大，买下来花很多钱去出版，要赔本，不肯收购。这部巨著投到开明，章先生认为王云五只看能否赚钱，对于这样有价值的巨著，为了怕亏本，不肯接受。我们开明书店，在资本雄厚方面虽然远远比不上商务，但为出版有价值的巨著，甘愿亏本。这显出先生比王云五更看重出版学术著作。先生又考虑到学者著作的艰辛，花了六千元，合六百担杜米的代价，当时一石米是一百五十斤，即折合现在买九百担杜米的代价来购买这部巨著。但先生认为用《读书通》的名字，按照古书那样排成很多本，确实影响销路。先生因此把书名改为《辞通》，排成像《辞源》那样精装两厚本，后附索引，作为辞书出版。这部巨著确实是一部辞书，这样设计装订，确实显出这辞书的作用来。先生又用进口的米色道林纸来印，确实打开了这部书的销路。从这部书的出版看，先生对于收购学术巨著和设计装帧确定书名和用纸方面确实花了一番心力。再就校刊说，先生亲自校注《马氏文通》。除了加新式标点外，还对《马氏文通》的引例，一一找出原书来核对，这是很费工夫的事。先生还发现《马氏文通》引例的原本，原来马建忠的引例，不少是从《康熙字典》里引来的；《康熙字典》的编者古书读得熟，引书往往凭记忆，不查原书，所以有失误。先生对《马氏文通》中引的例句，一一核对原书，作了很多校勘。这样来作校勘，恐怕专门从事校勘的人也难办到。再就影印说，商务里影印《四部丛刊》极好，但一般大中学教师等知识分子都买不起，先生因此计划缩印《二十五史》，考虑一般大中学教师等知识分子购置藏放携带的方便，只缩印成九大册，另附人名索引一册，每史后附参考书目，定价五十四元，有利于普及。在接受《读书通》巨著及缩影《二十五史》时，先生能于出版前很快作出成本核算，事后证实核算的精确。

先生的一生，值得称道的地方很多，以上只就我所知的点滴，分三个方面来谈谈。

（《出版工作》1984 年第 10 期）

作者的知音徐调孚

端木蕻良同志在悼念文坛巨星茅盾同志陨落时，曾提到茅盾和他的两部创作，是交给商务印书馆出版的。在"一·二八"事变时，日本侵略军轰炸了商务印书馆总厂，商务印书馆总厂化为灰烬。可是茅盾和他的两部创作，却奇迹般地被调孚同志保存着。不知他是怎样象保护自己的生命那样保护好这两部作品。这事使得端木蕻良隔了五十年还在怀念。

在茅盾同志的一篇文章里，提到有一位同志曾经问起他，约在二十年代，有位署名蒲梢的，编了一本书，是著录世界文学名著翻译到中国来的，是不是他编的。茅盾说不是，是徐调孚同志编的。调孚同志就这样一直受到作家们的怀念。

调孚同志是浙江省平湖县乍浦人，他在旧制中学毕业后，到上海去考入商务印书馆英文函授学校部工作，接触儿童文学名著。后来从函授学校部转入《小说月报》社，成为主编郑振铎的得力助手，他也是文学研究会会员，同当时的进步作家有广泛联系。《小说月报》上刊中国文学研究专号，使调孚同志的联系面，从作家扩大到中国文学研究者。他只是埋头工作，为作家，为文学研究者服务。

当时，调孚同志在商务里的同事章锡琛先生离开商务，创办开明书店，调孚同志为了支持开明书店，计划出版一套世界少年文学丛刊，由他同顾均正、赵景深两先生共同翻译，他从英文本转译了《木偶奇遇记》，还译了安徒生童话《母亲的故事》。他很少译书，这两部书的翻译是想从两方面来支持开明，一是在出版方面支持，二是要把出书所得的版税全部购买开明股票，在经济上给予支持。到开明的基础初步奠定了，他又把全部精力放到出版编辑上去，不再译书了。上文提到茅盾同志谈到他编过一本二十年代著录世界文学名著翻译到中国来的书目，可能也是那时编的。他以后虽不再译书，但他的《木偶奇遇记》，在相当长的一段时期里，成为少年儿童的优秀读物之一，对儿童文学作出了贡献。

在"一·二八"事变时，日本侵略军把商务炸毁了，商务的编辑部门缩小了。这时候，调孚同志进了开明。"一·二八"事变后，《小说月报》停刊，只在《东方杂志》上留出一部分篇幅，刊登《小说月报》的稿件。当时，调孚同志白天在开明忙于工作，晚上还要带了《小说月报》的大量稿件，从事审读编辑等工作。

被商务王云五解散出来的工厂工人，纷纷开设小的排字房和印刷厂。调孚同志非常同情他们，他虽也离开商务，还经常同他们取得联系。由于他在商务时期，参加过英文函授学校部的工作，又参加过《小说月报》的工作，跟中英文排字工人以及印刷工人都有联系。因此，他在开明时，对各个小的排字房和印刷厂工人的技术都非常熟悉。他在开明负责出版工作,按照这些工人所擅长的技术,分给他们合适的工作,来发挥他们的积极性,加快了出书的速度。调孚同志又跟作家有广泛联系,象茅盾的《虹》《蚀》《茅盾短篇小说集》以及巴金的《家》《春》《秋》《巴金短篇小说集》等,很多是通过调孚同志交给开明出版的。记得他拿到《子夜》这部稿子时,高兴地说:"这是部在文学史上有重要影响的小说。"正由于他是文学研究会会员,同不少进步作家都有密切联系,开明里出的有影响的新文学作品,至少有很大一部分跟他有关。他更支持革命作家,夏衍同志翻译的高尔基的《母亲》,用沈端先的名字在大江书铺出版,后来转入开明。国民党反动派扼杀进步书刊,把这书列入禁书,不准出版,调孚同志把书名改为《母》,把译者改名沈光瑞,继续出版,即为一例。

开明本是出版青少年读物的,后来兼出古籍。这时候,调孚同志适应工作的需要,也动手刊行《六十种曲》。《六十种曲》的原版文字颇有残缺,他花了工夫作了补订,写了《排印缘起》,在《缘起》里考证了《六十种曲》的版本。书末附有叙录,分别列举六十种曲,对每一种曲都叙述作者是否可考,可考的讲他的籍贯、生平、著述,还着重谈曲的内容特色,引了李调元《雨村曲话》、梁廷枏《曲话》、姚华《菉猗室曲话》、吴梅《瞿庵笔记》等曲话作为对该曲的评价,并指出该曲或该曲中的若干出在目前舞台上尚有演出。这篇叙录,是调孚同志费力写成的。当时,郑振铎曾经称赞开明出版《辞通》《二十五史》和《六十种曲》为"扛鼎之作"。《二十五史》后附的《参考书目》,同《六十种曲》后附的叙录,确是费力之作。此外,他又断句刊行了《艺概》《白雨斋词话》《西河诗词话》，对《人间词话》用力更勤。《人间词话》有王国维的手定本，赵万里先生的补辑本，调孚同志再从王国维著作中搜辑有关论词的片段文字，又加上陈乃乾先生从王氏旧藏各家词集的眉头评语等作为补遗附在后面，又就词话中提到的各篇抄出原文作注，成为最完备的《人间词话》本。在刊行文学古籍和文艺论上作出了贡献。

抗战时期，开明的总厂被焚毁，开明书刊的纸型很多也被毁了。调孚同志就考虑再版许多书，有的重印，有的重排。象一套英语读物，象现代文学名著、少年儿童读物。也考虑在孤岛的上海可以出版的书，象请王伯祥选注的《左传读本》，象配合《十三经索引》的《断句十三经白文》。这些书的出版，同他的考虑有关。总之，他尽量考虑使总厂被毁后的开明经济再恢复起来，开明的出版业务再恢复起来。当时，郑振铎团结一批文化人创办《学林》杂志，调孚同志也参加了，他为刊印这本杂志积极工作着。抗战胜利后，他联系了一批作家，给开明出版了夏衍的戏剧集，包括《上海屋檐下》等，吴祖光的戏剧集，包括《少年游》等。在编辑《朱自清文集》时，他又担任从报刊上搜集朱自清先生作品的工作。为了支持《中学生》杂志，他曾写了《中国文学名著讲话》，分期在《中学生》上发表。

解放初，开明为了争取出版总署的领导，争取公私合营，把总店迁到北京。调孚同志到了北京，和文艺界有了广泛的接触，争取编集一套新文学选集，种数很多，由开明出版，给解放初的开明出版事业带来蓬勃气象。这期间他辛劳过度，大咯血，害了一场大病。病愈后，开明同青年合并，改称中国青年出版社。为了工作需要，他调入古籍出版社，又转入中华书局。

调孚同志生于一九〇一年阴历二月二十八日，卒于一九八一年五月九日，享年八十一岁。他的学名叫名骥，教定先生曾说："《论语·宪问》：子曰：'骥不称其力，称其德也。'朱熹注：'德，谓调良也。'"因此字调孚。他的笔名蒲梢，是从《史记·乐书》："后伐大宛，得千里马，马名蒲梢。"蒲梢也是千里马。

他去世后，开明和中华里的同志都非常怀念他。他把毕生所从事的出版事业当作自己的事业，此外没有自己的打算。他从大量来稿中发现有才华的新作家，给他们发表作品，使他们成名。他自己却只知埋头工作。他替郑振铎同志补充写完《文学大纲》第四册，却不考虑给自己编写一些书。他偶而翻译了《木偶奇遇记》，那是为了支援新创立的开明而译的；他只写了《中国文学名著讲话》，那是为了支援《中学生》写的。这样把毕生精力放在工作上，直到发病前还在念念不忘工作，这种精神是很感动人的。他在开明工作时，凡是文史方面的稿件，不论同作者联系，拟定选题，征集作品，审读稿件，批注版式，发稿，甚至看校样，什么工作他都做。当时开明的审稿工作，分两类，一类外来的投稿交编辑审读；另一类成名作家的稿子，文责自负，不交编辑审读。调孚同志只要披阅一下，就可决定是否接受出版，有无关碍，这样审读工作就由他做了。他对于各种书稿的版式更其是成竹在胸，很快就批注好了。他乐于帮助人的精神，也使人感动。在怀念调孚同志的时候，我们要永远记住他这种忘我地工作和乐于助人的精神。

（《我与开明》，中国青年出版社 1985 年）

辛勤著述的郭绍虞先生

　　著名的中国文学批评史专家和语文学专家郭绍虞同志，也曾在上海开明书店编译所工作过。这里，专讲他在上海开明工作过这一段。郭同志在进开明以前，早已和开明中人有了很好的交谊。郭同志是江苏苏州人，早在一九二一年，和茅盾、郑振铎、叶圣陶等先生共同发起成立文学研究会。夏丏尊和叶圣陶先生主持开明编译所工作，因此郭先生和开明有很深的关系。一九四一年，开明出版了郭同志的《学文示例》，这书原为燕京大学一年级生的国文教本，参照修辞条理，分类编集性质相同的文章，可供比较，理论和实例兼顾，对各体文章，不论文言白话、韵文散文、小说戏曲、佛经翻译、民歌俗文都收，帮助学生掌握各种文体的写作。郭同志还把《学文示例》的《自序》改为《中国语词之弹性作用》，通过对汉语特点的研究，来探索解决文言白话之争，来解决学习各种文体的问题。又集有关这方面的论文，编成《语文通论》，交给开明于一九四一年出版。到一九四八年，开明又出版了郭同志的《语文通论续编》，这是结集了讨论语言中音节问题的论文编成的。郭同志在一九四一年出版《学文示例》和《语文通论》时，还在北平燕京大学任教，到一九四三年进上海开明书店，在一九四八年出版《语文通论续编》时,已经离开开明书店了。

郭同志原在燕京大学任教,一九四一年十二月七日,日本以海空军偷袭美国在太平洋地区的海空军基地珍珠港,使美国太平洋舰队遭到惨重损失。次日,美国对日本宣战。美国基督教教会在北平创办的燕京大学被日本军封闭,郭同志在北平失业,他拒绝了被日本人接管的伪北大的聘请,坚持民族气节。他在跟郑振铎先生通信时,谈到这种情况。郑就把他介绍给开明的章锡琛先生。章欢迎他来上海开明,担任辞书编纂工作。章先生起草了辞书的单字"一"字的注释,大概参考了商务出版的《中山大辞典一字长编》,对"一"字作了较长的注释。郭先生来后,先做搜集辞书条目的工作,每天阅读古籍,用铅笔在书上把辞条摘出,请人抄录。当时,郭同志是一个人来的。开明总厂在"八一三"战争时,全部被毁。这时,就在福州路开明门市部的弄堂内的货栈里,整理出几间屋子来作办公室和资料室。郭同志就在资料室南面靠窗处搭一张床,睡在那里。有一次下雨后,郭同志床前有许多水在流,那是从南窗对邻屋檐上冲下来的。郭同志风趣地说,他有一联咏这间卧室,叫"炊烟窗下腾腾起,流水床前汩汩来"。把艰苦的生活,说成好象风雅的隐逸生活了。在这样艰苦的环境里,郭同志在业余继续著作,他的《中国文学批评史》两大本就在这个时期写成的。这两大本是于一九四七年二月在商务出版的。郭同志在书法艺术和书法理论方面也有很高的造诣和成就。当时,王统照先生也在开明工作,王先生会写一手王羲之的字,但郭同志却不跟王先生谈书法理论方面的事,只在有人请他写字时，我们才看到他的书法。

郭同志在开明工作时期，为了补贴家用，曾到大夏大学兼课，又曾到同济文法学院兼课。当时，主持开明编译所的夏丏尊先生也到南屏女子中学去教《论语》，为上海的佛教学会翻译南传《大藏经》的佛本生经。在当时特殊的困难时期，开明是允许同人出外兼职的。抗战胜利后，在重庆以叶圣陶先生为首的开明编译所迁回上海，与上海编译所合并，要开展新的工作，顾不上编辞书了。开明请郭同志主编《国文月刊》，郭同志收集到的辞书条目资料暂时保存起来。开明租到了虹口永丰坊宿舍的房子，郭同志全家搬去住在那里。

这时期，郭同志的主要工作是编《国文月刊》。一九四六年三月由开明出版的《国文月刊》上有篇《卷首语》，当是郭同志主编这本月刊时写的。开头说明这本月刊本由西南联合大学师范学院国文系主编，因为复员关系，西南联合大学的组织将不复存在，这个月刊改由开明接办。月刊的内容：一是通论，二是专著，三是诗文选读，四是写作谬误示例。实际上是贯彻郭同志《语文通论》的主张，讨论语文问题和语文教学问题。在这一期里，郭同志发表了《中诗外形律详说序》，还是《语文通论》中要从理论上解决文白之争，认为吟的诗注重文字语的音节，要讲究平仄；诵的诗讲究声音语的音节，可利用双声叠韵；天才的诗人不妨兼擅吟、诵之美。这个关于讨论诗歌外形律问题的意见，看来到现在还有参考价值。在复刊后的第二期上，郭同志发表《中国文字可能构成音节的音素》，指出单音缀的汉字，由于声音的清浊和声调的抑扬，可以构成种种变化。认为新诗人注意到音节方面，在打破了平仄律之后，还可以结合音调来定出种种变化，以每个词的音缀为单位，在音节的变化上作出一种新的尝试。在新版的第三期月刊上，郭同志发表了《肌理说》，这是继续对清代文学理论的研究，跟他在编著的《中国文学批评史》下册相结合。就这样，郭同志在语文学和文学批评史两方面的研究中编《国文月刊》，作出了有价值的结论。

抗战胜利，重庆开明编译所迁回上海后，开明同人组成了明社。一九四六年十二月，明社干事唐锡光先生编了《明社消息》特刊，作为开明二十周年纪念刊，由叶圣陶先生作《开明书店二十周年纪念碑辞》，王伯祥先生作《开明二十周年纪念献辞》，周予同先生作《半年的总干事》，傅彬然先生作《开明风与开明人》。《明社消息》也约郭同志写文章，郭同志写了文章，后又收回去，这显出他的特别谨慎。这种谨慎作风，使人想起了一件事。他在燕京大学时，有一回，燕大校长司徒雷登谢他送去一幅画，他弄得莫名其妙。原来他没有给司徒雷登送过画，是司徒雷登认错了人。他是不肯讨好校长去送画的。这也显示他的作风。这是题外的话。他虽然没有给明社写文章，在叶圣陶先生主编《开明书店二十周年纪念文集》时，郭同志写了论语文学方面的论文。这以后，郭同志担任同济大学文学院院长，迁往同济大学。一九四七年离开开明，仍兼《国文月刊》编辑，直到一九四九年上海解放为止。

（《我与开明》，中国青年出版社 1985 年）

夏先生思想的点滴

夏丏尊先生逝世了。这在中国学术界实在是一大损失。照夏先生的年龄，正该在中国的学术园地上，领导青年做垦荒的工作。他曾有志编一部完整的中国文法，可是贫病磨坏了他的身子，使他所志不遂，这是多么可痛的事。

夏先生在新文学上的贡献，大家都已知道，故不拟再说。现在谈谈夏先生的思想。就平时闲谈中所听到的一点一滴，追记出来。可惜不能得到夏先生思想的体系，这就是无法补偿的损失。但即就一点一滴说，已是精醇确切，无可改易的了。

夏先生对于中国社会组织，是恨封建。可是他并不像一般学者把儒家痛骂一顿，就算打倒封建意识。他认为要是中国的社会组织不改变，封建是没法消除的。现在的社会里，一般青年离开了学校进入了社会，社会上既没有完整的考试制度，就非得请托亲戚朋友不可。这种请托就是封建。封建一方面有学非所用埋没人才的弊病，一方面又有用非所学使事情办不好的弊病。可是要革除封建，不是纸上谈兵所能见效的。一定要从改变中国的社会组织入手。社会组织改变了，封建意识也自然会被淘汰。就组织讲，封建组织有一特点，就是"麻雀虽小五脏俱全"。即就出版界来说，每一个出版机关，一定要具备出版印刷发行等机构。可是每一家的资力和人力不一定充分，于是不得不因陋就简，结果，没有一个机构足以和现代欧美各国相比的。所以胜利之后，夏先生在《大公报》上发表一篇改革出版业的文章。他主张把发行和出版的机构分开，全国的发行机构统一起来。要是全社会的组织都像这样扩大起来，完成了现代化的机构，那末在每一机构里，都需要整千整万的工作人员。到了那时候，每一个机构中的主持人没有整千整万的亲戚朋友来安插，就不得不向外界招募，就不得不采取严格的考试制度。到那时候，封建意识才会整个被淘汰。所以中国当前最大的事，是现代化，是工业化。这是夏先生给与我们最正确的认识。把一般只知谩骂儒家学说的人和他相比，便见得他们的认识不够了。

夏先生间或谈起儒家学说，对于儒家学说在伦理方面的价值，他并不抹杀。有一回，谈起《论语》中"七十而从心所欲，不逾矩"这句话。他认为这已达到人格修养的最高境界。他说：普通人要是从心所欲做去，一定要越轨。所以能够不越轨，全靠种种制裁的力量来束缚自己的欲望，来勉强自己照着规矩去做。譬如就我们来说，在严冬下着大雪刮着大风的时候，我们总想最好在家里耽一天，可是责任心在勉强我们一定要去办事。所以平常人的不越轨，是勉强的，不是从心所欲的。从勉强的渐渐使它变成自然，达到从心所欲没有不合规矩的境界，这就是达到了圣人的境界。我听了夏先生这番话后，又看到冯友兰先生的《新原道》，中间讲到儒家哲学的最高境界，有所谓天地境界。天地境界这名词很费解，实际冯先生的意思就是夏先生的意思，不过夏先生讲得更明白更浅显。于此可见夏先生对于儒家哲学的认识，已经达到怎样的深度和高度了。

又一次夏先生讲到《论语》里"君子不器"一句话。他说普通人学什么的只会做什么，好比某种器具只好派某种用场。只有君子是不可限量的。接着他讲一桩故事。说：有一次，曾国藩带着兵和太平军相持着。某一个晚上，他忽然叫部下去检查营中的奸细，他的部下都莫名其妙。结果，果然查出几名奸细，是冒做打更的。部下大为惊异，便去请问究竟。他笑道：你们自己不注意罢了。接着他说明每天在什么时候从哪一方向传来打更声，那个声音是怎样的节拍，他早已听熟了。今夜没有换过更夫，可是打更的音节等等都变了，因此他知道内中一定有变故。夏先生借这个故事，说明一个非常人物有着非常的精力。普通人只能注意到他所专精的事，所以也只宜做他所专精的事，所以是器。非常人因有过人的精力，所以能注意到各方面的事，宜于统筹全局，做领袖人物，所以不是器。就像曾国藩，写得一手黄山谷字，文章也做得好，文治武功都办得好，这就是君子不器的明证。我曾经想，要是把古书中有价值的思想，都像这样加以发挥说明，那才能变成活的有生命的思想。可惜我们已经无法请夏先生做这种工作了。

夏先生有时又从思想谈到文法。他说起《论语》中"子温而厉，威而不猛"等句中的"而"字，不但连接两个形容词，并且连接两个意义绝对相反的形容词。普通人温和可亲的就不会使人感到严厉，有威严的就一定使人感到凶猛。要温和可亲，同时又使人感到严厉不可犯，要有威严使人尊敬，同时又并不凶猛，并不使人恐惧，把两种绝对不同的气度在一个人的身上表现出来，那是德行的修养已经从矛盾中得到了统一，所以是圣人的气象。

以上所举出的，真不过是夏先生思想中的一点一滴，还不曾触及最高深的部分。因为上举数点，大都是儒家的理论，那究竟是比较通俗的。夏先生晚年信佛，以夏先生的真诚，必不肯轻信，他对于佛经中深奥的哲理，严密的理论，一定有所见而后肯信。对于这方面，可惜我了无所知。所以这里所记的，还是最通俗的部分。但就我看来，已经是深入浅出的了。那末夏先生的去世，即就中国的思想界说，怎能说不是一大损失呢！

（《中学生》第 176 期，1946 年）

从编字典看夏丏尊先生的为人

　　夏丏尊先生抱着满腔热情来从事工作和学习,在生活上也这样,这是情。这样对待工作、学习和生活,就产生了各种想法,有的提到理论高度,这是理。情和理结合,脚踏实地地工作、学习和生活,这是事。(对"理"和"事"的提法,见于下引《夏丏尊文集·平屋之辑·我的畏友弘一和尚》文中。)我接受夏先生的教导,主要在向夏先生学习编字典的时候,因此从夏先生编字典谈起。

　　1941年,日本侵略军进占上海租界,上海开明书店出版业务暂告停顿。夏先生决定在开明编译所主编《夏氏字典》,指定我作助手。我在夏先生的领导下学习编字典工作,开始对夏先生有了进一步的认识。感到夏先生对待工作和生活充满热情。就编字典说,夏先生不是按照字典一般的编法来编,首先就怎样帮助读者来考虑。读者既要读白话文,也要读文言文,因此这部字典要文白结合。夏先生既要帮助读者从字典里查到不认识的字的音义,还要帮助读者从字典里查到每个字的不同用法。这部字典既是文白结合,又是义用兼顾。这样考虑,恰能说明夏先生抱着满腔热情来对待这个工作。有了这种热情,才有这种想法。怎样来贯彻这种想法呢？在文言里的一个单字，在白话里往往成了双音词。要文白结合，对一个字作了注释以后，下面举的例证，有白话的，有文言的。后面再来一个复词，在字典里作【复】，复词下面，把这个字的意义在白话里构成双音词列出。这个【复】，是夏先生的新创。【复】下的双音词是白话，例句的字有单音词，是文言，这就是文白结合。像"大"字，有体积大的意思的，举例如"房子大""地方大"，【复】作"宽大""广大"，有年龄大的意思的，例如"年纪大"，【复】作"长大"，作重要解时，【复】作"重大"；有超越寻常的意思的，【复】作"伟大"；作夸张解时，【复】作"夸大"。这样，有了复词，更确定了"大"字的各种意义。这是就文白结合说的。再就义用兼顾说，夏先生的字典，分"名""动""形""副"，如"风"字，像"风吹草动"，是名词。"春风风人"，第二个"风"是吹，即动词；"风力"，指风的力量，"风"是形容词；"风餐露宿"，在风中餐，"风"是副词。这就说明这个字的各种用法。（《夏氏字典》的原稿不知在何处，以上举例非原文。）夏先生本着编字典的热情，就产生这种想法，根据这种想法来编字典，这就是夏先生在编字典工作中的情、理、事。可惜这部字典没有编成夏先生便因病去世了。夏先生去世后，没有人来对这部字典作完稿工作，这部字典始终未能成书。

夏先生不光是编字典这样，译书也这样。他在《〈爱的教育〉译者序言》里说："我在四年前始得此书的日译本，记得曾流了泪三日夜读毕，就是后来在翻译或随便阅读时，还深深地感到刺激，不觉眼睛润湿。这不是悲哀的眼泪，乃是惭愧和感激的眼泪。除了人的资格以外,我在家中早已是二子二女的父亲,在教育界是执过十余年的教鞭的教师。平日为人为父为师的态度,读了这书好像丑女见了美人,自己难堪起来,不觉惭愧了流泪。书中叙述亲子之爱,师生之情,朋友之谊,乡国之感,社会之同情,都已近于理想之世界,虽是幻影,使人读了觉到理想世界的情味,以为世间要如此才好。"(见《夏丏尊文集·平屋之辑》,以下引文同)夏先生对《爱的教育》的流泪,正说明他的动感情。他从动感情中产生了对这本书的想法,再非常认真地把它翻译出来,这就是夏先生在翻译工作中的情、理、事。再就对这书名的翻译说,意大利文原名《考莱》,是"心"的意思;英译本作《考莱》,下又标《一个意大利小学生的日记》;日译本作《爱的学校》。夏先生认为"书中所叙述的不但学校,连社会及家庭的情形都有,所以又以己意改名《爱的教育》"。一个书名还要这样反复考虑,说明夏先生对工作的认真。

夏先生在教学工作中也是这样。夏先生在《紧张气氛的回忆》里说,他在担任浙江两级师范学堂译教时,学堂的舍监受不过学生的气,辞职不干了。一时找不到相当的替人。夏先生自告奋勇,兼任了这个当时认为屈辱的职位。"我新充舍监,最初曾受到种种的试炼。因为我是抱了不顾一切的决心去的,什么都不计较,凡事皆用坦率强硬的态度去对付,决不迁就。""我不记学生的过,有事不去告诉校长,只是自己用一张嘴和一副神情去直接应付。每日起得甚早,睡得甚迟。""原是预备去挨打与拼命的。"说明夏先生是抱着满腔热情去兼任舍监的。他"不记学生的过，有事不去告诉校长"，是爱护学生。他在这时，"读教育论著，翻宋元明的性理书类，又搜集了许多关于青年的研究的东西来读"。办事又非常认真。也是注意情、理、事来做好工作的。

夏先生在学习上也是这样。夏先生在《我的畏友弘一和尚》里谈到孔子在《论语·颜渊》篇里讲"克己复礼为仁"的一段话，现在节录在这里：

"《四书蕅益解》前几个月已出版了。有人送我一部，我也曾快读过一次。"和尚说。

"蕅益的出家，据说就为了注《四书》，他注到《颜渊问仁》一章据说不能下笔，这才出家的。《四书蕅益解》里对《颜渊问仁》章不知注着什么话呢？倒要想看看。"我好奇地问。

……

"《颜渊问仁》一章，可分两截看。孔子对颜渊说：'克己复礼'，只要'克己复礼'本来具有的，不必外求为仁。这是说是'仁'就够了，和你所见到的唯心净土说一样（这是说佛教讲的西方极乐世界只在心里，不用外求——振注）。但是颜渊还要'请问其目'，孔子告诉他'非礼勿视，非礼勿听，非礼勿言，非礼勿动'，这是实行的项目。'克己复礼'是理，'非礼勿视'等等是事。所以颜回下面有'请事斯语矣'的话。理是可以顿悟的，事非脚踏实地去做不行。理和事相应，才是真实工夫，事理本来是不二的。——蕅益注《颜渊问仁》章大概如此吧，我恍惚记得是如此。"和尚含笑滔滔地说。

到夏先生看到《四书蒲益解》的《颜渊问仁》一章,"不看犹可,看了不禁呀地自叫起来"。

> 原来蒲益在那章书里只在"回虽不敏,请事斯语矣"下面注着"僧再拜"三个字,其余只录白文,并没有说什么,出家前不能下笔的地方,出家后也似乎还是不能下笔。所谓"事理不二"等等的说法,全是和尚针对了我的病根临时为我编的讲义!

这段话说明弘一法师的学习也是情、理、事结合的。情是有感情的,这感情不仅对蒲益的注,也对夏先生的"唯心净土说",因而产生为夏先生"编的讲义",这就是理;他自己是"脚踏实地去做"的,这就是事。夏先生听了弘一法师的话说:"和尚对我的劝诱在我是终身不忘的,尤其不能忘怀的是这一段故事。"夏先生在这里是充满感情的,这是情;夏先生对弘一法师这段话,有了认识,这是理;但夏先生还是跟弘一法师不同,弘一法师有了认识,就出家去做和尚了,这说明弘一法师的理是唯心的,所以归向佛教;夏先生有"净土唯心说",认为净土是唯心的,并非实有,说明夏先生的理是唯物的,这是夏先生跟弘一法师的不同处。

夏先生的理怎么是唯物的,这里试举一例。在五四运动时期,吴虞提出"打倒孔家店"。他在《新青年》二卷六号《家族制度为专制主义的根据》里,指出封建专制建立在家族专制上面,说:"家族之专制既解,君主之压力亦散,如造穹窿然。"因此把孔子的提倡孝悌,说成是封建专制的最大祸根,从而认为"盗丘之遗祸在万世"（本"盗跖"之称，称孔丘为"盗丘"），认为孔子的提倡孝悌成为万世罪人。就在五四运动的 1919 年 10 月里，夏先生发表了《家族制度与都会》，对家族制度的危害提出了新的看法。夏先生说："都会生活与家族制度根本上不能不生冲突，乡村有宗祠，都会没有宗祠，就是证据。本来住在都会里的人大概只有家庭，没有家族；在都会作客的人虽然在乡村仍有家族，但是因都会上职业样式的变迁，事实上也不能够维持他在乡村的家族制度。"这篇文章，有力地说明都会的兴起，都会中家庭的建立，造成家族制度的崩溃。这样唯物的观点，实际上推翻了家族制度"遗祸在万世"的说法。不用万世，家族制度已垮了。当时家族制度虽已在崩溃，但并不影响军阀割据的封建专制，也说明家族制度并不是封建专制的根据，家族制度虽已崩溃，封建专制并不因此解体。夏先生的唯物观点，可以纠正吴虞理论的错误，虽然夏先生只讲家族制度在都会建立后趋向崩溃，但读者却可以从中得出以上的结论来。夏先生这种唯物观点，终于使他跟弘一法师出家不同。这也就是夏先生在学习上的理和事，提出《家族制度与都会》是理，不照弘一法师的意见去出家是事。

夏先生在生活上也是这样。他在《〈子恺漫画〉序》里谈到在生活上的情、理、事，这里加以节录。夏先生写弘一法师"从温州来宁波"，"挂褡于七塔寺"。"铺有两层，是统舱式的。他住在下层"，说"在此地挂褡怎样舒服"。又谈到"前两日是住在某某旅馆（小旅馆）里的"，"很好！臭虫也不多，不过两三只"。夏先生坚请他"明日同往白马湖去小住几日","他也就欣然答应"。

行李很是简单,铺盖竟是用破席子包的。到了白马湖,在春社里替他打扫了房间,他就自己打开铺盖,先把那破席子珍重地铺在床上,摊开了被,把衣服卷了几件作枕。再拿出黑而且破得不堪的毛巾走到湖边洗面去。

"这手巾太破了,替你换一条好吗?"我忍不住了。

"那里!还好用的,和新的也差不多。"他把那破手巾珍重地张开来给我看,表示还不十分破旧。

他是过午不食的。第二日未到午,我送了饭和两碗素菜去(他坚说只要一碗的,我勉强再加了一碗),在旁坐了陪他。碗里所有的原只是些萝卜白菜之类,可是在他却几乎是要变色而作的盛馔,喜悦地把饭划入口里,郑重地用筷夹起一块萝卜来的那种了不得的神情,我见了几乎要流下欢喜惭愧之泪了!

第二日,有另一位朋友送了四样菜来斋他,我也同席。其中有一碗咸得非常,我说:

"这太咸了!"

"好的!咸的也有咸的滋味,也好的!"

……第三日,他说饭不必送去,可以自己来吃……

"那么逢天雨仍替你送去吧。"

"不要紧!天雨,我有木屐哩!"他说出木屐二字时,神情上竟俨然是一种了不得的法宝。我总还有些不安。他又说:

"每日走些路，也是一种很好的运动。"

我也就无法反对了。

在他，世间竟没有不好的东西，一切都好，小旅馆好，统舱好，挂褡好，破席子好，破旧手巾好，白菜好，萝卜好，咸苦的蔬菜好，跑路好，什么都有味，什么都了不得。

这是何等的风光啊！宗教上的话且不说，琐屑的日常生活到此境界，不是所谓生活的艺术化了吗？人家说他在受苦，我却要说他是享乐。我常见他吃萝卜白菜时那种喜悦的光景，我想，萝卜白菜的全滋味，真滋味，怕要算他才能如实尝到的了。对于一切事物，不为因袭的成见所缚，都还他一个本来面目，如实观照领略，这才是真解脱，真享乐。

在这里，夏先生对弘一法师对待生活的态度充满了赞美的热情，这是情。从中体会出生活的艺术化，这是理。弘一法师这样对待生活，是事。夏先生既有这种生活艺术化的想法，说明夏先生也有这种生活艺术化的实践，这是夏先生在生活上的情、理、事。

抗战中的 1938 年，夏先生到上海南屏女中去兼课，是教《论语》。可惜他的讲义没有保存下来。夏先生怀着满腔热情去教《论语》，一定有不少新的看法。在夏先生文集里，只找到《"中"与"无"》一文，里面接触到对《论语》的解释。如《论语·阳货》："子曰：'予欲无言。'子贡曰：'子如不言，则小子何述焉。'子曰：'天何言哉？四时行焉，百物生焉，天何言哉？’”邢昺疏称："人若无言，但有其行，不亦可乎？"即认为行比言重要。朱熹集注："圣人一动一静，莫非妙道精义之发，亦天而已，岂待言而显哉？"认为圣人的道，通过行动来显示，不必用言语。《论语·尧曰》："允执厥中。"朱熹集注："允，信也。中者，无过不及之名。"夏先生在文章里说："'中'是个绝对的观念。叫作'中'，原是权用的名称。名称是相对的，于是只好用否定的字来限制解释。'中'在根本上不是'偏''倚''过''不及'等的对待，世人误解作折衷调和固然错了，朱子解作'不偏不倚，无过不及'，也未彻底。'中'不是'偏'，亦不是'不偏'，不是'倚'，亦不是'不倚'，不是'过'，亦不是'不过'，不是'不及'，亦不是'非不及'。"夏先生认为朱熹的解释不够彻底。因为"中"是绝对的观念，朱熹用相对的"过"与"不及"等来解释，自然不贴切了。大概夏先生认为"中"是恰到好处的意思。夏先生又说："在究竟的绝对上说，好象沉默胜过雄辩的样子。"这是对"予欲无言"的解释。对于绝对的观念，不好用相对的话来解释。这样讲，似乎比邢昺疏和朱熹注都高明些。记得夏先生有一次去南屏女中上课后，来开明，讲到《论语·述而》："子温而厉，威而不猛，恭而安。"好象讲到这里的"而"字，联系的是两个相反的概念，"温"和"厉"相反，"威"和"不猛"相反，"恭"是恭逊，不免局促，与安泰的从容也不一致。这样来观察孔子，有辩证观点。夏先生抱着满腔热情去教学，在认识上就有这样超越前人的看法。

最后，再谈两点夏先生的话，为《夏丏尊文集》里所未记载的。一是对于办杂志的，夏先生提出开始是"人办杂志"，后来是"杂志办人"。即开始时为了发表某种理论，有目的地办杂志；后来提不出什么新的理论来，为办杂志而办杂志，就成了杂志办人了。按照夏先生的教导，只有不断地跟着时代前进，不断地适应读者新的需要服务，才能不断地做好"人办杂志"的工作。夏先生又谈到铲除封建意识，认为只有发展大生产，在大生产中需要大量的工人和技术人才，才能打破靠亲戚和朋友关系来用人，才能做到用人唯才，才能逐渐打破封建意识。夏先生抱着满腔热情来对待工作、学习和生活，因而产生各种想法，其中确有不少值得吸取的理论。可惜我的认识不够，在这里只能极粗浅地谈谈。

（《辞书研究》1986 年第 4 期）

真诚的友情

我们前开明书店的同人得到知伊同志噩耗，都非常震惊。我和知伊同志相识在抗战胜利后。当时，知伊同志随重庆开明编译所迁来上海，在开明《中学生》杂志部工作，后来参加出版对外联系工作，当时，我在帮夏丏尊先生编《夏氏字典》，夏先生去世后，这部字典无人定稿，终于作废。因此，我和知伊同志没有工作上的联系，业余很少来往。1986 年 6 月，我去上虞参加夏先生诞辰百周纪念，归途要在上海停留，去上海图书馆找顾廷龙先生，请教有关古代出版工作的事。在会上遇见知伊同志，他非常热情，邀我到他家去住。我到了上海，就住在他家。他热情地招待我住宿，又盛情款待我，白天他要上班，又派他的儿子陪我到上海图书馆会见了顾先生。他又抽空陪我到附近公园去玩。他又帮我跟上海教育出版社的同志联系，有关他们约我写《文学风格例话》的事，又联系他们派汽车送我上火车。又让我和他们夫妇合拍了彩色照，又和我在窗口合摄了彩色照。展对照片，如昨日事。可念。我那次去上海，已经人地生疏，没有他的热情款待和帮助，定有很多不便。在开明，我们没有什么交往，他对我还是这样热情，可见他对朋友的真诚和尽力帮助。我比他年纪大，本想等他有便来京，再图一聚，想不到他先我而去，至可悼念。知伊同志参加编辑《中国近代文学大系》，帮助范泉先生"做好这项工作，把好质量关"（范先生信中的话），发挥他丰富的编辑经验。他现在虽然去了，他的劳绩还保留在《大系》里，令人永远怀念。知伊同志还带研究生，他的学识修养，一定由他的研究生来继承，令人永远怀念。

（《〈中国近代文学大系〉争鸣录》，上海书店
出版社 2012 年）

纪念王伯祥先生

今年是王伯祥先生诞辰一百周年纪念。王先生的一生值得纪念的方面很多，我受到王先生的教导也很多。王先生的崇高品格很是感人，在这里不能都讲，只想讲王先生在学术上的杰出贡献。

郑振铎先生称开明书店出版《二十五史》是"扛鼎之作"。把二十五史合在一起加以缩印，为什么称作扛鼎的工作呢？扛鼎的工作表现在哪里呢？主要表现在王先生对《二十五史》所做的工作上。王先生对《二十五史》做了什么工作呢？原来只有《二十四史》，王先生主张把《新元史》加进去便成了《二十五史》。明朝宋濂等编《元史》，前后不到一年就完成了，因此体例不严密，列传有重出，译名不统一，年代史实有错误。柯劭忞编的《新元史》，参考中外著作七十多种，订正了《元史》中的错误和疏漏，统一了译名，比《元史》精密而正确。王先生看到《新元史》的价值，根据《二十四史》里收了《唐书》再收《新唐书》、收了《五代史》再收了《新五代史》的体例，收了《元史》再加收更精确的《新元史》，这是王先生的贡献之一。王先生主张《二十四史》采用殿本缩印，因为殿本有考证，更有实用价值。殿本《明史》没有考证，他把王颂蔚的《明史考证捃逸》拆散开来，附在每篇后面。这是王先生的贡献之二。王先生又在每一史后面编了一个参考书目，就《史记》说，分"本书之异本""关于本书之注释训诂者""关于本书之考证质疑者""关于本书之增补整理者""关于本书之赏析评论者""关于本书之博闻广证者"等等。单就《史记》的版本讲，王先生列入了六十种版本，可见这个参考书目的内容极为丰富。有了这个参考书目，不论从版本学、训诂学、考证学、史学、文学的角度去研究《史记》，王先生都给开了详备的书目，对研究者很有帮助。这是王先生的贡献之三。王先生又主张用汪辉祖的《史姓韵编》改编成《人名索引》，把《史姓韵编》里不列入的人名，像《新元史》和《史记》中《匈奴传》《西南夷传》以及其他各史中少数民族和外国传中的人名也列入了。这是王先生的贡献之四。王先生对《二十五史》有了这四个贡献，所以郑振铎先生称《二十五史》为"扛鼎之作"了。

　　王先生更重要的扛鼎之作，是选辑《二十五史补编》，这是对中国史学上的一大贡献，也是王先生在学术上的最大的贡献。开明书店出版《二十五史》后，王先生感到不足。《二十五史》是纪传体史书，内容包括纪、表、志、传。表用来记年代、事件和人物的各种关系，志用来记天文、地理、河渠、礼乐、刑法、艺文等各种自然现象和文化活动，包括政治、经济和典章制度等，为史书中的重要部分。对于这样重要部分，有的史书有志没有表，有的史书表志都没有，有的史书虽然有志有表，但所作的表志不完备或比较疏漏，还需要补校订正。有的志内容丰富，需要作进一步的研究阐发。因此，这方面的著作,粗略地说来,有六类:第一类,像王先生收集的如钱文子《补汉兵志》,郝懿行《补宋书食货志》,这是原书没有而补缺的;第二类,像王先生收集的如王元启的《史记月表正误》,夏燮的《校汉书八表》,是校正脱误的;第三类,王先生收集的如王应麟《汉书艺文志考证》,是属于考证的;第四类,王先生收集的如吴卓信《汉书地理志补注》,是属于注释的;第五类,王先生收集的如陈澧《汉书地理志水道图说》,是绘图作说明的;第六类,王先生收集的如钱塘《史记三书释疑》,是属于研究的。

对于这六类书,王先生的收集工作很值得称道。一是这些书散见在各种丛书中,当时《丛书子目索引》还没有编出来,要从大量的丛书中去找出这些书来是很费力的。王先生对目录学很有研究,熟悉各种丛书,所以能从丛书中去找出这些书来。二是更为重要的,王先生能够从图书中发现未刊的稿本加以搜集,如姚振宗《汉书艺文志拾补》《汉书艺文志条理》等七种书,他搜求到其中的未刊本加以刊行更为可贵。三是他先把收集到的编成一个补编目录,约有一百七十多种。再四出访求,加以增订,后来竟得超过二百四十多种。王先生做了多方征求,多方联系的工作,加上他和学者专家的交谊,才能取得各有关专家的帮助,各方把没有刊布的稿本六十多种送来了。

王先生搜集征求到的书稿里,像姚振宗《隋书经籍志考证》等七种书,称为《快阁师石山房丛书》,它在目录学方面的价值,曾经得到梁启超先生表彰。浙江图书馆排印的还不到一半，顾颉刚先生曾经到浙江图书馆里去看书，看到《师石山房丛书》，因为是稿本，无法借出来，恋恋不能舍，怅惘而回。在《补编》里，王先生把这一部名著全都刊布了。再像汪士铎的《南北史补志》，由淮南书局刊行的只有十四卷，《补编》里把未刊稿十三卷也刊布了。万斯同的《历代史表》，广雅书局没有刻全，《补编》里把藏在冯氏家里的未刊稿本也借来刊布了。包括其他很多家藏的稿本，一一搜集得来汇集刊布，是学术界的一大喜事。这许多家藏稿本，倘没有王先生的大力访求，加以刊布，那么在十年浩劫中，大都会付之一炬，造成不可弥补的损失。王先生搜集编定刊行的《补编》，在这个意义上讲更有保存祖国史学著作的功绩，这不是王先生当时意料所及的。王先生在编定《补编》目录时，曾经跟南北的史学家、目录学家通信商讨。他们对《补编》的编刊极为赞许，纷纷寄来商斟体例和提供的意见的信，每一位先生总有三四封。这使王先生非常感激，也促使他努力做好这一工作。王先生非常谦虚，认为《补编》的编刊不再是少数人的意见，是许多专家的公意了。但应该说，这是他集思广益，集中全国专家的意见，独力编成的巨著。顾颉刚先生称《补编》为"史学界中一绝大快举，使我们眼福可夸耀于前人者，开明书店之力也"（《〈补编〉序》）。也可以说，使史学界，包括文学界、目录学界等可以得到丰富的研究资料，主要是王先生独立编定《补编》的功绩。

记得茅盾先生说过，叶圣陶先后创作《倪焕之》，是文学界的扛鼎之作，那么顾颉刚先生编的《古史辨》应该可以说是疑古学上的扛鼎之作。王先生编定的《二十五史补编》,是史学界的扛鼎之作。叶先生、顾先生和王先生,都是苏州人,是同学好友,都在学术界做出了扛鼎之作,在纪念王先生诞生百周年的时候,不禁要记起这两位前辈先生。

(《出版史料》1990 年第 3 期)

忆剑三先生

抗战中，上海沦陷，日军进占租界。上海暨南大学解散，剑三先生本在暨南大学执教，这时，应开明书店章锡琛先生的聘请，来开明书店编译所担任编译工作。日军进占租界时，即封闭开明编译所所出版的图书。早在"八一三"抗战时，开明总厂即被日军炮火所毁。编译所迁到福州路开明书店门市部后面的库房里。辟库房二层三层为编译所，利用一层和院子（盖玻璃棚）做为库房。日军进租界，把开明书店库房内的书都封起来。后来经过检查，又开了封。开明书店这时已不再出书。章锡琛先生因此计划编书。当时，开明书店张沛霖先生在翻译《桑狄克英语双解辞典》，分量大，一人翻译需要很多年。章先生就请剑三先生进开明与张先生合译。当时开明为了编译辞典，印有纸条，每条约信笺半张大小。剑三先生翻译英语辞典时，到会心处，把译文条子粘在壁上，细加体味。中午休息时，常出外到市上，购买雪梨，回到编译所，把雪梨削成好多片，分饷同人。剑三先生写王羲之字，很工。作旧体诗，极见功力。当时郭绍虞先生也在开明，工书法，王郭两位先生的书法都受推崇。

后来剑三先生要回青岛去，我去看他，他出示一首留别诗。这首诗，唐弢同志在《剑三先生》文中有了记载。我写了一首和他：

> 春来消息遍江南，休道余寒日夜添。
>
> 且会长风怀钓咏，漫惊夕照耀锋铤。
>
> 赋归好践乡关梦，话别期寻诗酒缘。
>
> 莫道兰成渐憔悴，壮怀未许谢华年。

当时，剑三先生认为抗战胜利越来越近，可是在上海的生活艰苦，因有首联。剑三先生有"梦寐海隅思钓咏，园林故里竞戈铤"，故有次联。认为日军的"竞戈铤"不过是"夕照"罢了。从剑三先生的"尚拟努力补华年"里，因有尾联，希望剑三先生回去以后，等待时机，施展壮怀，大有作为。剑三先生有故里之思，因提到思念乡关的庾兰成。

解放后，剑三先生来京出席重要会议，住在北京饭店，我去看他，他的身体已较衰弱了。当时，舍亲金问棠（女）同志，在济南某中学执教，要下放到某地去。她家只有母女两人，她一去老母无人照顾，老母非常忧急，影响视力。我向剑三先生反映，剑三先生向教育主管方面讲了，仍留她在济南执教。她母女对剑三先生极为感激。

剑三先生有一本手册，托人带到北京来请好友题辞。手册传到我这里，听说先生已去世，因题写如下：

> 往事追寻逾十年，开明虚席撰新编。壁粘手稿知真赏，移译功深妙语传。
>
> 霜毫挥洒学黄庭，诗笔深沉入杳冥。携得雪梨亲手削，分甘濡沫忆芳馨。

华编辗转嘱题词，永别人天书到迟。陪谢对棋今已矣，觅徐把剑总堪悲。

末联用杜甫《别房太尉墓》的"对棋陪谢傅，把剑觅徐君"的句子，以志我的哀思。但我到过济南，不能一访剑三的墓地，重写旧作，更觉不安和可念。

1990年2月于北京

（《王统照先生怀思录》，中国文史出版社1991年）

钱先生的教导

1984 年，上海开明书店出版钱先生的《谈艺录》，是我校对的。我校得并不好，还有错字。书出版后，钱先生读了一遍，校出了错字。钱先生送我一本有题辞的书。钱先生题辞说："校书者非如观世音之具千手千眼不可。此作蒙振甫道兄雠勘，得免于大奓错，拜赐多矣。"钱先生不批评我没有校好，还有错字，反而替我开脱，说除非有千手千眼，才可校得没有错字。我校得没有大错误，还要拜谢。说明钱先生对人特别宽厚。

1983 年 5 月，钱先生对《谈艺录》作了补订，补订的分量跟原书一样多。《谈艺录》补订本出来后，《文学遗产》约我写介绍文，我写了《谈艺录补订本的文艺论》，写了请钱先生指正。钱先生指出《补订本》596 页称："撰《谈艺录》时，上庠师宿，囿于冯钝吟等知解，视沧浪蔑如也。《谈艺录》问世后，物论稍移，《沧浪诗话》颇遭拂拭，学人于自诩'单刀直入'之严仪卿，不复如李光照之自诩'一拳打蹶'矣。"钱先生指出《谈艺录》出版前，大学里的师宿，即大师受到清人冯班《钝吟杂录》的影响，否定严羽的《沧浪诗话》。《谈艺录》出版后，严羽的《沧浪诗话》受到看重。这说明钱先生的书对学术界起到了好的作用。钱先生又指出"诗与禅之异趣分途"。《补订本》称："《元遗山诗集》卷十《答俊书记学诗》：'诗为禅客添衣锦，禅是诗家切玉刀'；下句正后村所谓'始铅椠事作葛藤看'须一刀斩断，上句言诗于禅客乃赘疣也。"钱先生指出《补订本》讲诗与禅的关系更进一步。和尚谈禅喜引诗句，其实禅与诗不同，禅要求悟，悟了就破除诗句，诗句成了赘疣，要割除。诗则非诗句不可，诗的妙趣就靠诗句来传达，没有诗句，就没有诗的妙趣了。《补订本》这样讲，胜过《谈艺录》了。以上两例，拙文中都没有谈到，得到钱先生的指教，加以补充。

拙编《诗词例话》增订时，振把增订稿请钱先生指正。钱先生认为其中"形象思维"一节没有写好，钱先生把他的《冯注玉溪生诗集诠评》未刊稿论《锦瑟》诗的抄给我，作为拙编的"形象思维"节。钱先生称："'庄生晓梦迷蝴蝶，望帝春心托杜鹃。'心之所思，情之所感，寓言假物，譬喻拟象，如飞蝶征庄生之逸兴，啼鹃见望帝之沉哀，均义归比兴，无取直白。举事宣心，故'托'；旨隐词婉，故易'迷'。此即18世纪以还，法国德国心理学常语所谓'形象思维'；以'蝶'与'鹃'等外物形象体示'梦'与'心'之衷曲情思。"钱先生的解释还有，就引这一例，很好地说明形象思维，使《诗词例话》的再版本得以广泛流行，多靠钱先生的指教。

钱先生又允许《诗词例话》再版本引用了他的大著《管锥编》中的文章。《诗词例话》再版本先出版，钱先生的《管锥编》后出版。《诗词例话》中因引了不少钱先生的文章，海内外争相传观，这书流传到美国。美国密西根大学东方语文学系林顺夫教授于 1982 年 6 月在美国召开从汉到唐的诗论会，请钱先生去，钱先生不去。因见拙编中多引钱先生著作，来约振去，振的发言稿又承钱先生改正，振的去美参加会议，多得钱先生指教。

上海古籍出版社约振编《李商隐选集》，振向钱先生请教，钱先生赐书指教："樊南四六（李商隐的骈文）与玉溪诗（商隐诗）消息相通，犹昌黎文与韩诗也。杨文公（亿）之昆体（诗）与其骈文，此物此志。末派捫扯晦昧，义山不任其咎，亦如乾隆'之乎者也'作诗，昌黎不任其咎。所谓'学我者病'，未可效东坡之论荀卿李斯也。"根据钱先生的指教，我写了李商隐"以骈文为诗"，指出这是钱先生的创见，为前人所未道。在对商隐诗的解释，多引钱先生《谈艺录》中的解释，这又多得钱先生的指教。

商务曹南应同志约我写《中国修辞学史》，我又向钱先生请教，钱先生指示，"《春秋》笔法"，是春秋时代的修辞学，金圣叹批《水浒传》是明末的修辞学。又从钱先生《谈艺录》《宋诗选注》《管锥编》《七缀集》中学到钱先生讲的"博喻""曲喻""喻之二柄""喻之多边"及"通感"等，得到钱先生这样的教导，才能写出《中国修辞学史》，其中还有不少缺点和错误，这与钱先生无关。

我从钱先生那里得到的教导，远不止这些，这里就讲这些吧。

（《新闻出版报》1992 年 9 月 30 日）

序《文坛杂忆》（初编）

浙江平湖乍浦的顾国华同志，经十余年之努力，编撰油印成《文坛杂忆》十二卷。现上海书店出版社决定将其稍作选剔重行刊布，藉广流传，诚佳事也。

1980年前后，顾同志曾来信征求我的看法，谓欲收集近现代文坛掌故，使之成帙。对此，我理应支持。钱钟书先生对该书有"顾书亦颇有佚事可观，足广异闻者"之评，以默存先生之渊博而得其赞扬，难能可贵。

《文坛杂忆》聚集了一百多位年逾古稀的文坛耆老无偿提供的手稿，可谓洋洋大观，实为不易。尤其在拜金主义泛滥中，为弘扬民族文化，顾同志钟情于近现代文献的拾阙补遗，以十余年之业余时间，化无尽之精力，加以抢救、整理和刊印，这种精神应予充分肯定。

该书内容较为翔实，有的确能知人之所未知，道人之所未道，无疑对近现代文史有所裨益，编辑上采用了兼容并蓄、注重史实的方针，治学态度也是严肃的。

尤可记的，该书竟有年逾九旬的作者达十五人之多，其中包括久享盛名的郑逸梅、周子美、章克标、陈声聪等诸老，为保存国故，传世有文，百年往事，如在眼前，不仅增广读者之闻见，亦仁心之所发，《小雅》咏叹为高山景行者，亦其人矣！所谓仁者寿，于今益信。迄今为止，撰写掌故者，已有二十人仙逝，所谓抢救文献，名符其实。尚可称者，《文坛杂忆》原系毛笔书写蝇头小楷，前三卷由当时已逾古稀的封尊五先生清誊，从卷四起则有同乡许士中同志义务清誊，工作量大，堪为赞叹。结合遍布几个省市的作者群体，又一次体现了"得道多助"的古训。

顾同志学陶公之好读书不求甚解，效诸葛公之创通大义，于得意处神采飞越，于可憎处意有讥弹，已有小成。"疑义相与析"，由于有的老人凭记忆所撰，难免有误，先抢救出来，有疑义的可以商定，使之更加完备。该刊还在续辑之过程中，深信会不负众望，早日完成其心愿。

一九九七年九月于北京

（《文坛杂忆初编》，上海书店出版社 1999 年）

我和钱钟书先生的交往

1931 年，我在无锡国学专修学校肄业。当时，钱子泉先生（名基博）是校务主任，也是上海光华大学的文学院院长。他每星期到无锡来，给我们教《文史通义》。子泉先生就是钟书先生的父亲。我既是子泉先生的学生，就可以和钟书先生交往了。

我们初次交往由编目录开始

1948 年，钱先生（以下钱先生皆指钟书先生）把《谈艺录》交开明书店出版．我校对《谈艺录》，看这本书没有目录就给它编一个目录，寄给钱先生。他看了，没有改动，就同杨绛先生带目录到开明书店来，表示可以照排，并在序言后面的附录里提到周君并为标立目次，以便翻检。底下短书"重累良友浪抛心力，尤所感愧"。又说："余校阅时，见援据未备者数处，而排字已就，未宜逐处补缺，因附益于卷尾。"对于《谈艺录》的"援据未备者数处"，我一处也未能指出，说明我只能校对，不能校勘原书。这一次是钱先生和杨绛先生第一次和我相见的。

这时钱先生写了一首《秋怀》诗给我,诗说:

> 啼声渐紧草根虫,似絮停云抹暮空。疏落看怜秋后叶,高寒坐怯晚来风。身名试与权轻重,文字徒劳计拙工。容易一年真可叹,犹将有限事无穷。(时写定《谈艺录》付印)

这首诗开头四句,说《谈艺录》好比草根虫叫,好比停云,好比秋后叶,是谦虚的话。后面讲到名望的轻重,文字的拙工,从这本书来定,即这本书可以定他名望的重,文字的工。末两句说自己的寿命是有限的,这本书是无穷的,要长期传下去。钱先生后面四句讲得对,他这本书是确立他的名望,要传下去的。

后来他又写一首诗给我,说:"周振甫和《秋怀》韵,再用韵奉答,君时为余勘订《谈艺录》。"诗说:

> 伏处嘤嘤语草虫,虚期金翮健摩空。班荆欲赋来今雨,扫叶还承订别风。臭味同岑真石友,诗篇织锦妙机工。只惭多好无成就,贻笑兰陵五技穷。

这首诗的前面说"君时为余勘订《谈艺录》",其实只能说我校对,说"勘订"是不敢当的。这首诗开头两句承上面这首《秋怀》诗来,还是谦虚的。说"虚期金翮健摩空",他不是"虚期",是实的。说"今雨",指新交;说"扫叶",指校对,都是确切的。说"五技穷"是客气话,其实他的书是很了不起的名世之作。他说了这些谦虚的话,因此我写了一首诗和他,说:

> 金翮高飞笑二虫,枪榆未至作腾空。声扬不假扶摇力,才美自开刚健风。艺撷亚欧贯今古,体分唐宋极精

工。累丸已见承蜩手，下笔如神道岂穷。

他说"虚期金翮"，我就说他是"金翮"。金翮笑二虫，《庄子·逍遥游》里称"蜩与学鸠"为二虫，二虫说："我决起而飞，枪榆枋，时则不至，而控于地而已矣。"又说钱先生不借人力而声名远扬。钱先生论诗，称唐宋诗以体分，不限于时代。钱先生讲"五技穷"，我引杜甫诗："读书破万卷，下笔如有神"来称美他。

后来他又写一首诗来回答我，他说："振甫近和《秋怀》韵，再叠酬之。"诗说：

> 杨云老不悔雕虫，未假书空且叩空。迎刃析疑如破竹，擘流辨似欲分风。贫粮惠我荒年谷，利物推君善事工。一任师金笑刍狗，斯文大业炳无穷。

这首诗，他把我称他为"金翮"，称他"下笔如神"都没有否定。他自比杨雄，称"杨子云"为"杨云"。称"惠谷"指借书，我把《十三经注疏》借给他看，他说成"惠我荒年谷"。他把笑他的书的人比作"师金笑刍狗"，"师金"是《庄子》中的人。他把自己的书称为"斯文大业"，这时他的书已经很有名了。

约写《谈艺录读本》引出的事

后来钱先生的巨著《管锥编》出版了，读了《管锥编》的人，都要读《谈艺录》，中华书局因此请钱先生发表《谈艺录》。钱先生在开明版《谈艺录》的叙后附言中说："余校阅时，见援据未备者数处"，只说"数处"。这次出版，他作了"补遗"。《谈艺录》原书排 304 页，补遗部分排到 622 页，比原书还多。他写了《引言》说："审完全稿者，为周君振甫。当时原书付印，君实理董之，余始得与定交。三十五年间，人物浪淘，著述薪积。何意陈编，未遭弃置，切磋拂拭，犹仰故人。诵'卬须我友'之句，欣慨交心矣。""卬须我友"即"昂须我友"，即我须我友，其实他的《谈艺录》，不论原书，不论补遗，我只能作些校对，对他实无补益。他说我须我友，只有使我感愧了。他这句话是从《诗经·邶风·匏有苦叶》中引来的，只有使我感愧了。

关于《谈艺录》补订本，后来还有一事可谈的，这里就连带谈一下。上海教育出版社派邵桂贞同志到厦门大学去约郑朝宗先生写《管锥编读本》，约定了。邵同志问郑先生，再拟约人写《谈艺录读本》，约周振甫怎样？郑先生说好的。邵同志就写信给我，约我写《谈艺录读本》，并把郑先生的话，告诉我。我看了邵同志的信，觉得我一人写，不可能如期交稿，就约同事冀勤同志合作，并把邵同志约郑先生写稿的话写信告诉钱先生。钱先生看了我的信很生气，生的是上海教育出版社的气。认为既然是约人写他的书，为什么不先和他联系。又对我不满，不满我答应了邵同志的约稿再告诉他，同于先斩后奏。后来郑先生因心脏病不能写，就没有写。我和冀勤同志两人写的交去了。他们还要我给钱先生和杨绛先生的照片，以及钱先生写的字。我把这事写信告诉钱先生，钱先生回信，大意说：你是朋友，所以您写我的书，我可以不管。你如

把我的照片和字寄去，我同你绝交。我怕绝交，就不把照片和
字寄去。

断电了，我们在两支蜡烛照明下进餐

在这件事情以前，开明书店从上海迁到北京，1951年，开
明书店并入青年出版社，称中国青年出版社。1962年，我在
中国青年出版社出版了我的《诗词例话》，我把这本书送请钱
先生指教。《诗词例话》是从诗话词话中选出，再加上我的说
明。诗话词话中少不了谈艺术的。我的说明也免不了说明它
们所谈的艺术。当时国内的文学家，不大谈艺术，钱先生看了
这本书，大概认为我喜欢谈艺术。其实我只是就所选诗话词
话作些说明罢了。

钱先生写了《管锥编》。当时钱先生一家，实际是和杨绛
先生两人，住文科院一间房内。女儿钱瑗住在北师大。钱先
生打电话到中华书局找我，说下班后先到他住处找他。他估
计我到文科院时间，先到文科院院子内等我。我一进门，他就
接我到他家里。这天，他家里断电，他点起两支蜡烛，留我吃
饭，吃过饭，他把《管锥编》原稿全拿出来，要我带回去看，嘱
我提意见。我很愿意拜读钱先生的书。钱先生知道我水平
低，不懂外文。他为什么要我对他的书提意见，我没有问过
他。我把《管锥编》原稿带回家去，提了一些意见。后来知道
他看了我的意见，认为可取的，就写在书内，认为不可取的，就
不用。现在从他的书里引一段于下，说明我对他提的意见。

周君振甫曰："陆贾有五子：'十日而更'，每子一岁
当番七次，而贾乃曰：'不过再三过'；贾之过，必'安车
驷马'，携侍者十人，命子'给人马酒食极欲'，一子每岁
如是供养贾者七十日，而贾乃曰：'无久酒。'在上者不
自觉其责望之奢，而言之轻易，一若体恤下情，所求无
多，陆贾之约，足以示例。史迁直书其语，亦有助于洞明
人情世故矣。"得间发发微之论，前人所未道也。(《管锥
编 343 页》)

钱先生不仅把我提的意见，写在书内，还写了评语，可见一斑。

没想到我的建议他都同意了

我看了《管锥编》，向钱先生建议，把书中可以插入《诗词
例话》中的文辞收进去，不用他的外文，只收中文。他都同意
了。这时，我的《诗词例话》准备重印，我把《诗词例话》里新
写各篇，都请他看，他认为《形象思维》章写得不好，他把《玉
溪生诗集诠评》未刊稿抄给我，作为《形象思维》的稿子。我
注明是钱先生的，但这事极为可感。我的新版《诗词例话》到
了香港，香港某大学看见书中引了钱先生《管锥编》的文章，
当时《管锥编》还没有出版，大为惊奇。即把书中所引的《管
锥编》的文章，在校刊上发表。因此，《诗词例话》大为销行，
读者都愿看钱先生的文章，《诗词例话》因此在台湾被盗印。

后来，上海古籍出版社约我编《李商隐选集》，我向钱先
生求教，钱先生说：李商隐以骈文为诗。这是以前人没有说

过的。他给我信说："樊南四六与玉溪诗消息相通，犹昌黎文与韩诗也。杨文公（亿）之昆体与其骈文，此物此志。末派挦扯晦昧，义山不任其咎，亦如乾隆'之乎者也'作诗，昌黎不任其咎。所谓'学我者病'，未可效东坡之论荀卿李斯也。"

钱先生说："赋当归入诗类，不当入文"

后来，张志公先生主编《现代汉语》，在《汉语修辞》里附有《中国修辞学简史》一篇，是约我写的。不知怎么这篇作为石家庄修辞学会的论文，让商务印书馆曹南应同志看见了，曹同志就约我写《中国修辞学史》。我向钱先生请教，钱先生回信说："文法求文从字顺，而修辞则每反常规，破律乖度，重言稠叠而不以为烦，倒装逆插而不以为戾，所谓'不通'之'通'（参见《谈艺录》新本532页），亦所谓'文法程度'（《管锥编》149—151页）。"

我根据钱先生关于修辞的指导写《中国修辞学史》。讲最早的修辞学，本于"春秋笔法"，讲清初的修辞学，本于对小说戏曲的评点，都是从钱先生处来的。

后来我写《中国文章学史》，以赋为文章。钱先生不同意，认为赋当归入诗类，不当入文。钱先生的意见是对的。章太炎的《国故论文》[①]，也把赋归入诗类。但严可均的《全上古三代秦汉三国六朝文》里收了赋，他把赋作为文。姚鼐的《古

---

① 似当指章氏《国故论衡》。

文辞类纂》里有"辞赋类"，也把赋作为古文辞，所以把赋作为文章的一种，也是有根据的。看来赋虽可以归入诗类，也可以归入文类。因此我写的《中国文章学史》，还是把赋归入文内。

最末一次交往为一笔稿费

最后同钱先生打交道是关于钱先生父亲钱子泉师的《中国文学史》的事。子泉师的《中国文学史》，由彭祖军先生从湖南寄来，只编到元朝。我把子泉师给商务印书馆《万有文库》里写的《明代文学》，作为明代文学史接上去。再把子泉师《中国现代文学史》中讲的清代部分，作为清代文学纲要附在后面。再请山东大学王绍曾先生复制子泉师在《光华月刊》上写的《读清人集别录》作为清代文学史资料附在最后。我把这样的《中国文学史》，投给中华书局。中华书局把这部书稿交我整理。我看这部稿子对重要作家都作了介绍，对次要作家只提到名字，没有介绍，我一一作了补充，有些地方也作删改。我交上去时，请领导一定要送钟书先生审定后，方可发排。后来隔了多年，忽然排出校样来交我看，我问原稿有没有送钟书先生审定过？他们说没有。我就把全部原稿亲自送给钟书先生，请代审定。钟书先生看了全部原稿，说：凡是他父亲提到的人而没有介绍的您作了介绍，我都同意。我父亲没有提到的人，您作了介绍，就不好了。子泉师没有提到的人而我作了介绍的，只有李清照一人。这样，我就删去了李清照一段补文。钟书先生都同意了，后来中华书局把《中国文学史》的合同请钟书先生签字，他不签，他要我代签。他的意思，他父亲的《中国文学史》只我一人整理过，稿费应由我拿，因此由我代他签字。我认为我整理这部稿子，已经拿了中华书局的薪水，不能再拿子泉师的稿费。钟书先生倘不要稿费，稿费可交他妹子钟霞先生，钟霞先生这时已去世，可交给她的丈夫石声淮先生。钟书先生要我代签，书只有签字后可付印，我只好代为签字。稿费交于石声淮先生。这是我同钟书先生的最末一次交往。

（《世纪》2000 年第 5 期，小标题由编者所加）

太平洋战时上海同人生活的拾零

　　唐锡光先生指定要我写一篇"太平洋战时上海同人生活"，我虽在那个时期一直留在上海，可是对于同人生活的各方面，知道得还不够详细，只能讲我所知的一点一滴，所以加上"拾零"两字。

　　太平洋战争爆发后，书店就遭到了封门的厄运。当时日本的陆军报道部想用高压政策强迫各家书店就范，做它宣传大东亚和奴化教育的工具，所以先用封门的手段来恐吓，然后再迫令就范。可是各家书店宁愿被封，绝对不肯屈服。日本人没法，只得由海军报道部出来做怀柔的工作，把封条扯去了。各家书店在那种情势下不得不勉强复业。为了适应当时的非常局势，出版的工作差不多陷于停顿，各家书店都在逐渐实施紧缩政策。本店出版编校的工作既大部停顿，当局对于内部同人又不愿遣散，于是计划编纂辞典字典的工作。要编纂辞典，便感到内部人才的不够，于是先后聘请王剑三、周予同、郭绍虞、陈乃乾四位先生和一位周晔小姐。这四位先生除了陈乃乾先生是国内有数的目录学专家外，其余三位先生都是国内有名的大学教授和著作家，这几位先生，不论任何一个大学里请到了任何一位，都可以用来做号召的人物，当时本店把他们陆续延聘进来，一时外界人士，对本店都刮目相看。有一次，我遇见一位大学教授，他说：在"现在商务、中华各大书局都在紧缩，而开明却能延揽许多人才，真了不起！"后来各大学要请名教授，本店中的周予同、郭绍虞两先生便成为各方面争欲罗致的人物了。

在太平洋战时由本店延聘进来的几位先生中，王剑三和陈乃乾两先生在胜利前就已离去。

王剑三先生本来在暨南大学教书，自从暨大迁闽后，就进本店。王先生初来时，似乎比店里其他同人都要阔绰。当时店里是不供给中饭的，其他同人大都自己带饭来，到吃饭时，或者用开水泡了吃，或者托华坤热了吃①。只有王先生从不带饭，每天总是去吃小馆子。有时还要拉别的同事一起去。可是后来渐渐窘迫了，对于吃中饭便成为一桩苦事。此外，王先生对于轧电车也认为苦事。王先生住在吕班路中段，要在那里上电车，总是非常挤，很不易上去。当时周予同先生也是趁这一路电车。周先生看到电车挤不上，便改趁开回来的车，打末站去兜一转，这叫趁倒车。趁倒车虽然兜远路，可是比站在原地方挤不上车，反而经济时间，并且还有座位。周先生看见王先生趁不上车，便叫他也趁倒车。可是王先生却不愿走回头路，宁可老等在车站上挤。这令人想起孔子弟子澹台灭明走路时只走大路不走小路。王先生可说是大有古风了。

王先生还有名士的风度，学问的方面很广，更其爱好文

---

① 指开明书店工友任华坤——编者注。

学,喜欢做旧诗。他时常把自己做的诗,写在稿纸上,把它贴在案旁壁间。他写的一手王羲之字,和他有工力的诗,真可谓二美。他又喜读古人诗,把自己认为得意的也抄出来贴在壁上。有一次,他在翻译桑达克英文字典,翻到有一个解释,是很难用适当的中文翻译得铢两悉称的,王先生对于那个注解翻得非常得意,可是他并不对人家说,也把那条注释写在稿纸上贴起来。我们常常到王先生案旁壁上去欣赏他所写的诗词和文句。王先生的王羲之字写得很有工力,同事请他写扇面,都写得很好。可是他的写字和王伯祥先生的写字不同。王伯祥先生写字对于地位行款都很注意,王剑三先生就比较随便。有一次他写一个轴子送给蕴华阁,写的是一首贺诗,大约起初的字写得太大了,后来似乎弄得写不下了。他就是这样有名士风度的学者。他有时在外面吃了中饭回来,顺便买了些水果,即使是一只梨,他也一定要削了切成片分给同一间中的同事的。

继王剑三先生而离店的,是陈乃乾先生。陈先生是国内有数的目录学专家。他和王伯祥先生有数十年的交谊。在他没有进店以前,我们早已听见王先生谈起他了。他对于目录学的研究,不仅富有版本源流和各家书目等等学术方面的知识,还能晓得各种书的价格,有时候,他晓得的比旧书店里的老板更多。有一次,他讲给我们听,他到一家旧书店里,看到了一部书,他问书店老板要多少钱,书店老板只索一个比这书应得价格更低的数目,他就买了来。后来,他就按这书应得的价格把它转让给朋友。他虽是目录学专家,可是我和他谈目录，他说这种是记诵之学，一旦把所有辛苦搜集的重要书籍丢了，也就无从谈起。大约一位肯说老实话的学者，对于自己所专门的学问，往往看不起，这也是无足怪的。一到了夏天，陈先生的折扇便成了我们注意的目标，他差不多天天换一把，我们每天总要去欣赏他所带的不同的折扇。有一次，他带的一把折扇，可以左右展开，向右展开是两面很冠冕的字画，向左展开是另一种字画。陈先生不仅有这种收藏，并且对于现代书画家熟识得很多，家里很有现代画家的稿本。有一张共读楼图，画得非常工细，有清池，有假山，有梧桐芭蕉书带草，有庭院小楼，有书卷，似乎更有伴读的红袖添香，集旧时文人理想中的境界于尺幅之中，陈先生神游其中，也可稍忘都市的烦嚣了。又有神庐十境，把文人所欲向外追寻的境界一一收摄在十幅中。如一幅名依山阁，上有高岩，下有绝壑，一阁孤峙其间，极其高危。一名深雪居，大雪满山，一椽茅屋，极其高洁。又一则白云缭绕，一角危楼，极其缥缈。总之：都是表现出一种非常的意境，可以供理想奔驰之用的。陈先生既多与书画家交往，多藏名迹，自然能画。记得有一次他替郭沈澄小姐画一把扇面，画的是工笔兰花，为求逼真起见，他曾从日本所刊兰谱中钩勒出兰花照片的轮廓来画成的。

继陈先生之后离店的是周晔小姐，她是周建人先生的女公子。在当时的店里，要算年纪顶轻的一位。可是她已写有一部长篇小说，虽然没有发表，也可见得她对于写作的努力了。在胜利后，她因为要继续进修，就辞去职务，到之江大学去升学了。

胜利以来，夏丏尊先生的逝世，要算同人中最可悲痛的事了。照夏先生的年龄，在欧美各国人中，正是出任繁剧的时期，可是夏先生却那么早就去世了。忧能伤人，在烦忧和贫困的煎迫下，夏先生终于病了，终于不起了。当此庆祝本店二十周（年）纪念的日子，追念夏先生，能不黯然。我们倘就夏先生的一生来看，那么太平洋战后的时期，正好代表夏先生的晚年。在这期间，夏先生重要的工作，约有三项。一是替店里编字典。二是举办纪念弘一法师事项：如替弘一法师刊印演讲录、书简集；又收集各地纪念弘一法师的文章，辑印永怀录；影印弘一法师手迹；征得傅耕莘先生的捐助，影印弘一法师手书药师经；组织弘一大师纪念会，举行弘一大师遗物展览；并得玉佛寺住持的赞助，辟室举办弘一大师图书馆。三是翻译日译本南传大藏经本生经之部。承蒙夏先生不弃，凡我可以效力的地方，他都叫到我。夏先生编字典，叫我做帮手。夏先生辑印弘一大师遗著和永怀录，叫我校对和帮他编排次序。夏先生翻译的本生经刊印时，叫我校对。他曾经对我们说，他看到许多亲戚朋友，无论是富贵的，贫困的，都默默无闻地死去了。我们活在世上，总要不虚度一世，总要留一点纪念在这个世界上。所以他在病危时，还念念不忘于字典和翻译佛经的事。夏先生是不善治生的，可是他为了要替弘一法师举办种种纪念事项，对于各方捐助的弘一大师纪念会的经费也不得不想法运用，在币值惨跌的当时，把那笔钱购买了纸张。后来纸价飞涨，除了刊印纪念弘一大师的书籍外还有余款，使用来购买一部藏经，一部四部丛刊缩影本，暂时寄存在店里。等到他病危的时候，我去看他，他那时呼吸已很困难，勉强和我讲话，声音微弱，我一直靠近到他身旁才能听清楚，他问我店里的图书馆有没有整理好，弘一法师纪念会里所购的两部书是否放得妥帖，他病到那样境地，还是念念不忘于弘一法师的事。夏先生对于弘一法师的友情，真是生死以之了。

夏先生在编辑弘一大师书简集时，拿出许多弘一大师给他的信来叫我替他誊录。他拿起弘一大师的信札，即使是一张明信片，总是赞叹不绝。他指给我看，弘一大师对于任何一封信，总是写得很匀称，不但字与字之间，行与行之间整齐匀称，就是天地头和两旁的空白，也是非常匀称。再指弘一大师所盖的图章，说他总是盖得顶恰当，不高也不低，不左也不右。能够这样的赏识弘一大师的，除了夏先生，恐怕只有丰子恺先生了。为了敬仰弘一法师，夏先生对于佛教也有了信仰了。佛教的经典里讲净土，讲轮回，讲奇迹，这些都是使人无法相信的事。夏先生常憎恨为富不仁的人来讲净土，讲轮回。他说，这种人剥削了人家，却要被剥削的人安于穷困，不想反抗。他们讲轮回，就是说，他们的富贵是前世修来的，所以应该剥削人。被剥削而穷困的人是前世作的孽，所以应该穷困。叫被剥削的人忘记切身的痛苦而追求来生的幸福，这是最要不得的。照这样说，夏先生应该认净土轮回等说数是帮助统治阶级对被压迫人民的麻醉剂了。可是不然，夏先生却相信真有净土轮回奇迹的。那有什么见证呢？就是弘一法师。因为弘一法师是夏先生所最信仰的人，弘一法师既能相信真有净土轮回奇迹，这就是最可靠的见证了。所以夏先生所信的佛法,和一般人不同。他说一般人都没有资格讲净土轮回奇迹,因为他们也许别有作用,即使没有作用,他们也并没亲眼见到过。只有像弘一法师那样的人格和对于宗教的真诚,才可以做见证,才可以使人相信。这样说,夏先生的信仰佛教,就是信仰弘一法师了。夏先生对于弘一法师的敬仰,真是无以复加了。

当时夏先生对于挤电车和吃中饭两事,颇以为苦。他早上在上办公时间内是挤不上电车的,要稍微迟一些才能挤上。晚上在下办公时间内也是挤不上电车的,也要迟一些时候才能挤上。所以到了放工铃一摇,同人都散了,他才勉强拖着沉重的步子从四马路走到老北门,到了老北门还是挤不上,还要等好多时候才能上去。夏先生对于吃中饭,既不肯上馆子,因为太费,又不会带饭箧,因为空身都挤不上车,怎么还能带饭箧。于是他想早上吃了饭来,中午不吃,到晚上回去再吃,他名之曰“吃扁担饭”。这样中午不吃饭,饿了好多时,他去问医生。医生说,这样子会把胃弄坏的,中饭可以不吃,但别的零食总要吃一点,否则胃壁到相当时候要互相摩擦,造成胃病的。夏先生听了这种警告,到中饭时又不敢不吃东西,只好买一些零食吃。可是夏先生又很注意卫生,吃零食恐怕不洁。这事真把他为难极了。夏先生后来所以到法藏寺大藏经刊行会里去担任翻译日译本南传大藏经本生经的工作,虽然一方面是为了兴趣,为了想多留一点有价值的工作在这个世上,为了对于宗教的信仰,为了生活,而大藏经会里供给一顿中饭,也未始不替他解决了一个难题。此后,夏先生就上午到法藏寺去做译经的工作，中午吃了饭，再到店里。从法藏寺到店里，没有直接的交通工具，他只好缓走当车地走着。他因为要译经，有时还有别人译的稿子要他改，所以每天不得不带着一个包。那时正在夏天，夏先生怕热，不穿长衫，手里提着一个布包，在路上走，藏经会里的人对他说，这样好像一位裁缝司务了。所以他后来改用一块绸来包了。过不了多时，他的身体愈来愈不行了，一到了店里，只是喘气，终于病倒了。此后夏先生的病时好时坏，到胜利以后，终于不起了。

在胜利的前夕，同人生活最最艰苦，当时店里放暑假三个月，仅指定很少的人留在店中。在现在的二层楼上，人最少的时候，只有一位郭沈澄小姐留在外间，我留在里间。虽在这个时候，章雪村先生还是按时天天到店，不过章先生因为有许多对外的事务要接洽，不能一天到晚留在店里。

在那个时期，章先生迁居到福州路三山会馆隔壁现在的住处，曾笑述一联道："老鼠搬窠，闹中取静；猢狲种树，忙里偷闲。"可以想见其风趣。到胜利前夕放暑假期内上海同人人心惶惶，再没有心思做学问了。可是一天我走上三楼，只见郭绍虞先生一个人在楼上振笔疾书，原来在写他的新著狂猖人生哲学，像郭先生那样的修养，真是难得极了。有一天，天下过了相当大的雨，我走上三楼，走进郭先生的卧室，那时郭先生的卧室是在现在图书馆的南面靠窗的一角。因为雨后，郭先生的床前有许多水流着，那是从南窗对邻屋沿上冲下来的。郭先生笑着对我说，他有一联咏这间卧室，叫"炊烟窗外腾腾起，流水床前汩汩来"。房间里冒进烟和漏水，在人家认为非常头痛的事，到郭先生的嘴里，便变成很风雅的山居隐逸生活了。此外还要讲一点关于徐调孚先生的事。徐先生在这个期间，有一时期身体非常坏，坏到没有气力走扶梯，可是徐先生还是硬撑着天天到店。徐先生所以不请假的原因，大约有几个。一是徐先生负责的造货部里，所有帮徐先生工作的人，内调的内调了，调到别部去的调到别部了，只剩他一个人。可是对外和对内还有许多事要接洽，他既没有帮手便不能不来。二是当时似乎没有什么病假的补助等等，天天在工作，生活还无法维持，要是一请假，更其难维持了，所以他仍旧硬撑着天天来。现在回想起来，那是很危险的，因为那样硬撑很容易把身体更撑坏的。徐先生的脾气，对于自己的病苦从不肯说，所以他病到要支撑不住了，店里的同人还没有觉察到。后来我到徐先生家里去方才知道的。那时徐先生的病是由于牙齿坏了没有力量重装，因而影响到肠胃，把肠胃也弄坏了，因而消化不良营养不足，加以痔病出血过多，所以弄得全身乏力。到了胜利以后，徐先生的牙齿重装了，肠胃也好了，体力也恢复了，这是可庆的事。

末了，再谈谈我们店里的一位劳动英雄，任华坤。在当胜利以前生活最艰苦时，金才尚能应变①，华坤只会守常。那时上海的四郊有日本人布设的封锁线，在封锁线以内所有的米店都是没有米出卖的，他们唯一的工作就是发售配给的户口米和户口面粉。户口米有时发出来的是糙米，户口粉有时发

---

① 指开明书店工友顾金才——编者注。

出来的是味苦色褐的三号粉，不管它的品质怎样坏，数量怎样不够，可是还是不能按期发，二三期四五期连续地脱下去。所以那时的上海人要是等户口米吃早已饿死了。这时上海的民食，主要是靠许多负贩者冒着险把米从封锁线外偷运进来。金才在那个时期，当他踏着脚踏车到沪西去时，也带了一些米回来，这是我所以说他会应变的理由。那时的华坤依旧忙着管理煤球炉和一部分办公室的洒扫清洁的事。他为了管理煤球炉，弄得忙极了，因为那时上海方面的同事除了极少数的两三人不需要托他弄午饭外，其余的同事都是带了饭来托他热，或带了米来托他煮，不论是煮饭或热饭都是各归各的，并不并起来一起热一起煮，所以在一个上午，华坤要替同事们一个一个地煮饭或热饭。因此在上午十点钟起，他就要开始弄饭了，这样子一直要忙到十二点半或一点才忙好。为了需要煮或热的饭单位太多，安排先后的次序我想一定也很费他的苦心：热或煮得早了，到吃饭时早已冷去了；热或煮得晚了，到吃饭时还没有好，都有问题。他大约先煮饭，把煮好的饭放在一个大抽屉内，用厚棉布盖起来。把要热的饭排在较后。热好了一个就叫那一位同事下去吃饭。这样使大家还不至于挨饿并且能吃到热的饭。可是内中有几位同事，他们的煮饭和热饭是自己动手并不交给华坤的。他们到了认为需要煮饭或热饭的时候，便守在煤球炉旁，等炉上的一锅饭热后或煮好后，就挨上去热或煮，这种游击式的煮饭或热饭，往往把华坤排定的时间和次序搅乱了，有时一直累他忙到一点钟还没把饭弄好。可是店里生煤球炉的目的，是供给同人开水用的。所以华坤在十点钟开始替同人弄饭外，还得预备同人喝用的开水。他因此在很早的时候就起来煮水，到上工前把所有的热水瓶都灌满了。到上工时，所有同人的茶壶或茶杯内都斟满了。在十点前还得和同人冲一二次开水。十点以后，再没法煮水了，同人要喝水，只好靠热水瓶来做挹注了。当时管煤球炉是一件苦事，因为煤价飞涨，煤球的质愈来愈坏，搅和的黄泥愈来愈多，后来简直无法烧了，便改用木柴。可是烧木柴很烟，有时华坤忙着别的事离开了炉子，木柴就熄了。熄了后再生起火来，烟得更利害。弄得扶梯上和二楼办公室内都是烟。

（《出版史料》2012 年第 2 期）

出版杂议

出版界之知更鸟

忆昔肄业中学时，国文英文数学诸师长每不慊于教科书之所选材，病其贫乏，而有选文之举。每选一篇必抄诸黑板，同学依之誊录，以是教学之时因而大减。后虽有胶印版，然以内地学校藏书之贫乏，亦无以资其挹取，教学者常以为憾焉。嗣后得开明书店所创之活叶文选，教学者翕然称便而其憾始已。自是以后，各书局相继仿效，而活叶文选之刊徧南北矣。然开明书店不以自划，寖假而有活叶英文选，寖假而有活叶小学教材，其为类弥多，其取材弥广，其所以便教学者亦弥甚矣。

近四年来寄居沪上，从役于开明书店。每感行箧之中，书籍匮乏，偶有购置，而藏庋为难，移居多累，斯亦居都市者之所同憾矣。于斯时也，开明书店有廿五史之刊，以三千五百卅卷之书，缩影精装，汇订九帙，斯亦读者之至便矣。故继是而往，各书局洋装影印古书之风，一时云涌，其机尚未有艾，虽其风会所趋，自有其层累曲折之故，而开明书店实先启之。

昔章行严先生称梁任公为知更之鸟，凡民之欲，有开必先，先之秘息，莫不知之。且凡所知，一一以行。此在政治家为得为失尚未可知，独于文化界出版界则斯为尽美，观于开明书店之行事，宁非其深切著明者邪！抑今日之社会，其变綦亟,所事于文化界出版界者贵能逆睹其流极,由是或为知更鸟之先鸣,或从其后而鞭之,于是能适应其繁变而为裁成辅相之功,庶于社会尽其促进之力。然于先之秘息之启,必无大力者以摅助其长窒息其机而后能,此则今日之所难言。故开明书店之所能先鸣于出版界者,亦存其为粗迹而已。若何去摅助窒息之政,以尽其为文化界出版界之知更鸟,此则我于十周纪念之庆所期于开明书店与全国文化界出版界之共同努力矣!

（《申报》1936年8月1日第22版）

开明编刊的辞书及古籍

开明书店在一九三二年出版了《辞通》。《辞通》原名《读书通》,是海宁朱起凤先生花了三十年的精力,从古书中搜集可以相通的双音词,编成三百万字的巨著。朱先生在序里讲他编这部巨著的动机,对我们有启发。他年轻对,在书院(当时的学校)里讲课,有个学生作文,用了"首施两端",一般作"首鼠两端",即畏首畏尾的意思。朱先生认为"施"字写错了,替他改成"鼠"字。学生大哗。原来在《后汉书·邓训传》里作"首施两端",在《后汉书·西羌传》里又作"首尾两端"。写成"首鼠""首施""首尾"都通。在一般人碰到这种事,向学生道歉一下就完了。朱先生却因此发愤,从古书中搜集这类不同写法而可以相通的双音词,研究它们为什么相通的道理,积三十年之久,写成这部三百万字的巨著。这部巨著,积累了极丰富的资料,在音韵、通假、训诂学上,成为有价值的巨著,得到这方面专家的赞扬。一九二二年,这部巨著托胡适介绍给商务印书馆的王云五。胡适跟王云五的关系极为密切,王云五进商务就是胡适介绍的,可是王云五认为这书的销路不大,出这部书要亏本,不愿出。胡适感叹道:"不幸这一部三百万字的大著在那个时代竟寻不着一个敢冒险的出版者去承印。"（见《辞通序》）后来开明书店的章锡琛先生却敢于冒险来承印这部巨著。

章先生承印这部书，表示开明为了出版学术著作不怕亏本，这在当时是很难得的。章先生出版这部书，还做好了推广工作。比方请章太炎、胡适、钱玄同、刘大白、林语堂写序来推介这部书，指出它在学术上的地位和它的实用价值。他还把这部书的原名《读书通》改为《辞通》，排成两巨册，照辞书的一般排法。这书原来按韵排的，不便检查，又给它编了个四角号码索引。这就有利于把这部书送到读者手里。这样不怕亏本，尊重学术著作，做好推广工作，是值得借鉴的。

接着，开明又出版了《二十五史》和《二十五史补编》。开明刊行《二十五史》，写了个《缘起》，提到翻印古书，第一，在需要上要印比得上米粮和布匹的书；第二，要缩小篇幅，减低定价，使一般读者有力购买和安放，把《二十五史》缩成九本。在旧有的《二十四史》外，加进柯劭忞的《新元史》，因为《新元史》的取材很广博，定例很谨严，对于《元史》，增补和订正的地方实在不少。所以仿照《二十四史》中收了《唐书》和《五代史》，再收《新唐书》和《新五代史》的例子，把《新元史》也收进去了。对《二十四史》采用殿版来影印，因为殿版有考证，更有实用价值。殿版的《明史》没有考证，把王颂蔚辑的《明史考证攟逸》拆散附在各篇传的后面。王伯祥先生又在每一史的后面附了一个参考书目，就《史记》说，分"本书之异本"、"关于本书之注释训诂者"、"关于本书之考证质疑者"、"关于本书之增补整理者"、"关于本书之赏析评论者"、"关于本书之博闻广征者"。有了这个参考书目,可以帮助读者对《史记》作进一步的研究。又为了便于读者检查列传中的人名,把汪辉祖的《史姓韵编》改编成《人名索引》,再把《史姓韵编》里不列入的人名,象《新元史》和《史记》中《匈奴传》《西南夷传》及其他各史中少数民族传中的人名也列入了。

更重要的是编刊了《二十五史补编》。出版《二十五史》时,感到有些不足。《二十五史》是纪传体,有本纪来记帝王和大事,有列传来记人物,有各种表来记年代、事件和人物的各种关系,有志来记天文、地理、河渠、礼乐、刑法、货殖、艺文等各种自然现象和文化活动。可是有的史有志却没有表,有的史表和志都没有,这就有待于学者的补写。这种补写粗略说来有三类:一是补作,象钱文子作《补汉兵志》,郝懿行作《补宋书食货志》;二是校正,象王元启作《史记月表正讹》,汪远孙作《汉书地理志校本》;三是考订,象梁玉绳作《汉书古今人表考》,姚振宗作《隋书经籍志考证》。原来缺乏表志的史书,给补上了,给研究这部史书的以很大方便。不仅可以从纪和传中了解这部书中的大事和人物传记,还可以了解时间、人物、事件的种种关系,了解自然界和社会上以及政治、法律、经济、教育、文艺等种种现象和关系。这是编辑出版《补编》的重要作用。

这三类补写的书大多分散在各种丛书里头,很少单行本。要搜求这类书很困难。还有一部分是稿本,更难找到。史学家顾颉刚先生曾从目录学书里搜求这种补写的书,有的看到目录却找不到书,有的找到书却不能长期借用,他曾经到浙江图书馆，看到姚振宗的《汉书艺文志拾补》《隋书经籍志考证》等书，恋恋不能舍，怅惘回去。《补编》的编定刊布，是史学界的一件大事。这件工作，由王伯祥先生主持，先编一个搜集补编的目录，约有一百七十多种。再四出访求，加以增订，后来竟得超过二百四十多种。各方把没有刊布的稿本六十多种也送来了。顾颉刚先生称为"史学界中一绝大快举，使我辈眼福可夸耀于前人者，开明书店之力也"（《补编序》）。

顾先生求之不得的姚振宗《隋书经籍志考证》等七种，称为《快阁师石山房丛书》。它在目录学方面的价值，曾经得到梁启超先生的竭力表彰过。浙江图书馆排印的还不到一半。学术界没有窥见全豹，一向引为憾事。在《补编》里把这一部极大的名著全部刊布了。汪士铎的《南北史补志》，由淮南书局刊行的只有十四卷，《补编》里把未刊稿十三卷也刊布了。万斯同的《历代史表》，广雅书局没有刻全，《补编》里把藏在鄞县冯氏家里的未刊稿本也借来刊布了。这些都是对史学界值得兴奋的事。王伯祥先生在编定《补编》的目录时，曾经跟南北史学家目录学家通信商讨。他们对《补编》的编刊竭力赞许，纷纷寄来商榷体例、提供意见的信，每一位先生总有三四通。这使王先生非常感激，也促进王先生努力做好这一工作，认为《补编》的编刊，不再是少数人的意见，是许多专家的公意了。

开明还出了文学方面的古籍，由徐调孚同志刊行《六十种曲》。《六十种曲》是元代杂剧《西厢记》和明代戏曲五十九种的合编，是著名的戏曲集，是在明代崇祯间刊行的。《六十

古代的编辑学

——章学诚《校雠通义》

　　清代章学诚著作《文史通义》,后有《校雠通义》,它实际是古代的编辑学。编辑为什么叫"校雠"呢？原来"校雠"是校对的意思。刘向《别录》:"校雠者,一人读书,校其上下,得谬误为校。一人持本,一人读书,若怨家相对为雠。"校雠原来指校对。《汉书·艺文志》:"至成帝时,以书颇散亡,使谒者陈农求遗书于天下,诏光禄大夫刘向校经传、诸子、诗赋,步兵校尉任宏校兵书,太史令尹咸校数术,侍医李柱国校方技。每一书已,向辄条其篇目,撮其指意,录而奏之。会向卒,哀帝复使向子侍中奉车都尉歆卒父业。歆于是总群书而奏其《七略》,故有《辑略》,有《六艺略》,有《诸子略》,有《诗赋略》,有《术数略》,有《方技略》。"这样看来,刘向的校书,先找各种本子来校,有中书,宫中所藏的书;有外书,从民间征求来的书;有太常书、太史书,太常、太史府里所藏的书;有臣向书,刘向所藏的书,把各种本子的书搜集起来校对。校对时再有分工,刘向熟悉经传、诸子、诗赋,就校对这三类书;步兵校尉任宏熟悉兵法,就由他校兵书;太史令尹咸熟悉占卜,就让他校占卜书;侍医李柱国熟悉医药,就让他校医药书。这些书校定后,由刘向编定篇目,再写一篇提要评价的文章。刘向这样的校书，实际上就是现在出版古籍的出版单位的编辑工作。现在出版古籍的编辑工作，确定了要出的古籍后，去搜集各种版本来进行校勘。校定以后，写一篇出版说明，作内容提要和评价。因此，刘向的校书，就是编辑。不过他是以光禄大夫的身分来做这一工作，又得到汉成帝的指令，所以他可以请到当时的各科专家来校正各科的书，再由他来做整理评价工作。这点恐后来的编辑工作者难以办到。

刘向的校书工作远不至此。这就是刘歆继起来完成的工作，章学诚《校雠通义序》说："校雠之义，盖自刘向父子部次条别，将以辨章学术，考镜源流；非深明于道术精微、群言得失之故者，不足与此。"就是刘向、刘歆所做的编辑工作，不光是整理了多少本古籍，还要做"部次条别"的工作。什么叫"部次条别"？《文史通义·和州志艺文书序例》里说：

> 史家所谓部次条别之法，备于班固，而实仿于司马迁。司马迁未著成法，班固承刘歆之学而未精。则言著录之精微，亦在乎熟究刘氏之业而已矣。究刘氏之业，将由班固之书，人知之；究刘氏之业，当参以司马迁之法，人不知也。夫司马迁所谓序次六家，条辨学术同异，推究利病，本其家学，（司马谈论阴阳、儒、墨、名、法、道德，以为六家。）尚已。……其于六艺而后，周秦诸子，若孟荀三邹、老庄申韩、管晏、屈原、虞卿、吕不韦诸传，论次著述，约其归趣，详略其辞，颉颃其品，抑扬咏叹，义不拘墟，在人即为列传，在书即为叙录；古人命意标篇，俗学何可绳尺限也？

这段话解释"部次条别之法",即刘向、刘歆在编定《七略》时用的方法。他们把当时国家藏书全部整理了以后,再编成《七略》,在编《七略》时,就用了部次条别之法。他们编的《七略》,可以说在汉代是一个最大的编辑工作,把从秦到汉代所有能搜集到的书全部整理编定了。那么他们怎样部次条别呢?当然要研究他们编的《七略》。可是《七略》失传了,班固写《汉书·艺文志》就是根据《七略》来删成的。因此要研究《七略》的部次条别法之,只有从班固的《汉书·艺文志》里去研究了。可是班固在删定《七略》为《艺文志》时,不了解《七略》部次条别之法,把《七略》中的《辑略》删去了。《辑略》是其他六略怎样编定的总的说明,把《辑略》删了,他们的部次条别之法就不清楚了。幸亏司马迁是懂得部次条别之法的,可以从司马迁的《史记》叙述周秦诸子中去研究。所谓部次条别之法,一定要懂得分清学术流派,所谓"条辨学术同异,推究利病"。司马迁的父亲司马谈写了《论六家要旨》,是对先秦诸子的六个学术流派分得清楚的。司马迁根据家学,所以在写周秦诸子的传时,就按照部次条别之法来写的。比方《史记》里有《孟子荀卿列传》把孟子、荀卿、邹忌、驺衍、驺奭五个人合为一传,孟子荀卿是儒家,当然可以合传。邹忌、驺衍,驺奭都不是儒家,为什么跟儒家合传呢?原来邹忌讽齐王纳谏,用意跟儒家相近;驺衍讲中国分为九州,九州外面有大海环绕着,大海外还有大九洲,话说得夸大不可信,但他的说法一定归结到仁义节俭,跟儒家相近;驺奭的文章讲究文采,像雕刻龙文,他也归结到仁义德政,跟儒家相近,所以合为一传。《史记》里有《老庄申韩列传》，把老子、庄子、申子、韩非子合为一传。老子、庄子是道家，申子、韩非子是法家，为什么把他们合传呢？他说："申子之学，本于黄老，而主刑名。""韩非喜刑名法术之学，而其归本于黄老。"就是说，法家讲刑名法术，但他们的理论根据是道家黄帝老子的学说，所以把他们合传。《史记》把管仲、晏婴两人合传，因为管仲、晏婴都相齐国，显名于诸侯，所以合传。《史记》把屈原、贾谊合传，因为两人都忠于谋国而被贬死，又都以辞赋著名，故合传。《史记》把平原君和虞卿合传，因为"平原君利令智昏，使赵陷长平兵四十万众，邯郸几亡。虞卿料事揣情，为赵画策，何其工也"。平原君几乎断送赵国，跟虞卿善于替赵国出谋画策，构成鲜明对照，所以合传。《史记》写《吕不韦列传》是一个人的专传。这样的安排，是"在人即为列传"。他在以上的传里，又讲他们的著作，他称孟子"序《诗》《书》，述仲尼之意，作《孟子》七篇"，称荀卿"推儒墨道德行事兴坏，序列著数万言"，称驺衍"作怪迂之变，始终大圣之篇十余万言"，称驺奭"颇采驺衍之术以纪文"，称老子"著书上下篇，言道德之意"，称庄子"其要归本于老子之言，著书十余万言"，称申子"本于黄老而主刑名，著书二篇"，称韩非作"《孤愤》《五蠹》《内外储》《说林》《说难》十余万言"，称管仲、晏婴说"吾读管氏《牧民》《山高》《乘马》《轻重》《九府》，及《晏子春秋》，详哉其言之也"，称屈原"屈平之作《离骚》，盖自怨生也"，称贾谊"及度湘水，为赋以吊屈原"，称虞卿"不得志，乃著书，上采春秋，下观近世，曰《节义》《称号》《揣摩》《政谋》，凡八篇，以刺讽国家得失，世传之，曰《虞氏春秋》"，称吕不韦"乃使其客人人著所闻，集论以为八览、六论、十二纪，二十余万言。以为备天地万物古今之事，号曰《吕氏春秋》"。以上是"论次著述"，"在书即为叙录"。

那么史家部次条别之法，即研究了各家各派的学术著作，把他们分成若干部，这叫部次；在分部中，再分条别出，这叫条别。比方把儒家、道家分开立传，这是分部。但传又不能分得太琐碎，像邹忌、驺衍、驺奭材料不多，不好分立三传，因此研究他们学说的趋向，把他们归入《孟子荀卿列传》里，这就是条别。再像申子、韩非，把他们立为专传，事件少，分量不够，因此研究他们学说的理论根据是道家，就把他们合并为《老庄申韩列传》。这样即"在人即为列传"。再叙述他们的学说，即"在书即为叙录"。假使对各家的学说，没有专门研究，就无法做部次条别工作。所以说"非深明于道术精微、群言得失之故者，不足与此"。所以要"辨章学术，考镜源流"，要分别学术流派，从源到流都要作出清楚的考辨。

这种部次条别之法，对编辑工作有什么用呢？先就司马迁给诸子编列传说，他要解决"在人即为列传""在书即为序录"问题，既要分别各传，又要说明各人的著作。结合人和著作来立传，哪几个人可以合传，要联同他们的著作来考虑，把几个人合起来，也要把他们的著作的关系联合起来说。只有深明各家著作的特点，做到部次条别，才能解决立传和叙录。比方《老庄申韩列传》，假使不能说出申韩跟老庄学术上的关系，就不好合传，说出了两方面的关系，才好合传，也才好给他们的学术做叙录了。再就刘向、刘歆的编辑工作说，他们要把从先秦到他们时代所有能搜集到的书加以编辑，首先要解决分类问题，这就是部次问题。他们做编辑工作，不光要把书分类编目，还要把所有的书，编定以后，供人研究和运用。光靠部次还不够。把书籍分为多少部，即分为多少类，那么要研究某一类的学术，即可从某一类书中去找。比方要研究兵法，即可以从兵法一类书里去找。像《荀子》是儒家，但《荀子》书里有《议兵篇》，从儒家角度来论兵法，讲得很好，在兵书一类里不会列入《荀子》，那从兵书一类里去找，就找不到《议兵篇》了，这就需要条别了。把《荀子》书互著于兵书中去，刘向、刘歆的编辑工作就是这样做的。

以下再看章学诚讲刘向、刘歆的编辑工作，粗略说来如下。

一、明流别。《校雠通义·原道第一》里说："刘歆《七略》，班固删其《辑略》而存其六。""今可见者，唯总计部目之后，条辨流别数语耳。"《辑略》被班固删去，只剩下分部后，辨流别的几句了。如讲"诸子百家，必云某家者流，盖出古者某官之掌，其流而为某氏之学，失而为某氏之弊"。如《汉书·艺文志》："农家者流，盖出于农稷之官，播百谷，劝耕桑，以足衣食。故八政，一曰食，二曰货。孔子曰：所重民食，此其所长也。及鄙者为之，以为无所事圣王，欲使君臣并耕，悖上下之序。"这里指出农家的来源，再讲农家的学说有什么好处，再讲农家学说的流弊。这就是明流别。这就属于部次，大的分为六部，即《六艺略》《诸子略》《诗赋略》《兵书略》

《术数略》《方技略》。小的如《诸子略》里再分为"儒家者流""道家者流""阴阳家者流""法家者流""名家者流""墨家者流""纵横家者流""杂家者流""农家者流""小说家者流",分为十家。分清了流别,才好把书分类。

按照刘歆的分类方法,章学诚认为后世的文集也可以照样分类。他在《右二之三》里说:"今即世俗所谓唐宋大家之集论之,如韩愈之儒家,柳宗元之名家,苏洵之兵家,苏轼之纵横家,王安石之法家,皆以生平所得,见于文字,旨无旁出,即古人之所以自成一子者也。其体既谓之集,自不得强列以诸子部次矣,因集部之目录,而推论其要旨,以见古人所谓言有物而行有恒者,编于叙录之下,则一切无实之华言、牵率之文集,亦可因是而治之。"这是说,对于后来的文集,自然不好勉强地把它们归入什么家,但可以推论它的要旨,认为近于什么家,像说韩愈之儒家、柳宗元之名家就是。这样,有些无类可附的,说明它们在学术上没有什么贡献。

二、互注。章学诚在《互著第三》里说:"至理有互通,书有两用者,未尝不兼收并载,初不以重复为嫌;其于甲乙部次之下,但加互注,以便稽检而已。古人最重家学,叙列一家之书,凡有涉此一家之学者,无不穷源至委,竟别其流,所谓著作之标准,群言之折衷也。如避重复而不载,则一书本有两用而仅登一录,于本书之体,既有所不全;一家本有是书而缺而不载,于一家之学,亦有所不备矣。"如《汉书·艺文志》"在兵权谋十三家二百五十九篇"下,班固注:"省《伊尹》《太公》《管子》《孙卿子》《鹖冠子》《苏子》《蒯通》《陆贾》《淮南王》二百五十九重出。"这个注说明在刘歆的《七略》里，在兵权谋家这一类里，还列有《伊尹》等九种书，共二百五十九篇，是重出的，即这九种书在别的类中已经载了，再列入兵权谋家，是重出，因此班固把它们删了，在这里注一下。章学诚认为重出是必要的，因为这九本书中都讲到兵权谋，重出了，要看兵权谋的书，不仅主要讲兵权谋的书有了，就是主要不讲兵权谋的书，其中附带讲一点兵权谋的书也有了，这样把所有有关兵权谋的书全都归在一起了。这样的编法，后来就没有了。比方纪昀编《四库全书》，一本书只归入一类，一本书中讲的牵涉到两类的，他把它归入主要的一类，非主要的一类，他就不管了。因此，读者要研究某一类学问，从《四库全书总目》来看，只能找到主要讲这一类的书，别的书里附带讲这一类学问的，他的总目里就没有了。附带讲的可能讲得很好，也没有了。因此，要掌握这一类的全部学问，光看这一类的书还不够。刘歆的编法不一样，把附带讲这一类学问的书也列入，按照他的编目来看他所编的书，就可掌握这一类的全部知识。

三、别裁。《别裁第四》："《管子》，道家之言也，刘歆裁其《弟子职》篇入小学。七十子所记百三十一篇，《礼经》所部也，刘歆裁其《三朝记》篇入《论语》。盖古人著书，有采取成说、袭用故事者。（如《弟子职》必非管子自著，《月令》必非吕不韦自撰，皆所谓采取成说也。）其所采之书，别有本旨，或历时已久，不知所出；又或所著之篇，于全书之内，自为一类者，并得裁其篇章，补苴部次，别出门类，以辨著述源流；至其全书,篇次具存,无所更易,隶于本类,亦自两不相妨。盖权于宾主重轻之间,知其无庸互见者,而始有裁篇别出之法耳。"

互注是一书分见于两类,别裁是把一书中的某一篇,另外抄出,以篇名作书名,归入另一类。比方《管子》书里有一篇《弟子职》,刘歆把它抄出来,书名叫《弟子职》,编入小学类。古代的小学,教小学生学习弟子职,比方在家里做洒扫的清洁工作,怎样应对宾客等,所以《弟子职》这篇当归入小学类。不把《管子》书列入小学类使它互见,因为《管子》书里只有《弟子职》一篇可以归入小学类,其他都跟小学无关,所以不用互见,只把《弟子职》抄出来列入小学就够了。互见的,因要参考的不止一篇,所以注互见。再像孔子弟子七十子所记的百三十篇,其中有记载孔子三次朝见鲁哀公的《孔子三朝》七篇,刘歆把它抄出来编入《论语》类,这也是裁篇别出。

四、辨嫌名。《辨嫌名第五》:"篇次错谬之弊有二:一则门类疑似,一书两入也;一则一书两名,误认二家也。欲免一书两入之弊,但须先作长编,取著书之人与书之标名,按韵编之,详注一书源委于其韵下;至分部别类之时,但须按韵稽之,虽百人共事,千卷雷同,可使疑似之书,一无犯复矣。至一书两名误认二家之弊,则当深究载籍,详考史传;并当历究著录之家,求其所以同异两称之故,而笔之于书,然后可以有功古人,而有光来学耳。"这里讲的"一书两入",一本书分别编入两类,跟互注不同,互注是有意使它重见,一书两入是错误地分入两类。再有互注的记法跟一书两入的记法当也有不同。

五、著录残逸。《著录残逸第八》："《旧唐书·经籍志》集部内，无韩愈、柳宗元、李翱、孙樵之文，又无杜甫、李白、王维、白居易之诗，此亦非当时之遗漏，必其本志有残逸不全者矣。校雠家所当历稽载籍，补于艺文之略者也。"整理古籍，还有补遗这一工作，把本书中散失部分收集起来，作为补遗，附在末了。像中华书局出版的《元稹集》，《点校说明》里指出："又从《才调集》《白居易集》《唐音癸签》……等书中续补了诗一卷、文一卷"，即从十七种书中收到元稹的诗文，编成两类，为原来的《元稹集》里所没有的，作为补遗，便是一例。

章学诚在《校雠通义》里讲的编辑工作，主要是这些。至于其他细致的论述，这里就从略了。即就他讲的主要的编辑工作看，对我们今天的编辑工作也有借鉴作用。比方明流别。我们现在编书，题目定了，请作者写稿，对于写这个题目的有关的知识，从源到流，倘心中有数，结合我们的读者对象，要求作者写什么，怎样写，也就心中有数，约稿工作就可顺利进行。稿子写来后，是否符合要求，也可作出判断。倘对于写这个题目的有关知识，对它的源流毫无所知，写什么，怎样写，心中无数，约稿工作就做不好。稿子写来了，是否符合要求，也无法作出判断，就做不好编辑工作了。再比方互注，约作者写某一方面的稿子，对这方面的一般知识知道一些，但对这方面的非一般的知识毫无所知。要是作者写来的稿子，不限于写一般知识，还谈到较深入的知识，自己不了解，不能判断，也做不好编辑工作了。再像辨嫌名，对这方面不注意，也会使自己编辑的书出毛病。因此,章学诚讲的编辑学,即就主要几点说,对我们今天做编辑工作,也是有用的。

(《出版工作》1987 年第 4 期)

从《诗词例话》谈到我的学习

一

《文史知识》的编者要我结合编《诗词例话》谈谈我的学习，那就从编《诗词例话》谈起吧。

1961年，我在中国青年出版社文学编辑室工作。当时，我的工作比较清闲，就想替出版社编《诗词例话》，得到了室主任张学新同志的同意。我就手头的《历代诗话》《历代诗话续编》《清诗话》以及《人间词话》《蕙风词话》等书来看，只取结合具体例子来谈的，作些学习。在学习时，注意了防止诗话、词话中所存在的一些问题。

一是摘句。对诗话，词话中摘句论诗的例子，要找出全篇来看，避免片面性。像在《精警》里引苏轼《东坡志林》，称陶潜诗"'悠然见南山'。采菊之次，偶然见山，初不用意，而境与意会，故可喜也。今皆作'望南山'。杜子美云'白鸥没浩荡，万里谁能驯'，盖灭没于烟波间耳。而宋敏求谓余云：'鸥不解没，改作波字。'二诗改此两字，便觉一篇神气索然也"。这里既是摘句，又是摘字。在学习时，就找出陶渊明《饮酒》之五的全篇来看，体会到"悠然见南山"，用"见"字表示无意中看到南山，改成"望"字，则成为有意。无意看到为什么"境与意会"？有意去望，为什么"神气索然"？就联系下文看："山气日夕佳，飞鸟相与还。"陶渊明在《归去来兮辞》里说"鸟倦飞而知还"，借来表达他辞官归隐的心情，是情与景会，所以看到"飞鸟相与还"，感到"境与意会"了。在"境与意会"里就有景与情会的意味。用"望"字变成有意去找，就违反了作者在无意中看到景与情会的喜悦心情，破坏了这种情境了。看"白鸥没浩荡"句，找出杜甫《奉赠韦左丞丈二十二韵》来看，联系上文"今欲东入海，即将西去秦"，杜甫要离开长安到东海去，所以联系海上的白鸥，在烟波中自由自在地飞翔。"没"指"灭没"，即消失在烟波之中，才显出万里烟波的浩渺广阔。"没"不是钻入水里。改成"白鸥波浩荡"，变成偏正结构，像白鸥似的波浪，成为讲波浪，就跟杜甫的以白鸥自比不合，跟上文连不起来，失去了杜诗的原意了。这样，对于摘句摘字的话，也要联系全篇来考虑，来体会诗话的用意。

二是彼此矛盾。在诗话、词话里，评价同一首诗词而意见不同的，正可以合在一起作些探讨，可供学习。如《境界全出》：王国维《人间词话》："贺黄公谓'姜论史词，不称其软语商量，而赏其柳昏花暝，固知不免项羽学兵法之恨。'（贺裳《皱水轩词筌》）然'柳昏花暝'，自是欧、秦辈句法，前后有画工，化工之殊，吾从白石，不能附和黄公矣。"这里，对史达祖《双双燕·春燕》词，姜夔、王国维都赞美词中的"柳昏花暝"句；贺裳赞美"软语商量"句，认为赞美"柳昏花暝"句看得浅，不深入；王国维认为贺裳赏识画工，姜夔赏识的才是化工。对于这两种不同评价，还要结合全篇来看。"软语商量"见于这首词的上片："还相雕梁藻井，又软语商量不定。"写春燕成双飞来做巢时，对着雕梁和天花板，软语商量在哪里做巢。这样，把燕子拟人化，把燕子在做巢前的呢喃叫声，比做软语商量，写燕子写得逼真，所以贺裳欣赏这句话。他认为"柳昏花暝"不过是写景，不能显示燕子的特点，所以认为看得不深。王国维认为"软语商量"是"画工"把燕子的特点画出来了。但"柳昏花暝"是"化工"。"画工"是人巧，"化工"是造化生成的，高于画工。原来"软语商量"只是描写得很工细贴切，所以称"画工"，除了描绘外，没有其他言外之音。"看足柳昏花暝"，见于这首词的下片："芳径，芹泥雨润。爱贴地争飞，竞夸轻俊。红楼归晚，看见柳昏花暝。应自栖香正稳，便忘了天涯芳信。愁损翠黛双蛾，日日画栏独凭。"因为"芹泥雨润"，燕子要衔泥做巢，所以"爱贴地争飞"。在"芳径"里"贴地争飞"，所以"看见柳昏花暝"，柳树阴浓，花枝繁密，所以显得昏暝了。这个"柳昏花暝"又跟上片有关，上片说："度帘幕中间，去年尘冷。"这双燕子是去年来过的。去年归去时，这位红楼中的思妇，托这双燕子给她在天涯的丈夫带去芳信，今年回来，应该把丈夫的回信带来，可是这双燕子"看足柳昏花暝"，"便忘了天涯芳信"。使得这位红楼少妇，"愁损翠黛双蛾，日日画栏独凭"。这样，"柳昏花暝"不光是写出贴地争飞的燕子所感受的景物，加上"看足"，含有"忘了天涯芳信"的意思，造成思妇的愁损，这样，它不光是写景，还有含情在内，比起"软语商量"来更富有情味，所以成为"化工"了。

这样学习诗话、词话，还是很不够。像在《境界全出》里，我引了李渔《窥词管见》，批评宋祁《玉楼春》"红杏枝头春意闹"，认为"争斗有声之谓闹"，"红杏闹春，予实未之见也"。下面引钱钟书先生在《通感》里指出"在视觉里仿佛获得了听觉的感受"，即视觉、听觉、嗅觉、味觉、触觉是可以相通的。钱先生在《通感》里一开头就说："中国诗文有一种描写手法，古代批评家和修辞学家似乎都没有理解或认识。"钱先生明白指出修辞学家没有认识，可见这是属于修辞手法，《诗词例话》里有一栏标明修辞，那末就该把"通感"列入修辞一栏里才是。可我没有这样做，把它列在写作一栏的《境界全出》里，说明我的学习不够。再像在《博喻》里引了钱先生在《宋诗选注》苏轼篇里讲"博喻"的话，说明我是学了《宋诗选注》的，但又学得很不够。像《宋诗选注》郑文宝《柳枝词》："亭亭画舸系春潭，直到行人酒半酣。不管烟波与风雨，载将离恨过江南。"注〔四〕："后来许多作家都仿效它。周邦彦甚至把这首诗整篇改写为《尉迟杯》词：'无情画舸，都不管、烟波隔前浦。等行人、醉拥重衾，载得离恨归去。'（《清真词》卷下）石孝友《玉楼春》词把船变为马：'春愁离恨重于山，不信马儿驮得动。'（《全宋词》卷一百八十）王实甫《西厢记》里把船变成车，第四本第一折：'试着那司天台打算半年愁，端的是太平车儿约有十余载。'第三折：'遍人间烦恼填胸臆，量这些大小车儿如何载得起！'……"这里钱先生指明是仿效或改写，在修辞学中当属于仿拟格。我在《诗词例话》里没有把这个仿拟的例子收进去，也说明我的学习还是很不够的。《诗词例话》里又列了《曲喻》，引自钱先生的开明书店版《谈艺录》。钱先生在《谈艺录》的开头称它为"诗话"，这部诗话里有讲诗人的，讲诗的，讲创作、修辞、风格的。我只引了"曲喻"一节；钱先生在序里说："《谈艺录》一卷，虽赏析之作，而实忧患之书也。"我对于通过赏析来表达忧患的心情和用意，也缺乏体会，说明对这书的学习是大大不够了。

二

约在 1977 年，中国青年出版社要再版《诗词例话》，我因此作了增订。我把"通感"归入修辞，上面提到钱先生讲对郑文宝《柳枝词》的仿效和改写，这次把它收入《仿效和点化》里。在《对偶》里引了《谈艺录》中讲"当句对"的一节。钱先生在《谈艺录》里推重竟陵派钟惺、谭元春的讨论，我因对《谈艺录》没有好好学，也不注意，在一次去看钱先生时，钱先生推重《诗归》，因此在补订的开头补了一节《诗家语》，引自《唐诗归》，就是接受钱先生的指教来的。

在作补订时，我已有幸先读了钱先生《管锥编》的稿本，又把《管锥编》的有关章节引了进去，在修辞类里补了《喻之二柄》与《喻之多边》。《管锥编》里指出："同此事物，援为比喻，或以褒，或以贬，或示喜，或示恶，词气迥异"，这称为"喻之二柄"。如说"吾心如秤，不能为人作轻重"，这是指秉持公心的赞词。如说"秤友"，则指视物为低昂的心之失正，是贬词。同一用"秤"作喻，有褒贬之不同，即为二柄。又"喻之多边",同一事物之象,可以作多种比喻。如月,庾信《咏镜》:"月生无有桂。"用月比镜之圆而明。如"月眼""月面",眼取月之明,面取月之圆,各取一边。《管锥编》里又讲到烘托,称"或描写心动念生时耳目之所感接,不举以为比喻,而假以为烘托,使读者玩其景而可以会其情,是为寓物"。如"吴文英《风入松》:'黄蜂频扑秋千索,有当时纤手香凝。'不道'犹闻',而以寻花蜂'频扑'示手香之'凝''留'"。即以"黄蜂频扑"来烘托手香之凝留。我在补订时把它归入《衬托》里。

这样,在《诗词例话》的修辞一类里,先后引入钱先生著作中的"博喻""曲喻""喻之二柄""喻之多边""通感""衬托",陈望道《修辞学发凡》里都没有。其中有的修辞手法,像钱先生在《通感》里说的,古代修辞学家都没有认识,所以《发凡》里也没有。但像"博喻",陈骙《文则》里早已有了,为什么《发凡》里不收呢? 大概《发凡》里认为所谓"博喻"是指连用多个比喻,这些连用的比喻,就一个个分开来看,离不开明喻、隐喻、借喻,《发凡》在比喻里已经讲了明喻、隐喻、借喻,就用不到收"博喻"了。换言之,《发凡》是就语文角度来谈修辞,所以不收"博喻",钱先生是就文学角度来谈修辞,所以特别推重"博喻",称为"西洋人所称道的莎士比亚式的比喻","这种描写和衬托的方法仿佛是采用了旧小说里讲的'车轮战法',连一接二的搞得那件事物应接不暇,本相毕现,降伏在诗人的笔下"。

钱先生在《管锥编》里讲到诗词修辞的特点,跟《发凡》从语文角度谈修辞的讲法不同。钱先生说:

……盖韵文之制，局囿于字句，拘牵于声律，散文则无此限制。……故歇后倒装，不通欠顺，而在诗词中熟见习闻，安焉若素。此无他，笔舌韵散之"语法程度"，各自不同，韵文视散文得以宽限减等尔。……如李颀《送魏万之京》："朝闻游子唱骊歌，昨夜微霜初渡河。"（"昨夜微霜，〔今〕朝闻游子唱骊歌，初渡河"），白居易《长安闲居》："无人不怪长安住，何独朝朝暮暮闲。"（"无人不怪何〔以我〕住长安〔而〕独〔能〕朝朝暮暮闲"）……皆不止本句倒装，而竟跨句倒装……词之视诗，语法程度更降……如刘过《沁园春》："拥七州都督，虽然陶侃……"（"陶侃虽然〔作〕拥〔有〕七州〔之〕都督"）；元好问《鹧鸪天》："新生黄雀君休笑，占了春光却被他"（"君休笑，却被他新生黄雀占了春光"）；属词造句，一破"文字之本"，倘是散文，必遭勒帛。

这段话，补收在修辞类的《侧重和倒装》里，说明钱先生讲诗词的修辞与散文修辞之差异，可以说明钱先生讲的修辞与《发凡》从语文角度讲修辞的差异。

上引《谈艺录》序里说的："虽赏析之作，实忧患之书。"在《管锥编》里有了体会，钱先生要从学理上来纠正"以辞害志"，"入言者于诬罔之罪"，是有忧世的苦心的。我把这段话引入《忌执著》里：

……（《孟子》）《万章》说《诗》曰："不以文害辞，不以辞害志。……如以辞而已矣，《云汉》之诗曰：'周余黎民，靡有孑遗'，信斯言也，是周无遗民也！"盖文词有虚而非伪、诚而不实者。语之虚实与语之诚伪，相连而不相等，一而二焉。是以文而无害，夸而非诬。……言者初无诬罔之"志"，而造作不可"信"之"辞"；吾闻而"尽信"焉，入言者于诬罔之罪，抑吾闻而有疑焉，斤斤辨焉，责言者蓄诬罔之心，皆"以辞害志"也。……镜内映花，灯边生影，言之虚者也，非言之伪者也，叩之物而不实者也，非本之心而不诚者也。《红楼梦》第一回大书特书曰"假语村言"，岂可同之于"诳语村言"哉？以辞害意，或出于不学，而多出于不思。……

钱先生在这里举出"镜内映花，灯边生影"来说，这样的"花"和"影"是虚的，是"不实"的，但不是"伪"的和"不诚"的。因为镜中的"花"与灯边的"影"虽虚而不实，但另有镜外的"花"与灯外的物在，这个花和物是真实的，所以不是伪而不诚的。《红楼梦》中的"贾雨村"是"假语村言"，是虚而不实的，但就集中概括来塑造这一人物形象说，又是虚而非伪、不实而非不诚的。要是把虚而不实说成伪而不诚，人言者于诬罔之罪，这是钱先生忧世的苦心。钱先生想从学理上分清虚而不实与伪而不诚的分别，使人从不学不思中摆脱出来，避免"人言者于诬罔之罪"，这是钱先生救世的苦心。

《管锥编》里又有一段讲《易》象与诗喻之别，同样具有忧世的苦心，引来补在《比喻》节里：

《易》之有象，取譬明理也……求道之能喻而理之能明，初不拘泥于某象，变其象也可；乃道之既喻而理之既明，亦不恋着于象，舍象也可。……词章之拟象比喻别

异乎是。诗也者,有象之言,依象以成言,会象忘言,是
无诗矣,变象易言,是别为一诗甚且非诗矣。故《易》之
拟象不即,指示意义之符也;《诗》之比喻不离,体示意义
之迹也。不即者可以取代,不离者勿容更张。……

是故《易》之象,义理寄宿之蘧庐也,乐饵止过客
之旅亭也;《诗》之喻,文情归宿之菟裘也,哭斯歌斯,聚
骨肉之家室也。倘视《易》之象如《诗》之喻,未尝不可
摭我春华,拾其芳草。……苟反其道,以《诗》之喻视同
《易》之象,等不离者于不即,于是持"诗无达诂"之论,
作"思女求贤"之笺;忘言觅词外之意,超象揣形上之旨;
丧所还来,而亦无所得返。以深文周纳为深识底蕴,索
隐附会,穿凿罗织,匡鼎之说诗,几乎同管辂之射覆,绛
帐之授经,甚且成乌台之勘案。自汉以还,有以此专门
名家者。固者高叟之讥,其庶免矣夫!

钱先生在这里指出《易》象与《诗》喻的不同,《易》象是有含
意的,可以通过象来求得它的用意。比方《易·坤》的象"履
霜,坚冰至"。这个象有含意,不限于指自然界的由霜到结冰。
如《坤》卦的《文言》说:"臣弑其君,子弑其父,非一朝一夕
之故,其所由来者渐矣,由辩之不早辩也。《易》曰'履霜坚冰
至',盖言顺(慎)也"。这里把"履霜坚冰至"的含意,用来指
社会现象,不是一朝一夕造成的。但诗喻就不同。诗喻是表
达文情的。如苏轼《王复秀才所居双桧》诗:"凛然相对敢相
欺,直干临空未要奇。根到九泉无曲处,世间唯有蛰龙知。"
这首诗是咏王秀才所居双桧,也是送给王复本人的。他用桧

树树干的直,来比王秀才的为人正直;用桧树根在地下也是直的,来比王秀才在私下里也是正直的。这个比喻只能对王秀才说,不可能有其他的含意。时相向神宗进谗,说:"苏轼于陛下有不臣意。陛下龙飞在天,轼以为不知己,而求知地下之蛰龙,非不臣而何?"神宗曰:"诗人之词,安可如此论。彼自咏桧,何预朕事?"(《苕溪渔隐丛话》前集卷四十六)钱先生提出《易》象和《诗》喻的不同,就是反对对诗喻的穿凿附会、罗织罪状,也是具有忧世的用心的。

三

《诗词例话》的补订稿,钱先生看了,认为《形象思维》这一节,举例有不够确切的,因此,钱先生把自己的《冯注玉溪生诗集诠评》未刊稿中诠释的《锦瑟》诗抄给我,作为例话。对于李商隐的《锦瑟》诗,古来诠释,很有不同,朱彝尊评:"此悼亡也。意亡者善弹此,故睹物思人而托物起兴也。瑟本二十五弦,断而为五十弦矣,故曰'无端'也,取断弦之意也。'一弦一柱'而接'思华年'三字,意其人年二十五而殁也。'蝴蝶''杜鹃'言已化去也。'珠有泪',哭之也。'玉生烟',已葬也,犹言埋香瘗玉也。"这说与诗不合。按"锦瑟无端五十弦"注:"《汉书·郊祀志》:泰帝使素女鼓五十弦瑟,悲,帝禁不止,故破其瑟为二十五弦。"可见说断弦不合。商隐在开成三年(838)与王氏结婚,大中五年(851)王氏死,婚后共经历十三年。如王氏为二十五岁死,必十二岁出嫁始合,不近情理。"庄生晓梦迷蝴蝶"，庄周梦为蝴蝶，是梦，醒来还是庄周，没有化去。"望帝春心托杜鹃"，"托杜鹃"即托杜鹃哀鸣。望帝，男性，不指王氏，即指的托诗以怨。"玉生烟"亦无埋意，朱说多不合。冯浩注也认为是悼亡，认为庄生句指庄子妻死，庄子鼓盆而歌。按诗称"庄生晓梦"，不讲鼓盆，也不合。

再看何焯的解释："此篇乃自伤之词，骚人所谓美人迟暮也。庄生句言付之梦寐，望帝句言待之来世；'沧海''蓝田'言埋蕴而不得自见，'月明''日暖'则时清而独为不遇之人，尤可伤也。"按"庄生晓梦迷蝴蝶"注："《庄子·齐物论》：昔者庄周梦为蝴蝶，栩栩然蝴蝶也。"栩栩是自得之貌，说成是"自伤之词"，不合。"托杜鹃"表怨，不必待之来世。"沧海月明珠有泪，蓝田日暖玉生烟"，都指能看到的，也不是不得自见。这些说法也和诗不合。纪昀释："以'思华年'领起，以'此情'二字总承，盖始有所欢，中有所阻，故追忆之而作。中四句迷离惝恍，所谓'惘然'也。"把这诗解释成"始有所欢，中有所阻"。从开头两句里看不出这个含意，中四句里也看不出这个含意，这样解也与诗不合。张采田主寄托说，"庄生晓梦，状时局之变迁；望帝春心，叹文章之空托。沧海蓝田二句，则谓卫公（李德裕）毅魄，久已与珠海同枯；令狐（绹）相业，方且如玉田不冷"。按庄生晓梦，指栩栩自得，与时局变迁无关。李德裕贬死崖州，后以丧还葬，与沧海无关。鲛人泪化珠，与珠池无关。"玉生烟"，指"诗家之景，如蓝田日暖，良玉生烟，可望而不可置于眉睫之前也"。与相业之煊赫不同。这说与诗也不合。

再看钱先生的解释："《义山集》旧次，《锦瑟》冠首……此义山自题其诗以冠集首者……略同编集之自序。……首二句言华年已逝，篇什犹留，毕世心力，平生欢戚，清和适怨，开卷历历，'庄生晓梦迷蝴蝶，望帝春心托杜鹃'，此一联言作诗之法也。……如飞蝶征庄生之逸兴，啼鹃见望帝之沉哀，均义归比兴，无取直白。举事宣心，故'托'；旨隐词婉，故易'迷'。……'沧海月明珠有泪，蓝田日暖玉生烟'，此一联言诗成之风格或境界……今不曰'珠是泪'，而曰'珠有泪'，以见虽化珠圆，仍含泪热，已成珍玩，尚带酸辛，具宝质而不失人气；'暖玉生烟'，此物此志，言不同常玉之坚冷。盖喻己诗虽琢炼精莹，而真情流露，生气蓬勃，异于雕绘夺情，工巧伤气之作……"

以上引各家之说，虚而无征，钱先生则确而有据，如称旧本《义山集》以《锦瑟》冠首；如引杜甫《西阁》"新诗近玉琴竹"，以玉琴比诗，犹以锦瑟比诗。各家之说，皆浮而不切，钱先生则切合诗意。如钱先生引旧论言音乐之"适怨清和"，"迷蝴蝶"指"适"，"托杜鹃"指"怨"，"沧海月明"指"清"，"蓝田日暖"指"和"，亦无不合。钱先生所论又极精辟，如"珠有泪"之不同于"珠是泪"，"玉生烟"之不同于"玉化烟"。钱先生又工于比较，称："近世奥国诗人称海涅诗较珠更灿烂耐久，却不失活物体，蕴辉含湿，非珠明有泪欤？"把以上各家的解释与钱先生的解释比，可以学习怎样释诗才比较正确。

以上就《诗词例话》谈及我的学习，譬之管窥蠡测，只见一斑，还是很不够的。

(《文史知识》1989 年第 2 期)

周振甫先生访谈录

□周振甫　○林在勇

○每次我面对某位学问深湛的老前辈时,心里总会想他年轻时、甚至少年童年时是什么样子,也总想向他提一个中学生式的问题,比如说,治学的格言、人生的信条之类。也许问题本身很幼稚,也许并没有什么警句可回答,但肯定每个人都是有说法的。先生能否谈谈。

□的确像你所说,一时难以回答。要说的话,也就是四个字:实事求是。

北京大学召开《文心雕龙》研讨会时,承王元化先生惠赠大著《清园夜读》,读后深受启发。其中《熊十力二三事》一篇有一段写道:"十力先生在治学方面所揭橥的原则,'根柢无易其固,而裁断必出于己',最为精审。我自向先生请教以来,对此宗旨拳拳服膺,力求贯彻于自己的治学中。"王先生又说明:"根柢无易其固"是指治一家之学,必先对这一家之学有较全面较正确的理解;"裁断必出于己"是指有了这个基础之后,再发挥自主的判断和独立的创造。我想,我也是拳拳服膺这个原则的。

○像如今这样的局面,您觉得研究文史该如何下手,您能否给年轻人开一个必读书目？

□我也开不出具体书目，我看书还看得少。比较而言，诸子百家中还是孔子的思想平正一些；庄子是文采好一些。从现在看起来，科学还是重要的。

○先生的意思是否是说：孔子思想是平正的，而科学也是有用的，这两方面如果能结起来，中国的文化就会更有前途。

□是这样。刚解放的时候形势很好，后来运动一个接一个。都比较偏，偏就是脱离了儒家平正的思想。这一偏，结果反而还偏于封建上去了，什么约束也没有了。

要讲中国的文化，孔子是非常伟大的。我随便举两条：

一是，孔子讲"和而不同"（《子路》），既有一分为二，又有合二为一，这种对立统一，有朴素的辩证法思想。晏子也说"……同也，焉得为和？""和如羹焉，水、火、醯、醢、盐、梅，以烹鱼肉，燀之以薪。宰夫和之，齐之以味，济其不及以泄其过，君子食之以平其心。君臣亦然。君所谓可而有否焉，臣献其否，以成其可；君所谓否而有可，臣献其可，以去其否。是以政平而不干，民无争心……"（见《晏子春秋》外篇《重而异者》第七）而我们过去只讲一分为二，杨献珍说合二为一，就要被否定批判。自己讲肯定一面时，别人讲否定的一面，那就是右派。所以我认为，在辩证法这一点上，孔子胜过今人。

二是《论语》里讲，"季康子问政于孔子曰：'如杀无道以就有道，何如？'孔子对曰：'子为政，焉用杀？子欲善而民善矣……'"（《颜渊》）季康子也是"一分为二"的，一边是"有道"，一边是"无道"，中间用个"杀"字。孔子反对他这样做，孔子认为,不能因为人家反对你、不服你,就认定人家是"无道"。像季康子那样要"杀无道",从古到今,事实还不少。照孔子的讲法,人家反对你,是因为你事情办得不好;如果你改而"善"之,人家就不会反对了,就拥护你了。从这一点看,孔子就胜人多多。

○先生讲话,尽管是有所批判,但仍然是持守中道的。

□我的看法,实际也还是四个字:实事求是。学术上我知之不多,但尽量求实。例如,嵇康为什么被杀?按鲁迅先生讲,是因为他"非汤武而薄周孔",对司马氏篡夺权力有妨碍。其实鲁迅这话是错的。《昭明文选》里有一篇《怀旧赋》,其中的注,说得很清楚。吕安的妻子很漂亮,被他哥侮辱了,他心有不平,后来他哥哥反污他不孝,官府治罪,将他发配充军。吕安心有不平,写信给嵇康时,说了反对司马氏篡夺天下的话,这就牵连了嵇康,以致被杀。《文选》里还有一篇赵至的《与嵇茂齐书》,也讲明了嵇康被杀的直接原因。所以,我不很同意鲁迅发挥的说法。

我再讲一个例子。《离骚》是什么时候作的?鲁迅说是屈原晚年被顷襄王流放的时候所作,郭沫若,还有北京大学的游国恩先生等人,也都是这样。我不赞同他们意见,写了一篇文章。我认为《离骚》不可能是顷襄王时所作,而是屈原被楚怀王流放到汉北的时候写的。

○您觉得在您一生的学术活动中,哪些方面的工作回想起来比较重要?

□我写了一本《周易译注》,不同意郭老的看法。他认为阳爻、阴爻是男女生殖器的象征，没有实在的根据。另外我也不同意闻一多的说法。譬如他说乾卦的天龙就不切合实际。我写过一本《毛主席诗词浅释》。《浪淘沙·北戴河》里有一句"东临碣石有遗篇"，一般注释讲这是曹操打败乌桓以后经过那里，我考证这是曹操出发时的事情。再譬如柳亚子写给毛主席的诗"开天辟地君真健，说项依刘我大难"，人民文学出版社出版的注本讲"说项依刘"是柳亚子要劝说国民党归附共产党，我是认为不妥。"说项依刘"是称赞毛主席，是说我来投靠毛主席；"我大难"是说你看不起我，所以说"无车弹铗怨冯谖"，毛主席看得起的人都当了什么长什么长，有汽车坐的啦……

我编注《李商隐选集》，也有一些与别人不一样的观点。年纪大了，其他的一时也想不起来，以后我把与人家不同的看法写一点给你吧。

○那真是再好不过了。

□我所做的工作也就是想要实事求是，再一个是通俗化。此外也没有什么。我的《诗词例话》就是通俗化的东西。

○《人民日报》有一篇介绍您的文章①，写得很生动，但文章侧重谈的是您给钱钟书先生编辑《谈艺录》《管锥编》，以及见重于胡乔木同志，而参与校注《明史》和《鲁迅全集》这样的文坛佳话。我们倒觉得您的个人著述本身，无论从学术质量上说，还是从对于一般读者的影响上说，都更加应该得到重视。您可以谈谈吗？譬如说《诗词例话》这本书的写作的缘

---

① 马立诚《周振甫先生逸事》，《人民日报》1995 年 1 月 23 日第 11 版。

起……

□当时在中国青年出版社，比较空闲，我就编了这样一本书，并非奉领导之命。当时的编辑室主任章学新，就让我把它出版了。

○您这本书影响很大，对我个人更是有绝大的意义，1979年我小学毕业，买到它，真正是当做"宝书"，放在枕头底下。

□可能那个年代也没有什么书吧。（笑）《诗词例话》在60年代出第一版的时候，影响也不大。70年代再版时，钱钟书先生让我把他的《管锥编》的一些论点引进去了，那时钱先生的书还没有出版。我的《诗词例话》出版后，香港一所学校看到里边引了钱先生的文章，以前从未见过，所以就把我引用钱先生的部分摘抄出来，在他们的学报上发表了。这样一来，台湾也翻印了《诗词例话》。翻印本传到美国，他们请钱先生去参加学术会议，钱先生去过美国，不感兴趣，不愿意去。他们因为看到我的《诗词例话》，后来又看到钱先生《管锥编》里提到我的名字，所以就让我去。说《诗词例话》影响大，也就是这么一回事。

○老先生您太过谦了。我们小时候也不知道钱钟书先生是何许人，即使那时候《管锥编》出版了，也恐怕不会知道，即使看到也看不懂。我接触《管锥编》还是后来在大学的阅览室里。而您的《诗词例话》倒是让我们受益很多。

钱先生的书里提到，您在替他编辑《管锥编》时还给予他一些指正，像钱先生这样讲，总不会是一种客套吧？

□钱先生叫我提提意见，我就提了一些。也不是说他有什么地方错了，不过是我提了一些我的意见。钱先生认为其中有的是对的，有的不对。对的就引在他的《管锥编》里面。当然这样的事情好像一般是不大有的。（笑）他在书里都注明了。其实我当时随便一说，他把我的话斟酌改写得更好。譬如我认为《归去来兮辞》写的都是作者的想象。不是真实的事情，不是经历了归去以后的记录，而是归去以前的想象。我这个观点，钱生采到书里去了。

○你们二位长达半个多世纪的交往，也真是一段文坛佳话了。

□也没有什么。我在无锡国专念书时，是九一八前后，钱先生的父亲钱基博老先生是我的老师。我觉得钱钟书先生超过了他的父亲。我和他交往比较多是40年代在开明书店替他校对《谈艺录》，原书没有目录，我就替他编了一个目录，钱先生认可之后就印在书上了。

○从您出版的十多本书中可以看出，比较偏爱古人那种做学术札记的治学方法。

□是的。不过，我看的书还很少。方法上是这样，也不会其他方法。

○这种有感而发、言简意赅的中国式的学术方法，比起现在大家都不得不做的论文，洋八股式样，倒是有独到之处。这也是钱钟书先生实践的方法。

□我是非常佩服钱先生的。很少有人像他那样学贯中西。我们研究古典文学或者文学理论，中西的文化精神还是要贯通，倒并不在于形式是中是洋。

○您的责任编辑告诉我您马上还要出版一本《中国文章学史》,在这以后您还有什么大的计划?

□也没有什么大的计划。书出来后我送给你。真正要写一部文章学史,就应该像钱先生那样通看过《全上古三代秦汉三国六朝文》,还要看《全唐文》《全明文》……这样的功夫我还没有下,所以我的见解还是很粗浅的。

○据说先生著述有 800 多万字,除了参加校注《明史》、《鲁迅全集》,负责《中国大百科全书》的《中国文学》卷〈宋辽金文学〉部分等集体项目之外,您还著有《诗词例话》《文章例话》《小说例话》《文学风格例话》《中国修辞学史》《周易译注》、《〈文心雕龙〉注释》、《〈文心雕龙〉今译》(附词语解释)、《毛主席诗词浅释》《李商隐诗歌赏析集》……其中您最满意的是哪一种?

□我还没有什么最满意的。

○您近来手头在忙什么工作?

□台湾那边托中华书局的人,要我写一下《古文观止》的注解,加翻译,加评语,一共十余篇。我还在搞一个《西游记》的校注本,对现有的注释作些增删损益,譬如人民文学出版社的那本,还有"羊肠大道"这样的话,需要订正。我也当是读读小说吧(笑)。

○您是 87 岁的老人,每天还能长时间伏案工作,真是令人感佩。祝您健康长寿,有更多的著述嘉惠后学。

(《现代中文学刊》1996 年第 2 期)

值得纪念的事情

　　《文史知识》创刊已经200期了，是值得纪念的事情。这本刊物介绍了文学方面的知识，史学方面的知识，还兼及古代文化的其他方面的知识。中国古代称经、史、子、集，古人称《六经》皆史，所以本杂志也介绍经学、子学，实际上把中国古代的文化学术都包括在内。它介绍的学问，有深入浅出的优点，它把深入的学问用浅出的文辞讲，使一般读者也能看懂。由于它深入，所以讲得比较有深度，不同于一般的普及讲法，看过以后又能有所得益，有所启迪。虽深入而浅出，所以一般都能看懂。又它传播的知识，往往是有系统的，所以台湾方面，愿意出版我们在《文史知识》上刊载的有系统知识的书，我们自己也同样出书，如《经书浅谈》《古代礼制风俗漫谈》《古文字学初阶》《中国史学批评纵横》《怎样学习古文》等。我们的读者，也喜欢藏我们的书，因为我们的书，传授系统的知识，缺了就不完备了。这样的刊物，还要好好地出下去，出了200期，是值得纪念的，因此写这点作为纪念辞。感谢读者对本刊的爱护。本刊同人为了读者的爱护，更愿意办好本刊，希望读者能提出进一步的要求，我们当尽力办好本刊。

（《文史知识》1998年第3期）

对《中国近代文学大系》的若干意见与建议

【编者说明】

　　《中国近代文学大系》是范泉总编纂、上海书店出版的一套大型文学资料系列。在编辑出版过程中,曾编印一份《编辑工作信息》,总计编印了七十四期,记录了《中国近代文学大系》编辑出版的全过程,也记录了曾经讨论、争辩过的近代文学时代精神、编辑思想等问题。这套《编辑工作信息》由范泉主编,以《中国近代文学大系争鸣录》为名,由上海书店出版社 2012 年正式出版。周振甫作为《中国近代文学大系》的编委之一,在《大系》编辑出版过程中,提出过不少宝贵的意见和建议,分别刊载于《编辑工作信息》各期,总计有二十篇。这些文字对于了解其编辑出版思想和文学观念具有较重要的意义。

有关《文论集》和《散文集》的编选意见

（1988 年 1 月 4 日）

　　我同意季先生的意见,小传似可不限于百字,看情况可略增。因为这部大系，将来可供研究近代文学者提供资料。对研究者来说，百字的小传似少了。因此想到在大系中，可否注明出处，如小传中说明作者有何传记、年谱资料，可供研究者去找来研讨。又中国古代文人，对论文极为看重，近代当不例外，因此散文集中所选，恐当将主要论文列入，不必按照现代文学散文的要求来选。又仲联先生编有《清诗纪事》数百万言，其中有不少属于近代部分，在文学理论集中，似可加以参考，丰富文学理论部分。又五四运动的文学革命属于现代文学，不属于近代文学，可以不管。但五四运动之反封建主要为"打倒孔家店"，其实真正反封建的为谭嗣同的"仁学"，其反封建主要在反"君为臣纲"，反君主专制。而孔子则称"君君臣臣"，君臣是相对的而非"君为臣纲"。孔子反对君主之"唯予言而莫之违"，称"如不善而莫之违也，不几乎一言而丧邦乎！"子路问事君，子曰："勿欺世而犯之。"1957 年之右派，不过"勿欺世而犯之"，犯之不过是犯单位的领导，按孔子讲是极对的。按孔子说，根本不该反右。庐山会议的打击彭黄张周亦然。因此，五四运动之"打倒孔家店"，实为"文革"中的"批孔"的先导。故真正反封建的非五四运动之"打倒孔家店"而为"仁学"中之反君主专制，似较五四运动之批孔更为重要，大系中是否可考虑入选。维新运动中康梁严的维新论著似也可考虑入选。妄言无当，聊博一笑。

编者按：

周振甫先生对选文的建议，深中肯綮，希望有关主编研究采纳。

关于作者小传的字数问题，季镇淮先生和周振甫先生的意见，都认为不限于百字，"看情况可略增"。钱仲联先生则于本月11日来信说："作家小传，鄙意以有高度概括性者为上，不在于写五百字的唠叨长传，试看《全宋词》《全金元词》及《全清词》的样本，都极简单。《全清词钞》也不过是极简的履历。这不是写文学史，不宜啰苏。你们原来的计划，我认为是对头的。可以酌加一些集名及传记等的名称。而词家部分，很难人人办到，只能有话则长，无话则短。"

现经编辑室会议讨论决定：作家小传的字数，可从实际出发，"不限于百字"，"以有高度概括性为上"，最多不超过五百字，一般应包含姓名、字号、生卒年月、籍贯、学历、经历、主要著作等内容，并相应说明有何传记、年谱等，以供研究者检索研究之用。

（原载《编辑工作信息》第4号，1988年1月16日）

谈近代文学的特色及其他
——编委周振甫先生来信摘录
（1988年1月31日）

关于中国近代文学特色，通过选本表现出来，我认为可以参照《中国大百科全书·中国文学》卷中"近代文学"部分。近代文学特色可参看《近代文学》条，其他入选的作家选目，可参考"近代文学"中的选目，和选目中述及的名篇。"近代文学"是叙述，《大系》是史料，可以互相配合。近代文学的特色,主要的(是在)是否反帝反封建和倡导旧民主主义革命。但这方面的资料往往与哲学史、革命史的资料有关,哪些应选入文学史大系,颇费斟酌。如严复的《论世变之亟》《辟韩》是他很重要的论文,但也可以入近代思想史。《大系》中倘不收,有缺憾;收了,又恐与近代思想史资料重复。类似这样的问题,是否在目前的情况下,还是以收入为宜。谭嗣同的《仁学》属思想史,似不宜收,可另外收他有价值的书信等篇。"文学作品选"以选文学作品为限,"文选"可以选反帝反封建和宣传革命或革命家传记等,可不与"文学作品选"重复。

(原载《编辑工作信息》第 6 号,1988 年 2 月 7 日)

谈选文
(1988 年 3 月 4、5 日)

钱玄同称"桐城谬种",对于新文化运动与林纾之争,似亦当作平心的评价。章太炎论桐城,则较为平心之论。又五四运动打倒孔家店的说法,实是错误的。吴虞著文,称封建有如穹窿,家族制度为支柱,故孔子称孝弟(悌),即以家族制度为封建的支柱,因称"盗丘之罪在万世竹"。此种文章如要选,即当加批判。因即在吴虞发表文章的那一年,夏丏尊先生即写文指都市兴起,大家族中之子女向都市求学,学成即在都市工作,恋爱结婚,组织小家庭,父母之命,三年之丧,悉被打破,即家族制度开始崩溃。但军阀的封建专制依然如故。故家族制度垮了,封建专制并没有垮。

又近代人日记中多论文论学精辟之见,可以多选,以免读者读日记之劳。但也求精,否则太多了,容纳不下。

因念林纾在民国前与吴汝纶论《史记》,属于文论的,可考虑。章太炎论文,推重魏晋而轻唐宋,于并世推王闿运、吴汝纶、马其昶,即不薄桐城派。这些是在民国前所论,亦可考虑。王国维的《静安文集》,刊于光绪三十年,中有论文学与美学的,也可考虑。又所著《人间词话》《宋元戏曲史》,亦在民国前,更当采择。梁启超论文之作,刊于《新民丛报》者,在民国以前,亦可考虑。严复论译事三难,曰信达雅,并及中西文辞,在民国前,亦可考虑。陈衍论诗,谓"诗莫盛于三元",上元开元,中元元和,下元元祐,时在张之洞幕府。是陈衍诗论,亦有在民国前的,可以考虑。刘师培的论文,有在五四运动前的,亦可考虑。匆匆草此,以博一笑。

(原载《编辑工作信息》第9号,1988年3月17日)

可把少数民族文学资料编入各集内
(1988年3月25日)

增加《少数民族文学集》,私意是否可即并入相关各集内,如少数民族诗词,可并入《诗词集》内,少数民族小说,可并入《小说集》内,则似不必另立一《少数民族文学集》。振对少数民族文学无所知。去年在哈尔滨出版之家参加《出版辞典》会议,听民族出版社编的少数民族著作条目,据看过这些条目的同志说，可采用的不很多（当时拟编附录《古籍五百种解题》，后来已取消，改为参考书目，不知其中列入少数民族书目的近代文学部分有多少种，此事归上海辞书出版社管），倘另编一集，不知篇幅是否相当。看来把少数民族近代文学资料归入各集当可做好。此部分资料，可请季先生提供，再分别编入各集内。

（原载《编辑工作信息》第 10 号，1988 年 4 月 1 日）

希望补选在旧社会较有影响的小说并增选短篇小说
（1988 年 4 月 5 日）

《小说集》选题（初稿）看了，找出《中国大百科全书·中国文学》卷来看，其中所列选题，有的为本选题所未收的：

施公案　品花宝鉴　荡寇志　青楼梦

彭公案　负曝闲谈　六月霜

共七种。就本选题所列的看，篇幅已经大大超过原定计划，怎么办？看本选题，有《夜雨秋灯录》《太仙漫稿》两种下注"（选）"字，是否从这里想办法。有的小说，比较容易得到的，篇幅又大的，是否可采用"（选）"法，如《二十年目睹之怪现状》，不难找到，似可考虑不必全部列入，只选其中最精彩最重要的部分，不选部分，可写一个情节简介。这样，没有看过这部小说的读者，既可以看到最精彩最重要的部分（读者写文章读这部小说时需引用的就是这部分），对于全书的情节也了如指掌。这样把减少的篇幅用来补充一些在旧社会较有影响的小说,也可增加一些短篇小说,不知可行否?

（原载《编辑工作信息》第 11 号,1988 年 4 月 16 日）

对革命家的近代诗作可否也选一些
（1988 年 5 月 11 日）

钱先生的《诗词集》编纂要点,读了,觉得很好。钱先生对清代兼民国的诗词极有研究,由他来选极好。钱先生编《清诗纪事》,在编《诗词集》时,在有的作家小传中是否可兼点一下作家在诗词创作上的艺术特色,当然只能扼要地点一下。又在所选诗词上,是否可仿沈德潜所选《别裁》,在个别诗词上点一下它在艺术上的特点,当然也只能扼要地点一下。又除南社诗人外,国民党人中的诗作,包括像董老、吴老在现代以前所作诗可否也选一些? 总之,对革命家的诗作可作些考虑。

（原载《编辑工作信息》第 13 号,1988 年 5 月 25 日）

关于林译译文胜过原文部分的意见
（1988 年 6 月 4 日）

《翻译文学集》在林译小说选部分,是否可以把林译译得胜过原文部分点出来,见默存先生《林纾的翻译》。默存先生指出林译译文胜过原文部分的小说,可能没有入选,那可以在《翻译文学集·导言》里提一下,不知有必要否?

（原载《编辑工作信息》第 15 号,1988 年 6 月 22 日）

近代文选要不要选政论学术文

《中国近代文学大系》中的文选要不要选政论学术文，关键在近代。五四后的现代文学受西洋文学影响，对文学的概念有不同于古代的。五四前的近代文学对文学的概念是继承古代的。因此，近代文学的文选似宜以继承古代的文学概念来选。倘用五四以后接受西洋文学的概念，不选论文学术文，恐不符合近代作家对文学的看法。西洋的文学重在形象。古代论文，如刘勰《文心雕龙·征圣》："精理为文，秀气成采。"以精理秀气为文。所谓"秀气"，即《风骨》称"情之含风，犹形之包气"，以抒情动人为秀气。是论文学术文，理论精而能动人者即为文学，故特用《论说》来论述。或者认为刘勰是讲文章，不是讲文学，那末萧统《文选》说明"以立意为宗"的诸子不选，经史子皆不选，所选的当属古代的所谓文学了。但他还是选论，论类的第一篇是贾谊的《过秦论》；又选史论，有干宝《晋纪总论》。贾谊总结秦二世而亡的教训，干宝总结西晋灭亡的教训，这是当时人所极关心的大问题。他们写这两篇论文，既有理论，又有感情，在当时是极为激动人心之作。它们激动人心的力量，当超过当时的诗赋。就具有激动人心的力量这点说，所以《文选》里都选了。再像柳宗元《封建论》是学术文，但这是好几个朝代讨论的大问题，也是唐代关心的大问题，柳文也写得理精气秀，激动人心。直到东坡在《志林》里还说："柳宗元之论出，而诸子之论废矣，虽圣人复起，不能易也！"这篇论文还激动着后代的人心。文学的作用在感动人,所以古代把这样激动人心的论文学术文列入文选,如《古文辞类纂》。倘选近代文,用五四以后西洋文学概念来选,不选政论学术文,如严复的《救亡决论》《论世变之亟》,提出了当时人关心的大问题,是极为激动人心之作,再像梁启超的政论,笔锋常带感情,也是极为激动人心之作,倘这些论文都不选,是不是不符合近代人对文学的看法,会不会使近代文选失去了符合古代文学要求的激动人心之作。这些论文学术文,它们激动人心的力量,当超过按西洋文学概念入选的散文。

（原载《编辑工作信息》第 18 号,1988 年 7 月 28 日）

近代《诗词集》似可不选白话诗

《中国近代文学大系》是选本,不同于《全唐诗》的求全。《大系·诗词集》要选近代有代表性的诗人及各种流派,不属于代表性的诗可以不选。五四以前的白话诗应该属于现代诗的开端,不属于近代诗中的一个流派,似可以不选。这些白话诗可以归入现代文学大系中去。像胡适的《尝试集》,其中的诗有的写于五四前的,但就《尝试集》说还应归入新文学中去,不必分出其中写于五四前的归入近代文学。这好像《先秦汉魏晋南北朝诗》中曹操的诗,如著名的《短歌行》"对酒当歌",写在汉献帝建安十三年南征孙权时,他的著名的《步出夏门行》,写于建安十二年。可是都归入魏诗,不因它们写在汉时而归入汉诗,再像司马懿讨伐公孙渊时写的诗,归入晋诗,不因为他作于魏时而列入魏诗一样,故五四前的白话诗也可列入现代,似不必归入近代。(编者按:《中国新文学大系》第一个十年的《诗集》内,已经编选了五四前发表的有代表性的白话诗。)

历史的近代和文学的近代商榷

历史的时代已经进入近代,但有的小说缺乏近代精神,这部分小说要不要入选? 倘专选具有近代精神的小说,是不是把文学的近代画得跟历史的近代不同。即历史的近代始于1840年,文学的近代始于1900年。

照我的不成熟也许是错误的想法,时代进入近代,以中国之大,人民之众,不可能所有的地区和人民都一下子具有近代精神。小说是反映生活的,反映具有近代精神生活的小说是必须重点入选的;反映前后于近代精神生活的小说,只要具有典型性,似也可选,这样才能较全面地反映这一时代人们的生活面貌。倘只选具有近代精神的小说,不选前后于近代精神的小说,好像时代一进入近代,我国人民的精神面貌都进入近代了,这恐怕反而不能全面反映近代人的生活面貌了。好比在解放后,我国进入社会主义时代,倘在这个时代选小说,当然首先要选反映社会主义精神生活的作品,但对反映"四人帮"捣乱的十年浩劫中的生活的作品,它们当然不属于反映社会主义的精神生活,恐怕还是要选的。

(原载《编辑工作信息》第20号,1988年8月25日)

《何典》《荡寇志》等均可入选
（1988 年 9 月 26 日）

何满子同志提到《儿女英雄传》《花月痕》《何典》《荡寇志》，似均可入选，但限于篇幅，似均可节选，不选部分作内容提要。倘读者看了节选和内容提要，要看全集，可以向图书馆内借看。《荡寇志》入选时，不必编入附录内，因它和金批《水浒传》的观点有一致处。论《水浒传》当以金批本为胜，不能以之作附录也。

（原载《编辑工作信息》第 25 号，1988 年 10 月 20 日）

谈新诗和白话诗的区别以及选诗的两个标准
（1988 年 11 月 24 日）

锡金先生的文章（编者按：见本刊第 27 号）看了。我上次谈的，认为严复、梁启超的论文应该选，胡适五四前写的新诗不当选。这两点，锡金先生也这样主张，没有分歧。我上次认为近代人的文学观念还是古代的；锡金先生认为已经受了西洋文学概念的影响，这是对的，但不知只是受点影响，还是用西洋文学概念来代替古代文学概念，这两者还是不同的。我说的是后者，只是没有说清楚。我说胡适五四前写的新诗不当选，当归入新文学里。我认为新诗与白话诗不同。锡金先生认为，"白话诗滥觞于近代"，"使我想起了林纾"。白话诗滥觞于何时，我没有研究。但像有名的寒山、拾得，就写过白话诗，但寒山、拾得的白话诗，不能称为"新诗"；包括林纾的白话诗，在形式和内容上也不同于五四运动时期的新诗。这就接触到近代诗选里要不要选白话诗。照我粗浅的想法，五四前属于新诗的白话诗可以不选，因为那些诗属于新文学，所以可不选。不属于新诗的白话诗，看看是否符合选的标准，即一，是否成为一个流派，是否有影响；二，是否在思想性艺术性上比较突出，可以入选。倘有符合这两个标准的，似可入选；倘够不上这两个标准的，似不必选。

（原载《编辑工作信息》第 29 号，1988 年 12 月 10 日）

读《中国近代散文》的一些意见

读了任先生《中国近代散文各种流派作家作品的不同风貌》受到教益。从《中国近代散文各种流派作家作品的不同风貌》看，有些不成熟的意见，不一定正确，仅供参考。

文中提到"从贯穿这一历史时期的中国文学的中心思想，其特点为反对中国传统的儒家思想"，这个提法可再考虑。从龚自珍到康梁都没有反对孔子。梁启超虽有绌荀卿申孟子之说，他在时务学堂以《公羊传》《孟子》教课，批诸生札记，自荀卿以下多所攻击，但称孟子传大同，推尊孔子，亦不宜笼统地称为反对儒家思想。章太炎则连程朱也不反对，他说："往者程朱既废……行谊已薄；然野士犹不骀荡逾轨。自顷谈者以邹鲁比德蛮俚，谓颜回乞儿，孙卿屠家公……十稔之间，虽总角之僮，鼓簧之子，已狂狡不自摄矣。"真正反对中国传统的儒家思想,应在五四运动时期的"打倒孔家店",那已不在近代了。

讲龚自珍的文章,指出他"大胆地用他犀利的笔锋,与含蓄的语言,予以淋漓尽致的揭发"。这是好的。是不是再作点补充。如梁启超《论中国学术思想变迁之大势》,称龚自珍"能以恢诡渊眇之理想,证衍古谊"。提到"恢诡"。如钱穆《中国近三百年学术史·龚自珍》,提到他的《太仓王中堂奏疏书后》:"其文绝瑰丽,如怨如慕,极动宕之致。"又提到他的《杭大宗逸事状》,"其文绝冷隽,如泣如诉,极凄婉之致。"这里提到"瑰丽动宕",提到"冷隽凄婉",似可说明龚文风貌的多样性。

讲到曾国藩,称"他们以韩、欧所代表的唐宋八家为法……并提出'义法'之说。……这一流派从方、刘开其端,至姚鼐而有进一步的发展……但其末流陷于浅薄空疏,也是势所必至的"。这里把曾与方、刘、姚说成一致,好像没有分别。认为空疏是这派的末流。接李详《论桐城派》:"文正之文虽从姬传入手,后益探源扬、马,专宗退之,奇偶错综,而偶多于奇,复字单义,杂厕其间,原集其气,使声采炳焕,而夏焉有声。此又文正自为一派,可名为湘乡派,而桐城久在祧列。"这是说,曾与方、刘、姚不同。方、刘、姚是学习归有光,曾是学习韩愈,加上扬雄、司马相如。方、刘、姚是主张散体,曾是骈散兼行,骈多于散。方、刘、姚文较为平淡,曾是气势旺盛而声彩炳焕,所以称曾为湘乡派,风貌与桐城派不同。袁枚《仿元遗山论诗绝句》:"一代正宗才力薄,望溪文集阮亭诗。"姚鼐主张合义理、考据、词章三者为一，即所以救桐城空疏之失。因此薄和空疏，不是桐城末流才有的。再说姚鼐论义理、考据、词章，见于《述庵文抄序》："鼐尝论学问之事，有三端焉，曰义理也，考证也，文章也。是三者苟善用之，则皆足以相济；苟不善用之，则或至于相害。"但怎样合义理、考据、词章三者为一，以救桐城空疏之失，他还是没有好办法。曾国藩就不同了，郭绍虞先生《中国文学批评史·曾国藩与湘乡派》："由考据言，杜、马与许、郑同功；由义理言，则义理又与经济（经世之学）同类。"曾主张结合杜佑、马端临的讲典章制度来讲经世之学，因为讲经世之学离不开典章制度，这样结合起来作出探讨，提出经世致用的意见，这就是义理；这义理是结合当代和前代的典章制度来的，这就有了考证；这样写成的文章，就是三者的结合，就可以救桐城空疏之弊。这又是曾和桐城派的不同处。

本文既提到了桐城派与曾国藩，那末对于曾国藩的弟子，桐城派的末代宗师吴汝纶是不是可以提一下，因为吴汝纶写了《天演论序》，既推重《天演论》，又推重严复的译文，称为"甚至乃骎骎与晚周诸子相上下"，对于严译《天演论》在当时的推广，有一定作用。不仅这样，林纾论文，得汝纶称赏。严以古文译西洋学术著作，林以古文译西洋小说，扩大古文的作用和影响，两人皆得汝纶称赏，而林又以桐城派自居，因此汝纶是否可提一下，兼及严、林。

再说文中论及康、梁，对康有为文的特点没有称说。钱子泉师《现代中国文学史·康有为》称："言学杂佛耶，又好称西汉今文微言大义，能为深沉瑰伟之思，实思想革新者之前驱。而发为文章，则糅经语、子史语，旁及外国佛语、耶教语，以至声光化电诸科学语，而冶以一炉，利以排偶。桐城义法，至有为乃残坏无余，姿纵不悦；厥为后来梁启超新民体之所由昉。"这话或可说明他的文章的特点。

讲章大炎文，称"他不满于桐城及选派"。按太炎《与人论文书》："仆重汪中，未尝薄姚鼐、张惠言。姚、张所法，上不过唐宋、视吴、蜀亡士（唐宋八家中的宋六家）为谨。仆视此虽不与宋祁、司马光等，要之文能循俗，后生以是为法，犹有坛宇，不下堕于猥言酿辞，兹所以无废也。并世所见，王闿运能尽雅，其次吴汝纶之下，有桐城马其昶为能尽俗。"那末太炎没有不满于桐城派，还推举吴汝纶、马其昶，都是桐城派，太炎极推重魏晋，魏晋文正是《文选》所选。他又推重汪中，汪中以骈文著名，那他也没有不满选派。从他的推重王闿运，那末在讲到他的文章时，即主张魏晋文，是否也可一提王闿运。《现代中国文学史》称闿运之文："发为文章，乃萧散似魏晋闻人。大抵组比工夫，隐而不现，浮枝既削，古艳自生。"他的《秋醒词序》尤为有名。那末太炎的称魏晋文，闿运实为之先。太炎的崇魏晋文，其弟子黄侃实为后继。《现代中国文学史》称："炳麟亟称之曰：'季刚清通练要之学，幼眇安雅之辞，并世吾未见有比也。'尝著《梦谒母坟图题记》，炳麟尤所赏异。"

讲到桐城后劲，林纾也可考虑。《现代中国文学史》称"纾之文工为叙事抒情，杂以恢诡，婉媚动人。实前古所未有"。引他的《冷红生传》《赵聋子小传》，又称他的《先妣事略》等篇："每于闲漫细琐之处，追叙及母，音吐凄梗，令人不忍卒读。盖文章通于性情，不尽关功力也。"推林文为"前古所未有"，在艺术上开一新境界，评价极高。

本文最后提到钱玄同提出"桐城谬种"与"选学妖孽"，但从全文看，只提到桐城，而没有选学，那"选学妖孽"的说法，在近代文中不就落空了吗？因此还得补讲"选学"。近代的选学当指骈文，《现代中国文学史》于骈文列有刘师培、李详附王式通、孙德谦附孙雄、黄孝纾，对他们的骈文，多有论述，不再摘引。《现代中国文学史》又列有逻辑文，有严复、章士钊，亦可考虑。《现代中国文学史》有世界书局版及近岳麓书社再版本，可供参考。最后，现在编《近代文选》，应该用历史的眼光来看待钱玄同的评语，来看待桐城派和文选派。钱玄同的话在他那个时代有他的作用，时过境迁，我们再照原样引用，再加完全肯定，把我们退到他那个时代去，就不够了。

还有一点补充，即在龚、魏之后是否可补充包世臣。讲古文时提到方、刘、姚，那末讲骈文时似可提一下阮元《文言说》。方、刘、姚和阮都在鸦片战争以前，所以只要简单提一下即可。再似可补一个蒋湘南，包世臣针对桐城派讲的文和道进行攻击。他说："古文自南宋以来，皆为以时文之法，繁芜无骨势。茅坤、归有光之徒程其格式，而方苞系之，自谓真古矣，乃与时文弥近"（《读大云山房文集》）。他把古文时文作了分别，他说："古文言皆己意，八比则代人立言。""古文虽短章，取尽己意，故转换多变态"，"八比虽长篇，取协题情，故推勘少回互"。时文是"利禄之途,人怀侥幸","朝驾南辕,暮从北辙,前邪后许,谬种流传,隳风气而坏风俗,遂致世道人心愈趋愈下"(《或问》)。他这样来批方苞,对他所讲的"义法","义"即所谓"言有物"而法即所谓"言有序",认为"义"即"道",方苞所谓的道是程朱理学,实际上是代程朱立言,并非真有所见;他所讲的法,多取自八比之法。这就在钱玄同前提出了"桐城谬种"的理由来,这也指出了桐城的空疏。他还讲《文谱》,讲古文的艺术性,或可提一下。当然也应指出,桐城派讲道的文章,因为讲的是程朱之道,所以是代人立言。桐城派记事论游之文,那还是有内容的,不在他批判之列。

蒋湘南也批判桐城派,他不是从古文与时文的角度来批桐城派,是从古文与骈文的角度来批桐城派,所以他的理论,跟曾国藩的由桐城转为湘乡派似乎有关,这种关系可能是偶合。蒋湘南在《与田叔子论文书》里批判桐城派,批桐城派的所谓道:"道听程朱,途置许郑",即他们所讲的道是听人讲的,不是真有体会。他批桐城派人所谓文:"韩皁欧台,沾沾自喜",即只能作韩欧的奴仆,不能自立门户,"有声无音,呻吟莫辨",即太平淡没有声色之美。他批评桐城派的空疏不学:"未识麟经,先骂盲左。"连《春秋》也没读懂,却乱批《左传》。因此他主张骈散结合,来救桐城派文的薄漓。他认为文偏于散,"此欧、曾、苏、王之派所以久而愈漓";文偏于骈,"此潘、陆、徐、庾之派所以浮而难守"(《唐十二家文选序》)。他又要纠正桐城派的空疏,他的弟子卢正烈称他的说法:"搜罗古书,则学博矣;贯穿古训,则识精矣;以圣经养其刚大之气,则气盛矣。然后罄胸而发其意，叶声以和其音……非有根柢，何能至此。"（《七经楼文抄后序》）。曾国藩的文章正是这样："奇偶错综，而偶多于奇。""原集其气，使声彩炳焕而戛也有声。"那末蒋湘南的说法，正预示出这种变化来。

（原载《编辑工作信息》第 32 号，1989 年 2 月 13 日）

浅谈文学散文与文章的分野

文学散文与文章的分野，是不是以通过形象来表达情思的才是文学散文，否则就是文章呢？好像五四运动以后的划分是这样的。对待五四运动以前的散文不是这样要求的。试翻开中国科学院文学研究所编的《中国文学史》来看，在"散文的开端"节里，引了《秦誓》中的话：

> 古人有言曰："民讫自若是多盘。"责人斯无难，惟受责俾如流，是惟艰哉！

> 我心之忧，日月逾迈，若弗云来！

这是秦穆公引古人的话，说出自己的想法，这不是通过形象来表达情思，但收在《中国文学史》里作为散文，即作为文学散文。

再像"贾谊"节，引了《过秦论》的一段话：

> 陈涉瓮牖绳枢之子、氓隶之人，而迁徙之徒也。材能不及中庸，非有仲尼、墨翟之贤，陶朱、猗顿之富。蹑足行伍之间，俛起阡陌之中，率疲弊之卒，将数百之众，转而攻秦。斩木为兵，揭竿为旗，天下云集而响应，赢粮

而影从。山东豪俊，遂并起而亡秦族矣。

这篇是论文，也作为文学散文收入文学史。下面说明道：

> 这篇散文写得像辞赋一样铺张。但铺张的目的却是为了把主题突出：不管秦国如何强盛，但由于不行"仁义"，失掉了民心，就可以一旦被推翻。从这些地方看，这篇散文是富有艺术表现力的。

这里指出，《过秦论》用铺张手法，像辞赋一样。它把主题突出，富有艺术表现力，可见论文只要用铺张手法，富有艺术表现力，也是文学散文。不必一定要通过形象表达情思才是文学散文。再看上引《秦誓》的一小段，表达了秦穆公的思想感情，虽不是通过形象来表达思想感情，也可以作为文学散文。

倘必以通过形象来表达思想感情才是文学，那末陈子昂的《登幽州台歌》："前不见古人，后不见来者，念天地之悠悠，独怆然而涕下。"这首诗的形象，一位大文学家说只有"怆然而涕下"五字，但这个形象不能表达出这首诗的思想感情。这首诗的思想感情，是通过前面非形象性的话表达出来的。换言之，这首诗的形象性，不在于五个字的形象。

这样看来，文学散文与文章的分野，不完全在以形象表达情思。用衬托手法来突出主题，像《登幽州台歌》那样俯仰今古，发出感叹，表达情思，都可构成艺术感染力量，都可成为文学散文。这样看来，近代的文学散文可选的还是不少的。

（原载《编辑工作信息》第 33 号，1989 年 3 月 9 日）

再谈文学与文章的分野

读了何满子先生《文学与文章的区别在于作者的自我美学意识》，很受启发，因此想再来谈谈——分破体、意象、审美反应来谈。

破体 现在有一种看法，认为论文和应用文是文章，不是文学。是否应该破除这种以文体来分文学与文章的区别。萧统编《文选》，在序里说明"以立意为宗，不以能文为本"的不选，但还是选了贾谊的《过秦论》，孔融的《荐祢衡表》，破除了以论文和应用文非文学的看法。对于破体的说法，讲得好的是钱默存先生的《管锥编》。钱先生说："按项安世《项氏家说》卷八：'贾谊之《过秦》，陆机之《辩亡》，皆赋体也。'洵识曲听真之言也。……东方朔《非有先生论》、王褒《四子讲德论》之类，亦若是班。……孙鑛《孙月峰先生全集》卷九《与余君房论文书》之一一：'……《屈原传》不类序乎？《货殖传》不类志乎？《扬子云赞》非传乎？……故能废前法者乃为雄；'……如贾生作论而似赋，稼轩作词而似论，刘勰所谓'参体'，唐人所谓'破体'也。"（888—891页）

贾谊的《过秦论》怎么像赋呢？文学研究所编的《中国文学史》说："这篇散文写得像赋一样铺张。"这是从铺张说像辞赋。辞赋是文学，所以这篇论也是文学。这篇论不以"立意为宗"，所以萧统选了，因为这篇的"立意"只有结尾的"仁义不施，而攻守之势异也"两句，倘以立意为主，应该论证施仁义怎样可以延祚长久，不施仁义为什么会二世而亡；攻和守跟仁义的关系又怎样，这样立论，才是以"立意为宗"。《过秦论》不是这样，只是铺叙秦怎样兴起又怎样灭亡，没有论证秦的所以兴亡，所以它是赋体，是文学散文。

再像孔融《荐祢衡表》，从"表"说是应用文。但表中描写祢衡的才能卓越，称："鸷鸟累百，不如一鹗"，有形象的比喻。写他的记忆力强："目所一见，辄诵于口；耳所暂闻，不忘于心。"写他的操行："任座抗行，史鱼厉节，殆无以过也。"用人物来作比，这正是符合满子先生所说的意象，所以虽是应用文，也当认为是文学。

意象 现在有一种看法，即认为通过形象来表达情思的是文学。但就陈子昂《登幽州台歌》看，他的情思是通过"前不见古人，后不见来者，念天地之悠悠"来表达的，即不是通过形象来表达的。倘认为通过形象来表达的才是文学，那《登幽州台歌》是不是可以排斥在文学以外呢？不行。因此满子先生提出意象说来，对意象作了解释，"能给予读者某一境界，某一感情状态，令人感受而获得审美反应"。这个解释很好。这样讲意象，是意、情、象和美学的结合，这不同于王弼《周易略例·明象章》讲的意象，如"言生于象，故可寻言以观象；象生于意，故可寻象以观意。"只重在言与象与意，不注意情，不注意审美感受。从审美感受说，不一定要描绘人物景物的具体形象，如音乐，它不是描绘具体形象的，它是通过乐音所形成的艺术形象来表达人们的思想感情。那末所谓意象的象，是否也可以说成是一种表达思想感情的艺术形象。因此，"前不见古人，后不见来者，念天地之悠悠"，这个"古人"指燕昭王，这个"来者"指像燕昭王那样的后来人。用"天地之悠悠"作背景，写出了怀才不遇、生不逢辰的艺术形象，这样，"古人"和"来者"都是象，作为背景的天地也是象。用意象来说文学，《登幽州台歌》就是真诗了。从"象"说，"象"的范围比形象大，"古人""来者"都是象，因此孔融《荐祢衡表》中的"鸷鸟""一鹗"当然是象，就是任座、史鱼也是象，而《荐祢德表》里赞美祢衡的"忠果正直，志怀霜女"，充满感情。是情意象结合的具有意象的散文，当可作为文学。再看《过秦论》，里面写到了很多的人，有名姓和行事，比"古人""来者"更为确实而内容丰富，当然更可以作为象。不仅这样，像写"席卷天下，包举宇内，囊括四海"，更是用形象的比喻。这篇的意在篇末点明，这个意正是通过前面丰富的人物事件的象得出来的。这篇论又是为了汉朝开国后的长治久安考虑，是当时关心国事的人所共同关切的大问题，这篇论一出，当是具有激动人心的力量。《中国文学史》里称"这篇散文是富有艺术表现力的"，那正符合意象的要求，应当属于文学。

审美反应　审美反应即从美学的角度来看。车尔尼雪夫斯基的《艺术与现实的美学关系》，提出了"美是生活"的命题，强调艺术对现实的依赖关系。艺术的反映生活，有反映一定的生活本质，推动历史前进的作用。《过秦论》提出了当时人关心的大问题，提出了在封建社会中有利于推动社会前进的论点，符合审美的要求。刘勰在《时序》中说："文变染乎世情，兴废系乎时序。""时运交移，质文代变。"从秦亡到汉兴，是时运交移,当时如何建国,是不是属于生活本质问题之一。由于质文代变,当时写《过秦论》而不写赋,在反映这个生活问题上是否更为适宜?《孟子·尽心下》:"充实之为美,充实而有光辉之谓大。"赵岐注:"充实善信使之不虚是为美","充实善信而宣扬之使光辉是谓大。"这里提出善信与不虚,认为美与真善是结合的,还要加以宣扬,《过秦论》作于汉初,是否可以作为封建社会中充实与善信及宣扬的结合,可供审美之作吧。

（原载《编辑工作信息》第 35 期,1989 年 4 月 12 日）

同意对破体的申论

（1989 年 5 月 15 日）

满子先生文已拜读,所论极是。拙文所提三点,就怕满子先生对后两点不同意,加以批驳,今见满子先生对后两点无意见,就安心了。满子先生对第一点的申论极是,是应有这样的补充的。

（原载《编辑工作信息》第 37 号,1989 年 5 月 29 日）

孔孟之道比较开明

（1989 年 7 月 7 日）

《大系》总序已拜读,讲得全面深入,读后获益良多,提不出什么意见。有一处是可再斟酌的。即第 8 页上"一是严格控制人们思想的孔孟之道",是否可作"一是清王朝利用孔孟之道来严格控制人们思想"。因为孔孟之道比反右似乎开明点，比围攻马寅初先生《新人口论》似乎开明点。"子路问事君，子曰：'弗欺也而犯之。'"即对君主可以报忧也可提意见。可是1957年的反右，对于报忧或提意见的大多划为右派，庐山会议的批彭总也相似。……孔子反对"唯予言而莫之违也，如不善而莫之违也，不几乎一言而丧邦乎？"就反对了围攻《新人口论》。可见孔孟之道并不是严格控制人们思想的，是清朝用它所炮制的孔孟之道来严格控制人们思想，已失去孔孟之道的本来面目。

（原载《编辑工作信息》第40号，1989年7月15日）

怀念王知伊同志
（1989年11月21日）

承示王知伊同志患胰腺癌，极念。前似闻外国有法治癌症，注射药品可杀死癌细胞，不知上海有外国医院可治否？希望知伊兄能得到治疗，不胜挂念。

（原载《编辑工作信息》第48号，1989年12月1日）

千方百计扩大征订宣传
（1991年1月7日）

《大系》即将出版，完成了一个大工程，敬向你们祝贺。

我在去年六月，到"平湖三里城"的家乡去，参观图书馆，新购了《四库全书》。因念平湖小县能购置《四库全书》，当更有力购买《大系》。《大系》宣传品是否可发往各县。总之，千方百计扩大征订宣传。是否有当，请考虑。

（原载《编辑工作信息》第 63 号，1991 年 1 月 20 日）

管窥《翻译文学集》第一卷

《翻译文学集》第一卷出版后，未及通读，只是翻一下，已觉得很好。先看书前影印的插图，很名贵难得。中有林纾谈《巴黎茶花女遗事》手迹，称"中外日报有以巨资购来云云"，"弟无受资之意"，"由本处捐送福建蚕学会"。《茶花女遗事》第一次出版时，不是由书店出的，而是由私人捐款付印的，所以林纾不接受稿酬，把它捐出去了。可见他翻译《巴黎茶花女遗事》，不是为了稿酬，那为什么呢？ 钱子泉（基博）师《现代中国文学史·林纾》说："纾丧其妇，牢愁寡欢。（王）寿昌因语之曰：'吾请与子译一书，子可以破岑寂，吾亦得以介绍一名著于中国，不胜于蹙额对坐耶？'遂与同译法国小仲马《茶花女遗事》，至伤心处，辄相对大哭。既出，国人诧所未见，不胫走万本。"可见林纾与王寿昌合译（王口述，林笔译）《巴黎茶花女遗事》，是为了介绍西洋名著，亦以消愁破寂。林的笔译，不仅是笔记王的口译，亦是刘勰《知音》篇所谓"缀文者情动而辞发"，下笔时是充满感情的。所以郑逸梅先生《〈翻译文学集〉第一卷读后感》说得好："我阅读时，尚在青少年时代，深感情致缠绵"，"几忘其为译作。""此后译《茶花女》的，凡若干种，均未克如林氏所译的脍炙人口，可见都是失败的了。"林纾不懂外文，听人口译，却译得这样好；后来懂原文的，却译得反而失败，这说明林纾译时是充满感情的，把充满感情的原作中的感情充分译出来了。郑先生讲读林译"几忘其为译作"。这话讲得非常好。钱默存（钟书）先生在《七缀集·林纾的翻译》里说："文学翻译的最高理想可以说是'化'。把作品从一国文字转变成另一国文字，既能不因语文习惯的差异而露出生硬牵强的痕迹，又能完全保存原作的风味，那就算得入于化境。""换句话说，译本对原作应该忠实得以至于读起来不像译本。"郑先生说林译《茶花女遗事》读起来"几忘其为译作"，即说明这本林译在表达原作的情思方面，几乎接近化境，这是一方面。

钱先生也指出林译《茶花女遗事》的不足。钱先生说："他认识到，'古文'关于语言的戒律要是不放松（姑且不说'放弃'），小说就翻译不成。""他一会儿放下，一会儿又摆出'古文'的架子。古文惯手的林纾与翻译生手的林纾仿佛进行拉锯战或跷板游戏；这种忽进又退、此起彼伏的情况，清楚地表现在《茶花女遗事》里。"钱先生举出一个例子，原书第一章里，原文"二百十一个字，林纾只用十二个字来译：'女接所欢，娠，而其母下之，遂病。'"钱先生指出林纾从古文里用一个"娠"字代"孕"字，用一个"下"字代"堕胎"。钱先生指出"要证明汉语比西语简括，这种例是害人上当的"。但就总的译文说，郑先生又指出林译"为文如行云流水，顺其自然"。钱先生又指出林纾有的译文，"译者运用'归宿语言'超过作者运用'出发语言'"。这说明林译还有超过原作的地方。

《翻译文学集》第一卷施蛰存先生写的《导言》,对近代翻译文学作较全面的叙述与深入的探讨,可以帮助我们对近代翻译文学的认识。施先生在探讨了"文学翻译的得失"、"文学翻译的历史任务"后,总结出近代翻译文学的效益:"(一)提高了小说在文学上的地位,小说在社会教育工作中的重要性。(二)改变了文学语言。(三)改变了小说的创作方法,引进了新品种的戏剧。……前半期是旧传统文学的尾声,后半期是新文学的前奏。"作出了非常精辟而扼要的总结,对人很有启发。

以上说的,只是对《翻译文学集》第一卷的管中窥豹,仅见一斑罢了。

（原载《编辑工作信息》第 66 号,1991 年 3 月 8 日）

文心书简

致程绍沛（1971 年 11 月 11 日）

绍沛同志：

　　你好，在干校看到你很忙，不便打扰你。现在想来你更忙了，因为人越来越减少。这里，只想简单地谈谈我的工作、学习和批林。

　　工作　这里，外调来参加点校工作的有十七人。计：学部的历史研究所、近代史研究所、民族研究所的九人，北大二人，北师大二人，山大一人，武大二人和振。由学部顾颉刚先生总其成。他因年老多病，不上班。点校的书定稿后，请他抽查一下，提些意见。具体工作和学习，由北师大白寿彝同志在抓。这里共分：南北朝、辽金元、明、清四组。上海的人民出版社负责唐、五代、宋。振参加明史的点校工作。明史，主要由历史研究所的王毓铨和振两人点校，点校完交白寿彝同志审核提意见后再修改，定稿。

　　《明史》共 332 卷，已由南开点校过。我们是审核南开的点校，改正它的脱误和欠妥处。下面就振校的部分举两个例。一是南开已校的，一是南开漏校的。

　　《明史》卷 46 第 14 页上 2 行南开校记："'浦关'，《史稿》志二二作'蒲关'"。南开只用《明史稿》来校《明史》，校出两书不同处，没有指出谁是谁非。振改校："蒲关，原作'浦关'。《史稿》志二二、《明一统志》卷八七、《读史方舆纪要》卷一一八都作'蒲关'。《嘉庆重修一统志》卷四八七'蒲关'下注：'亦称蒲蛮关'，是因蒲人得名。今据改。"比南开又多查了三种书，指出所以称"蒲关"的理由，作出《明史》错了的结论。

南开漏校的，如《明史》卷108页9下："永定伯朱泰，本姓许。正德中，以义子赐姓封，十六年除。"下面11页下有个"安边伯朱泰"。振校："永定伯朱泰和下文安边伯朱泰，当是一人，重出。这两个朱泰都姓许，都名泰，都是武宗义子，都赐姓朱，都是正德中封，都是十六年除。只是封号不同，一称安边伯，一称永定伯。《皇明功臣封爵考》目录卷七有永定伯许太，正文却作安边伯许太，可证是一人。宸濠起兵，武宗自称威武大将军。以安边伯许泰为威武副将军出征。宸濠失败后，王宪等请升赏随驾官，列许泰名，可能因而改称'永定伯'，史或漏记。查《武宗实录》也只有一个许泰。"这条校记，查了三种书，又把《武宗实录》全部翻了一下，看看有没有两个许泰。

举这两个例，说明《明史》已经经过南开点校，我们只要覆看一下，为什么还要费很多时间。因为我们做校记的时间，有时要比南开多几倍。它只校一种书，不作结论。我们要做结论，孤证不立，要比它多查几种书。最好要找出《明史》为什么错了的理由来，所以很费时间。当然以上南开漏校的一条校记比较复杂，一般校记没有这样复杂。

学习　这里已经学完了《共产党宣言》。在学习中，我们提出了一些问题，结合我们的思想进行了批判，这些都不谈了。这里只谈振提出的一个问题。43 页 15 行："任何一个时代的统治思想始终都不过是统治阶级的思想。"这话是什么意思？查人大编的《马恩列斯语录》30 页有段话："统治阶级的思想在每一时代都是占统治地位的思想。这就是说，一个阶级是社会上占统治地位的物质力量，同时也是社会上占统治地位的精神力量。支配着物质生产资料的阶级，同时也支配着精神生产的资料，因此，那些没有精神生产资料的人的思想，一般地是受统治阶级支配的。占统治地位的思想不过是占统治地位的物质关系在观念上的表现，不过是表现为思想的占统治地位的物质关系；……"看了这段话，还有两个问题不清楚。

第一，说"统治阶级的思想在每一时代都是占统治地位的思想"，是什么意思？这段话见于马恩全集 3 卷 52 页，就去查原书，看到了下面的话："在考察历史运动时，如果把统治阶级的思想和统治阶级本身分割开来，使这些思想独立化……那就可以说，例如，在贵族统治时期占统治地位的是忠诚信义等等概念……占统治地位的将是愈来愈抽象的思想，即愈来愈具有普遍性形式的思想。事情是这样的……为了达到自己的目的而不得不把自己的利益说成是社会全体成员共同的利益，抽象地讲，就是赋予自己的思想以普遍性的形式，把它们描绘成唯一合理的有普遍意义的思想。"

从这段看，就明白上面这句的意思，是揭露剥削阶级的欺骗性，揭露剥削阶级把它们的思想说成是合乎社会全体成员的共同利益，说成是唯一合理的普通真理，用来欺骗被剥削者，巩固它的统治。

第二，"支配着物质生产资料的阶级，同时也支配着精神生产的资料，因此，那些没有精神生产资料的人的思想，一般地是受统治阶级支配的"，怎样理解。在古代，封建统治阶级是支配着物质生产资料的。他们也支配着精神生产资料，封建文化。当时的农民没有精神生产资料，被剥夺了受文化的权利，那末是不是农民的思想也是受封建统治阶级的支配呢？要是说是的，那末是不是剥削阶级的思想和被剥削阶级的思想合二而一呢？

回答是，是受剥削阶级的思想的支配的，但是一分为二的。

先说一分为二。封建统治阶级的统治思想，如上文所引的，像忠诚信义等等。用水浒传来说，水浒里的农民起义也讲忠义，有忠义堂。但他们的忠义和宋王朝的忠义是一分为二的。他们的忠是"替天行道"，要铲除贪官污吏，要造反。宋王朝的忠，要忠于各级统治的官吏，不能造反。他们的义是江湖义气，是互相援助来反抗贪官污吏的迫害，是起义。宋王朝的义是服从各级统治的官吏，遵守王法，不能造反。

再说受支配。起义农民所标榜的忠义和宋王朝的忠义是一分为二的，但起义农民的忠，不反对好皇帝；他们的义不反对封建秩序。因此，他们的忠义和宋王朝的忠义又不是完全决裂的，所以他们能接受招安。不反对好皇帝，不反对封建秩序,这就说明他们的所谓忠义还是受封建统治者的支配。

起义农民也有不相信好皇帝,不接受招安的,他们要推翻王朝。但他们推翻了一个旧王朝,就组成一个新王朝。他们成了新王朝的主子,化为帝王将相,接受封建统治那一套,所以还是受封建统治的支配。《反杜林论》180页说:"在长时期的征服中,比较野蛮的征服者,在绝大多数情况下,都不得不适应征服后比较高的'经济情况',他们为被征服者所同化……"少数民族征服了封建王朝,还要受封建王朝的思想的支配,更何况是封建社会中的农民。只有在无产阶级的党,在伟大领袖毛主席的领导下,才能够打破封建统治思想的束缚,使人民获得真正的解放。

批林 以前,读林的语录,认为他是毛泽东思想红旗举得最高的,自然看不出问题来。现在,他的叛党叛国的面目暴露,再来翻他的语录,就看到一些问题。

1."毛主席这样的天才,全世界几百年、中国几千年才出现一个。"为什么要提几百年、几千年呢?从马恩列斯到毛主席,只有一百多年,就出了五位天才,为什么要说几百年呢?这话大概是从孟子来的,孟子说:"五百年必有王者兴。"林的脑中有封建先验论,所以这样说。2."树立毛泽东思想的权威。"恩格斯《论权威》:"革命无疑是天下最有权威的东西。……要是巴黎公社不曾凭藉武装人民的权威来反对资产阶级,那它能支持到一天以上吗?"可见权威是离不开革命人民的力量的。毛泽东思想的权威是在革命人民长期考验中形成的,不是由几个人树立的。林认为自己可以树立权威,正说明他的英雄创造历史和没有人民革命权威的反动思想。
3."政权就是镇压之权。"毛主席《井冈山的斗争》中讲"政权
问题"，提出"民主集中主义的制度，一定要在革命斗争中显
出了它的效力，使群众了解它是最能发动群众力量和利于斗
争的，方能普遍地真实地应用于群众组织"。毛主席讲政权，
就是要在群众组织中建立民主集中制，是建立人民的政权，重
在民主集中。林讲政权，没有群众，没有民主，只讲镇压，反映
他的法西斯的反动思想。4."现在的革命是革我们原来革过
的命的命。""原来革过的命"，就是指原来的革命干部，要把
原来革命干部的命都革掉，就是要把老帅都推翻，排除异己，
把毛主席(驾)〔架〕空，从而夺取党政大权。这和文化大革命
是整党内走资本主义道路的当权派的完全不同。5."毛主席
比马克思、恩格斯、列宁、斯大林高得多。"这样比的想法是从
哪里来的呢？从孟子来的。《孟子》里讲："夫子(孔夫子)贤
于尧舜远矣！""自有生民以来，未有夫子者也。"说毛主席
高，高在什么地方呢？他不讲毛主席发展了马列主义，因为这
样讲，就不能借毛主席来抬高自己了。所以他说："毛主席所
经历的事情，比马克思、恩格斯、列宁都多得多。……他们没
有象毛主席那样，亲临前线，指挥那么多重大的政治战役，特
别是军事战役。"这里提到特别是军事战役，提到亲临前线，
那完全在抬高自己。因为他才亲临前线，指挥军事战役。实
际上是说他自己比马恩列都高。这里不敢提斯大林，因为斯
大林指挥第二次世界大战，比抗战和解放战争场面更大。那
怎么办呢？于是说，"中国人口比俄国多三倍，革命经验的丰

富,没有那一个能超过。"这里暗指斯大林也不如他。6."你
不斗他,他斗你嘛! 你不打他,他要打你! 你不杀他,他要杀
你。"毛主席讲群众创造历史,群众是真正的英雄,从来不讲
个人。林自以为英雄创造历史,眼中只有个人,没有群众,所
以只讲"你"和"他"。没有群众,就没有力量,所以只想到阴
谋,想到"你不杀他,他要杀你",就要下毒手了! 7."学习
毛泽东思想是一本万利。"欧阳海、王法等英雄,学了毛泽东
思想就贡献出自己的生命,连一本一利都没有想到,怎么会
一本万利? 他要用高举毛泽东思想伟大红旗的幌子来骗取
整个中国,所以是一本万利。8.四好连队,政治思想好,就是
从"坚定正确的政治方向"偷来的,把原来明确的话变得空洞
了。军事训练好,是把"灵活机动的战略战术"的意义大大贬
低了。生活管理好,是把"艰苦朴素的工作作风"的意义贬低
了。这三好是从毛主席的三句话里偷来的,把三句话的意义
贬低了,同时又把"三八作风好"的意义(驾)〔架〕空了。偷
了毛主席的话来给自己树威信,又抽去了毛主席的话的伟大
意义。

　　敬礼。祝好。

周振甫上

1971.11.11

致冀勤（1989 年 12 月 16 日）

冀勤同志：

您好！明年您退休了。我想约您合作搞一本《钱钟书〈谈艺录〉读本》，全书三十六万字，我们两人各写十八万字，定明年 6 月底完稿。这是上海教育出版社邵桂珍同志来信约的。邵同志看名字当是个女同志，请您来应约，更好。邵同志先约郑朝宗先生编《〈管锥编〉读本》，约四十万字，定明年 5 月底交稿。我们这本 6 月底交稿，可以先后出书。

我想把全书分为：一、鉴赏论；二、作家作品论；三、创作论；四、文学史论；五、文体论；六、修辞；七、风格。邵同志已同意我这样分法。这只是初步设想，具体到选编时，可以再行改定。

《谈艺录》补订 313—648 页，共 335 页，一分为二为 168 页，上半 313 加 168 页共 481 页。但查原书，481 页这一段未完，不好切断，要到 493 页才完，因此上半 313—493 页。下半 494—648 页。《谈艺录》正文也这样分，上半，补订的 493 页属 150 页，因此，150 页相当于正编四四，即正编 1—155 页属上半，正编 156—312 页属下半。这样，我分上半，即 1—155 页，313—493 页。您分下半，即 156—312 页，494—648 页。

您读《谈艺录》时，就上列的七分法，把看到的篇章分别列入七部分，每一部分注明页码和字数统计，看看要不要另立小标题。如立小标题可以概括些，不宜过细，不列也行。正式写稿，要有选文和注释及说明。您看注释说明比正文的字数比例大约多少。全书假定三十六万字，正文要选多少，请考虑。

这件工作，希望得到您的合作，以求在明年中完成。祝您安好。

您有什么想法，请告。

周振甫

1989.12.16

编法是否仿《诗词例话》，正文、注释、说明。靠注和说明，帮助读者读懂《谈艺录》。注求简，注中有的外文，需要您帮助解决。写稿时，私意不用中华稿纸，因中华稿纸每页三百字，又重。我们的稿子要寄到上海去，用坊间四百字一页的稿纸，字数多，又轻，便于邮寄。

致俞晓群（1991 年 10 月 27 日）

承您大驾光临，非常感愧。嘱为青少年讲话，振写的书，不是为青少年中学生写的，是为青少年中学生的老师写的，因此说振写的书，怕青少年中学生听不明白，再加上南方口音，更不好懂。现在抛开口音不说，就讲的内容说，是否就青少年中学生知道的来讲，如毛主席的《长征》，估计青少年会背。我可讲学《长征》诗，先熟读，再研究它的命意和艺术手法：一，修辞学上的摹状格。主席写"五岭逶迤腾细浪"，即摹状五岭山脉的许多山绵延起伏，不是把山看成一座座静止的山，看成绵延起伏的山，看成有动态，用"逶迤"两字很好地摹状出众山的动态来。"乌蒙磅礴走泥丸"用"磅礴"来摹状乌蒙山的大气磅礴。大气磅礴，不光形容山的高大，还有气势旺盛充盈的意思，即认为山有生命力，把山写活了。二，修辞学上的互文格。即不仅五岭山脉是"逶迤"的，也是"磅礴"的，不仅乌蒙山脉是"磅礴"的，也是"逶迤"的，"逶迤"和"磅礴"兼指五岭和乌蒙，这是互文手法。三，修辞学上的比喻格，把"五岭逶迤"比作"腾细浪"，把"乌蒙磅礴"比作"走泥丸"。四，修辞学上引用格。"走泥丸"是用典，即用《汉书·蒯通传》的"坂上走丸"。在山坡上滚下泥丸来。"走"是滚,山坡是倾斜的,所以泥丸会滚下来。山坡的倾斜是不光滑的,所以泥丸滚下来成一条跳动起伏的线,正好比山势的绵延起伏。五,修辞学上的映衬格。映衬是把两种相反的东西排在一起衬托出一种意义来。如五岭山脉和乌蒙山脉的山是极高大的,用"细浪"、"泥丸"相比,衬托出红军形象的高大来,即在红军眼中,把高大的五岭山脉和乌蒙山脉的很多山,看成渺小的细浪泥丸,极显出红军的高大形象来。六,修辞学上的对偶格。这两句又是很好的对偶。"五岭"对"乌蒙",山脉对山脉,"逶迤"对"磅礴",形容词对形容词。"腾"对"走",动词对动词。"细浪"对"泥丸",名词对名词。

我读《长征》这首诗,先要求熟读,能够背出来。再要求理解,懂得这首诗的意义。比方读"五岭逶迤腾细浪,乌蒙磅礴走泥丸",熟读了这两句诗,先求懂得每个词的意义,再求懂得这两句诗。通过写五岭山脉和乌蒙山脉来写出在长征中红军的高大形象,再研究这两句话的艺术手法,从修辞学的修辞格,研究出在这两句话里运用了六种修辞格,突出这句话的极高明的艺术技巧。通过这个例子,希望同学们在读名篇的时候,先要熟读,不熟读,过后都忘了,等于没有读。熟读背出了,还要懂得每个词每句话每篇的意义,不要忽略过。还要研究其中的修辞手法,艺术技巧。你们这样来读古今的名篇,一定大有长进。

您看就讲这些够不够?您一定知道克家同志主编的《毛泽东诗词鉴赏》,您试把这本书的对《长征》诗的鉴赏跟我上面讲的对比一下看看怎样,是不是可以考虑我讲的对青少年有没有启发？

倘您认为光讲这点还不够，我还可以补充一个例子。中学教本上有一篇柳宗元的《小石潭记》，中间写小石潭的，有一句"卷石底以出"造成各种形状，这句话怎么解释？一种解释，说石头翻卷过来露出水面，原来"卷石"的"卷"写作一"卷"书的"卷"，做"卷起来"解。石头怎么卷起来呢？讲不通。原来这是修辞学上的引用格，这个"卷石"读作"卷（quán 拳）石"，是从《礼记·中庸》篇里引用来的，《中庸》说："今夫山，一卷石之多"。注："卷犹区也"，"卷"是"区"的解释。"区"又是什么呢？《左传》昭公三年："齐旧四量，豆、区、釜、锺。"注："四升为豆，四豆为区。""区"是春秋时齐国的度量衡单位。四升为一豆，四豆为一区，区等于一斗六升容量。"卷石"即如一斗六升米那样体积的石头。这样大的石头，从水底下露出水面，造成各种形象。从这句话到下文的，造成各种形状，这里有修辞学的引用格，引用《中庸》中的话。又有修辞学的隐喻格，如说"卷石底以出，为坻为屿……"不说卷石像水中高地，像小岛……却说成为水中高地，成为小岛，用了"为"字，是隐喻。又"为坻、为屿"……举了四个比喻，连用四个比喻，这是博喻。从这里，看到作者用了三个修辞格，即引用格、隐喻格、博喻格。那么读这两句话时，考虑"卷石底以出"的"卷石"，解作"石头翻卷过来"讲不通，就要追究"卷石"是什么解释。弄懂了"卷石"的解释，再要研究作者在这里运用了什么艺术手法，这样研究，才可以深入下去。

倘您认为讲《长征》一个例子够了,就不讲第二个例子,免得指出教本注释的错误。一切听您的指教。

周振甫上　10/27

致徐俊（1993 年 6 月 3 日）

徐俊同志：

《中国文学史》的稿费事，请您注意一下。钱先生不受稿费，他在授权书上，要我处理。稿费请寄与钱钟霞同志的子女，即汇给武昌华中村 14 号石声淮，邮编 430061，石是钟霞同志的丈夫，说明由他分给四个子女。

又《中国文学史》末了，有三篇后记，这三篇《后记》的稿费，倘已包括在版税内，是否从版税中支付，请您与中华商量一下。三篇《后记》的作者可否赠书，或在作者赠书中支付，请决定。作者之一吴忠匡，通讯处为哈尔滨师大家属宿舍和兴路 7 号 3 楼 1 室，邮编 150080。

又《中国文学史》原稿，由彭祖年寄来。彭说，原稿在钟霞府上的，被红卫兵烧了。原稿在彭和同学手上的，在"文革"中毁了。彭和同学多方寻访，访到严学宭家有一部，是他爱人用心保藏的。因此彭要送一部书给严，还要给他和两位寻访的朋友，一共四部书，寄武昌华中村 62 号彭祖年，邮编 430061。又《中国文学史》清代的《读清人文集叙录》，是托济南山东大学古籍研究所王绍曾从图书馆中借《光华半月刊》来复制的，也想送一部给他。邮编 250100。一共赠书五部。

不知本书赠作者继承人几部,倘系十部,似可送钱先生五部,余五部即作为赠书。

多多费神,即请

大安

周振甫上　6/3

致柴剑虹（1995 年 1 月 28 日）

剑虹先生：

　　这次去韩国，一切烦劳先生，多蒙提携，不胜感祷。代垫之款，等郑先生回京后，费神结算见示为感。

　　徐先生印诗集事，似可参考钱先生诗集。钱先生诗集已售缺。今复制数页供参考。钱先生诗集共七十七页，假定一页印七律五首，七十七页可印三百多首。钱先生诗集有长诗长序，计印 269 首。徐先生诗一百余首，倘以同样版式印，约当三分之一。印一千部，约一万元。倘以一千部给徐先生，请他支付一万元，当可成事。今附上钱先生诗集样张十二页，供参考。

　　附上钱先生《七缀集》修订本两册，一册送给先生，一册请费神转与冯先生为感。匆肃即请

大安

弟振甫上　1/28

致冀勤(1995 年 3 月 25 日)

冀勤同志:

工商银行关东店分理处编号 521 汇来 3166.20 元, 当是上海教育出版社汇来的版税。上次汇来稿费 8000 余元, 钱先生好像 2000 元(不知对否), 约占 8000 元的 20% 光景, 这次的仍占 20%。我们的占 40%, 不知可否? 上次收 240 元, 计 3166+240=3400, 40%=3400×40%=1360, 您已得 100 元, 振得 140 元, 今分给您 1200 元, 振得 1200, 加上次 140 元, 计 1340 元, 今您再得 66 元, 计 1366 元。钱先生的 3400×20%=680, 作 700 元。三笔合 1200+1266+700=3166 元。钱先生的 700 元, 如何安排, 请考虑。这样安排, 不知可行否?

振 上

1995.3.25

银行的钱, 想下周一嘱小女去取, 取来递上。您有事出外, 可请您爱人在家等一下。

致张世林（2000 年 2 月 7 日）

世林同志等鉴：

您寄来新刊的《学林春秋》初编七套，计十四大厚册；又寄来《学林春秋》初编、二编、三编共六大厚册，不胜感激之至。除《学林春秋》三编六大厚册归振所有，其他《学林春秋》初编七套当代分送，至深感祷。计《学林春秋》三编定价 144 元，初编定价 48 元，七套为 336 元，加 144 元，计 480 元。如此厚爱，何以克当。真不知何以为报也。这次重刊《学林春秋》读稿极多，真不可及。每编所作《卷首语》，先加披读，见先生编完以后，所用约稿编辑之功力，真不可及。我初看稿时，误以为有的稿子，是先生从书中引来的。读了卷头语，才知道每篇稿子皆先生（请）〔亲〕自约来的。这样，从编辑的用意，约稿的对象，约稿的经历和感想都有一套。以及编排审读校对都很下工夫，这样，光看卷首言，对编辑的全过程都有了。这使人感激不尽。我虽做了编辑工作，但在编辑思想、约稿对象、催稿工作、校对方面皆不如先生，读了卷首言，真自感惭愧，先生编这套书，真不可及。匆草　即请
大安

编后记

我和曾建辉博士合著的《中国出版家·周振甫》作为"中国出版家丛书"之一，2021年8月由人民出版社出版。在编写周振甫的传记过程中，我就计划编一本老人家的编辑出版文选，并且在传记完稿同时，文选已经初步编就。最近又适当增补完善，形成了目前这样一个本子。写作传记时，我们给周振甫的"定位"是：学者型编辑的典型代表，传统文史普及的一代大家、共和国编辑的"大国工匠"。这本选文应该说是对传记内容的进一步诠释和补证。

文选的顺利编纂得益于徐俊、张世林、冀勤诸位同道的辛勤劳动和前期工作，也得益于周老后人尤其是周兄海涛的全力配合与支持。在文选编选后期，我的博士生秦雅婕协助做了不少切切实实的工作。文选编选完成，且能得以在周振甫工作了数十年的中华书局出版，无疑是最好的归宿。感谢徐俊总的拨冗作序，感谢张玉亮主任的督促与帮助，还要感谢我所在的华中师范大学给予的经费支持。

文选分为"经验胫谈""审稿纪实""编辑忆旧""出版杂议""文心书简"五个部分遗珠和不当之处在所难免，恳请各位同行专家和读者朋友提出批评意见。

范军　2024年4月24日

中国出版史研究

"经籍志"书系

《民国时期古籍出版的传统再造
与现代致用》
朱琳　著
2024 年 6 月第 1 版第 1 次印刷
ISBN 978-7-101-16631-6
定价 86.00 元

　　现代化转型摧毁了古籍赖以存续的社会结构和文化空间。围绕古籍身份重塑与再造的核心问题，本书深入考察民国古籍同前现代时期古籍出版活动间的承袭、裂变与新生，及其与现代社会建构间的共鸣与互构等问题，挖掘与呈示了潜藏于古籍现代性再造背后的实践逻辑。

《方志考未刻稿》
瞿宣颖　撰
龙耀华　整理
2024 年 5 月第 1 版第 1 次印刷
ISBN 978-7-101-16612-5
定价 65.00 元

　　近世掌故名家瞿宣颖以世家治史，尤精方志之学。《方志考》即其讲义精心结撰而成，惜刊行者仅甲集，学林称憾。本书系据长沙图书馆藏该书未刊稿本整理，著录方志数百种，其中不乏珍稀版本，同时辨其体例、评其得失，着眼于志书类目之沿革、史料裁别之关窍。

《鲁迅辑校古籍考》

石祥　著

2024 年 5 月第 1 版第 1 次印刷

ISBN 978-7-101-16586-9

定价 88.00 元

　　本书以文献学的实证方法，考察鲁迅辑佚校录的各种古籍，细绎手稿实物的物质形态与文本，辨析同书多件手稿的先后次序与动态关系，考述鲁迅的工作思路、辑校细节。

《清代刻工与版刻字体》

郑幸　著

2023 年 11 月第 2 版第 1 次印刷

2024 年 2 月第 2 版第 2 次印刷

ISBN 978-7-101-16356-8

定价 88.00 元

　　古籍刻工一直是传统文献学所关注的重要对象。本书在广泛搜集与整理数千条清代刻工题名的基础上，通过宏观与微观两种视角，将刻工群体置于出版、文化、艺术等更为广阔的社会领域中加以考察，并对清代书籍史中的一些重要问题进行了深入探讨。

《中国雕板源流考汇刊》
孙毓修　撰
叶新、郑凌峰、樊颖　整理
2023 年 7 月第 1 版第 1 次印刷
2024 年 3 月第 1 版第 2 次印刷
ISBN 978-7-101-16213-4
定价 68.00 元

　　本书是以现代眼光系统研究版本学的开山之作，至今仍有重要的参考价值。此次除通行本外收录新近发现的稿本与连载本，尽现作者结撰之精思。商务印书馆之涵芬楼名重书林，本书即为其创建者之学术精粹，可称"涵芬楼密码"。

《明代图书官修史》
霍艳芳　著
2023 年 6 月第 1 版第 1 次印刷
ISBN 978-7-101-16212-7
定价 88.00 元

　　本书探讨明代官修图书的组织机构、预修人员、成就及代表性成果的成书经过，总结明代官修图书的特点，揭示其在中国图书编撰史上的地位和影响。有明一代，图书出版进入高速发展时期，私刻坊刻备受关注，本书聚焦官修图书，是对相关研究的有益补充。

《清末白话报刊与文学革命》
张向东 著
2022 年 12 月第 1 版第 1 次印刷
ISBN 978-7-101-15976-9
定价 88.00 元

清末的白话报刊，是五四文学革命的先驱。本书全面分析清末白话报刊与文学革命之间的联系，重新认识五四文学革命在清末的萌芽和演进过程。

《烽火遗篇：抗战时期作家佚作与版本》
凌孟华 著
2022 年 9 月第 1 版第 1 次印刷
ISBN 978-7-101-15819-9
定价 78.00 元

本书明确提出抗战文学研究的"非文学期刊"视野问题，通过对茅盾、夏衍、张爱玲等名家佚作的搜集、校勘与考辨，拓展抗战文学史料发掘的边界，还原抗战文学的历史现场与原始形态，以期推动抗战文学研究的发展与突围。

《高凤池日记》

叶新　整理

2022 年 8 月第 1 版第 1 次印刷

2023 年 3 月第 1 版第 2 次印刷

2023 年 8 月第 1 版第 3 次印刷

ISBN 978-7-101-15769-7

定价 65.00 元

　　在近现代出版史上，高凤池是一个被遮蔽的重要人物。本书整理其仅存的日记文献，呈现高氏的平生志业与人格情操，是商务印书馆研究不可忽视的重要史料，亦展现了近代上海的社会图景。

《中华书局的企业制度（1912—1949）》

欧阳敏　著

2022 年 4 月第 1 版第 1 次印刷

ISBN 978-7-101-15596-9

定价 48.00 元

　　中华书局作为一家有着百余年历史的现代出版机构，拥有丰厚的底蕴与光荣的传统。本书还原民国时期中华书局的企业经营面貌，从产权制度、组织制度、管理制度三个方面，探寻这家百年文化企业的成功奥秘。

出版史书目

《生活书店会议记录1933—1937》，2018年11月第1版第1次印刷，ISBN 978-7-101-13499-5，定价298.00元

《生活书店会议记录1938—1939》，2019年7月第1版第1次印刷，ISBN 978-7-101-13921-1，定价298.00元

《生活书店会议记录1939—1940》，2020年10月第1版第1次印刷，ISBN 978-7-101-14727-8，定价358.00元

《生活书店会议记录1940—1945》，2021年8月第1版第1次印刷，ISBN 978-7-101-15287-6，定价298.00元

《生活书店会议记录1933—1945》（整理本），2022年11月第1版第1次印刷，ISBN 978-7-101-15962-2，定价99.00元

《铸以代刻：十九世纪中文印刷变局》，苏精著，2018年5月第1版第1次印刷，ISBN 978-7-101-11959-6，定价78.00元

《唐大郎纪念集》，张伟、祝淳翔编，2019年10月第1版第1次印刷，ISBN 978-7-101-14112-2，定价68.00元

《中国印刷史新论》，艾俊川著，2022年1月第1版第1次印刷，ISBN 978-7-101-15422-1，定价66.00元

《启蒙·生意·政治：开明书店史论（1926—1953）》，邱雪松著，2022年8月第1版第1次印刷，ISBN 978-7-101-15646-1，定价65.00元

《近现代出版与新知识传播》，复旦大学历史学系、中国近现代新闻出版博物馆编，2023年12月第1版第1次印刷，ISBN 978-7-101-16331-5，定价128.00元

《家园与天下——明代书文化与寻常阅读》，何予明著／译，2019年9月第1版第1次印刷，ISBN 978-7-101-13997-6，定价78.00元

《古籍之为文物》，李开升著，2019年12月第1版第1次印刷，ISBN 978-7-101-14245-7，定价98.00元

《福建历代刻书家考略》（上、下册），方彦寿著，2020年5月第1版第1次印刷，ISBN 978-7-101-14379-9，定价178.00元

《赵昌平文存》（上、下册），2021年5月第1版第1次印刷，ISBN 978-7-101-15164-0，定价260.00元

《古籍书名考》，黄威著，2021年7月第1版第1次印刷，ISBN 978-7-101-15241-8，定价76.00元

《翠微却顾集》，徐俊著，2021年12月第1版第1次印刷，ISBN 978-7-101-15463-4，定价88.00元

《陶庵回想录》，陶亢德著，2022年6月第1版第1次印刷，ISBN 978-7-101-15720-8，定价88.00元

《世界想象：西学东渐与明清汉文地理文献》，邹振环著，2022年11月第1版第1次印刷，ISBN 978-7-101-15843-4，定价78.00元

《整齐世传——前四史人物列传编纂研究》，曲柄睿著，2022年12月第1版第1次印刷，ISBN 978-7-101-16001-7，定价98.00元

《晚清小说戏曲禁毁问题研究》，张天星著，2024年1月第1版第1次印刷，ISBN 978-7-101-16351-3，定价175.00元